教育部人文社科规划基金项目：基于语料库的英汉存现句认知语言学对比再研究（17YJA740012）结题成果

知库

教育与语言

—

认知语言学：
英汉存在句综合研究

高文成　张丽芳　著

吉林大学出版社

·长春·

图书在版编目（CIP）数据

认知语言学：英汉存在句综合研究 ／ 高文成，张丽芳著 . 一长春：吉林大学出版社，2021.10

ISBN 978 - 7 - 5692 - 9214 - 5

Ⅰ. ①认… Ⅱ. ①高… ②张… Ⅲ. ①英语—句法—研究②汉语—句法—研究 Ⅳ. ①H314②H146.3

中国版本图书馆 CIP 数据核字（2021）第 220078 号

书　　名	认知语言学：英汉存在句综合研究	
	RENZHI YUYANXUE：YING - HAN CUNZAIJU ZONGHE YANJIU	
作　　者	高文成　张丽芳　著	
策划编辑	李潇潇	
责任编辑	杨　宁	
责任校对	李潇潇	
装帧设计	中联华文	
出版发行	吉林大学出版社	
社　　址	长春市人民大街 4059 号	
邮政编码	130021	
发行电话	0431 - 89580028/29/21	
网　　址	http：//www.jlup.com.cn	
电子邮箱	jldxcbs@ sina.com	
印　　刷	三河市华东印刷有限公司	
开　　本	787mm×1092mm　1/16	
印　　张	16.5	
字　　数	277 千字	
版　　次	2022 年 4 月第 1 版	
印　　次	2022 年 4 月第 1 次	
书　　号	ISBN 978 - 7 - 5692 - 9214 - 5	
定　　价	95.00 元	

前　言

存在句是一种重要的特殊句式，目前已经有不少研究成果，但是基于认知语言学理论的研究成果比较少而且零散。本书是教育部人文社科规划基金项目"基于语料库的英汉存现句认知语言学对比再研究"（17YJA740012）的结题成果。本书共有七章，是从认知语言学视角对英汉存在句的综合性研究，有的章节是英汉存在句的认知对比研究，如第四章条件存在句的认知研究，有的侧重于汉语存在句的认知研究。本书最显著的特点是基于前沿的认知语言学理论对英汉存在句进行的系统探讨，主要内容包括：英语存在句的认知研究、汉语存在句的认知研究、汉语存在句否定极性项研究、条件存在句的认知研究、隐现句的认知研究、存在义名谓句的认知研究和存在句名词意义解读的认知研究。

研究存在句可以采用不同的理论范式，相应地会有不同的发现。认知语言学理论范式的最大特点是心理真实性和解释自然性。采用认知语言学理论范式研究存在句，我们也有不少新的揭示性发现，这些发现是关于语言现象背后的认知动因和认知规律，具有普遍性和深刻性，有利于揭示人类语言的本质，丰富存在句研究的视角。例如，关于英语存在句的定指和不定指现象，根据认知语法，英语存在句的处所主语是一个空间搜索域，空间搜索域本身不足以能够在说话者和听话者之间就某一个存在客体的具体例示建立心理接触，仅仅是泛心理接触，因此要使用非定指（无定）形式；但是非定指和定指（有定）形式之间并不是如经典范畴观所宣称的那样，二者之间有截然的界限，而是更符合原型范畴观的语言学精神，只要能满足独特性心理接触和焦点性两个基本条件，部分存在句也可以使用定指修饰形式。英语存在句中的非定指修饰是典型现象，定指修饰存在名词是边缘现象。关于隐现句的语序，隐现句的句末名词往往是运动的客体，因此被选为图形；句首的处所名词不动、与周围环境区别不大，往往被选为背景，所以隐现句的语序反映的就是人类认知普遍存在的背景——图形结构。根据兰盖克的处所原则，存现句是表示某处出现、存在或消失某实体的构式，反映人们先认识处所，然后认识处所上的存现物。隐现句语序是人们先看见处所（也是一种参照物），然后看见存现客体（也是目的物）这种认知规律的反映。再如，关于存在义名谓句（定心谓语存在句和名词谓语存在句）的认知解释涉及语言主观性、情景植入和心理扫描。存在义名谓句涉及一个心理扫描过程，对于描写句总是有一个潜在的心理扫描起点。心理扫描的终点（存在客体）相对于起点（概念化者）一定是事实上可及的客体，要具有心理真实性，否则句子不成立。所以，心理真实性原则是存在义名谓句的一条重要语义规则，是解释语义限制的认知动因。概念认知模型及其相关概念知识的等级赋予被情景植入的名词一个量级，即在某一个维度上（如数量、颜色、形状、性质、功能等）联系牢固程度的差异所导致的激活顺序的差异。名词被情景植入就是被带入了一个认知模型网络并被激活，该名词是按照联系的强弱先后顺序被激活的，体现了心理扫描的动态性。这就是存在义名谓句中数量词或周遍义修饰词量级的源头和认知基础。心理扫描的顺序性是存在义名谓句中第二条重要的语义原则。所以，心理真实性原则和心理扫描的顺序性原则是存在义名谓句认知解释的两条基本语义原则。关于存在名词意义解读的认知机制，数量名短语的认知机制是情景植入和泛心理接触；专有名词存在客体解读的认知机制是显性或隐性情景植入与独特性心理接触；抽象名词存在客体解读的认知机制是转喻；光杆名词存在客体意义解读的认知机制是隐性情景植入和认知模型，等等。

语言的认知研究需要熟悉认知语言学理论，特别是对具体的语言现象使用什么理论解释比较契合和自然，需要积累和探索，这是一个难点。以上这些研究结论还需要进一步的检验。由于我们水平有限，时间紧，对书中可能存在的错误和不妥之处，还请专家学者不吝赐教。

高文成
2021 年 4 月上海

目　录
CONTENTS

第 1 章

英语存在句的认知研究

1.1　引言

存在句的研究历来受到广泛的关注。因为存在句是人类语言的普遍句式（Freeze，1992），同时又具有非常复杂和独特的句法特点。这种特殊性主要体现在名词短语的无定性或称为定指限制（definiteness restriction）、动词的不及物性和存在动词的语义限制、存在句表语限制、NP-be 的一致与不一致、句子的方向性以及存在句的实指虚化，等等。西方学者对英语存在句已经进行了不少研究，而目前的形式语法对英语存在句的研究尽管有一定的解释力，但仍然存在着许多不足，例如，"没有来源"（sourcelessness）问题（Hannay，1985：26），把意义视为客观的、和语法有截然界限的一个语言层面等。英语存在句的语法特点深层次地受到语义的限制和影响，要想彻底弄清楚这些特点，必须考察语法和语义的界面。而认知语言学对语法和语义的界面研究，目前已经取得了丰硕的成果。认知语言学的理论假设和研究方法为存在句的研究提供了一个非常恰当的理论框架。

1.2　英语存在句研究综述

1.2.1　英语存在句在国外的研究情况

英语语法学家 Brown（1884：666）引用了 Murray、Webster 和 Priestly 的研

究，认为 there 是没有意义的。但是 Brown 和其前任的语法学家的不同之处在于，他隐隐地意识到 there 具有某种松散的和处所有关的意义。William Bull（1943）最早提到存在句的定指限制。Wasow（1975）和 Bresnan（1970）都忽略了这个语法现象。Quirk, et al.（1973）把这种现象作为特殊情况来处理。Bolinger（1977：115）认为，较早期的任何一本综合语法手册都没有对定指限制的记载。直到二十世纪七十年代后期，语法学家们才开始谈论 there 存在句对有定名词短语的限制问题。Kuno（1971）认为存在句的基本语序中有一个位于句首的处所词，当它移位时可以嵌入 there 来代替它，随后的转换也允许该处所再回到句首的位置。Sawyer（1973）采用语义成分分析方法论证了英语的处所句能否转换成 there 存在句取决于名词短语位置所用名词的语义成分。名词短语的"具体"（concrete）特征决定了处所句的选择。如果处所句中的名词短语具有无定、抽象的语义特点，那么就只能选择 there be 句型。英语的 there be 存在句不是处所句的派生物。Sawyer 的研究切中了 Chomsky 关于英语存在句转换的"无来源句"问题，并指出了考察语义的正确方向。Akmajian & Heny（1975）采用"标准理论"框架下的 there-嵌入（there-insertion）规则转换生成得到存在句，并探讨了以 be 为动词的英语存在句的特点。他们认为，转换生成语法可以解释包含有处所的第一类存在句，但对没有处所的第二类存在句以及只有抽象处所的第三类存在句却无能为力。

Milsark（1979）的专著《英语存在句》是西方研究英语存在句的经典之作，也代表这一时期英语存在句研究的最高成就。他在书中研究的主要问题包括定指限制，谓语限制，数量限制，处所存在句的句法，be 出现在句子最左的条件，半情态动词限制，以及内、外非 be 存在动词等。Bolinger（1977：92）认为 there 的意义是"把一些东西带入到意识"（brings something into awareness）。当我们描述事物时，如果没有设置舞台（set stage）我们必须使用 there 来把听话者引入到我们的场景中来，但是一旦这个场景建立了就不需要 there 了。Bolinger 指出，在 there 所有用法中，线索就是它的原处所意义，这个处所意义是在最广的意义上理解的，但是这个广义的处所仍紧紧地依附于处所统一体另一端的字面处所意义（如 There's a map on the wall.），there 离不开 on the wall 的字面处所义。正是这种处所广义对字面义的依附，才使我们很有信心地把 there 的其他用法看作抽象和隐喻的扩展。

Rando & Napoli（1978）采用语义分析辅以语调的方法论证了英语 there 存在句中的定指现象。他们认为，存在句定指限制必须从语义无定（semantic indefiniteness）的角度，即非照应性（non-anaphoricity）来解释，而不仅仅是有定或无定的形式。英语存在句一般要求存在名词是无定的，但是他们也指出了几种特殊情况：表示列举的名词短语、表示种类的名词短语、形容词最高级修饰的名词短语以及定语从句修饰的名词短语。Breivik（1981）研究了存在 there 的含义。他认为存在 there 是一个名词短语，被嵌入存在句有句法和语用两方面的原因。句法原因就是"视觉影响限制"（visual impact constraint），对于没有具体可视环境的处所句，为了使句子可接受，就必须使用 there，使它给我们眼前带来一些东西——字面的或比喻的；there 携有一种被称为信号信息（signal information）的语用信息，即非指称 there 的作用就是给读者发出信号，他必须准备把注意力放到一项新信息上。

Reuland（1983）认为"存在预设"使强限定词（strong determiners）不能用在 there be 存在句中，如果存在句引入"强限定词"所预设的事物，如 all、most，当它们一起出现时就会出现"语用冲突"（pragmatic clash），产生不符合语法的句子（如＊There is all/most flies in my soup.）。Quirk et al.（1985）在其《综合英语语法》一书中对英语存在句进行了较为详细的论述。他研究了存在句的出现理据、存在 there 句的对应句型、名词短语的有定限制、存在 there 的主语地位、光杆存在句、带有关系和不定式小句的存在句、非 be 动词的存在句、带句首附加空间成分的存在句以及 have 存在句，等等。

Hannay（1985）在其专著《英语存在句的功能语法研究》中从谓词框架、述义、语言表达式、话题、焦点等方面讨论了存在谓词的论元、存在句中的有定词语、谓语限制等问题。Hannay 认为，没有有定限制，有定名词短语在存在句中同样可以自然出现，只要它满足"焦点性条件"（The Focality Condition）。目标词语在既定交际场景中的语用地位是有定限制的关键所在。Lakoff（1987）在认知语言学框架内对 there 结构进行了个案研究。他主要研究了存在 there 和指示 there 的区别、存在句的分类以及各种存在句的共同点。他认为，句法结构的许多方面是以认知模型结构为理据的。他并没有详细探讨英语存在句的经典问题。

Lumsdem（1988）在其专著《存在句：结构和意义》一书中采用逻辑预设

和篇章相结合的方法研究了数量效果（Quantification Effect）（他对定指限制的新称谓）和谓语限制（Property Predication Restriction，简称PPR）两个主要问题。Langacker（1991）论述了英语处所作主语句子的认知特点、名词复数的认知解读、不定冠词和定冠词的认知实质等。Freeze（1992）在普遍语法理论框架下，论述了处所谓语句（predicate locative）和存在句（existential）的统一性与互补性。在研究多种语言后，他认为有替代形式的存在句是例外，而处所存在句或处所谓语句是常见的语言现象；二者可转换，具有互补性。Word & Birner（1995）使用语料和语篇相结合的方法集中研究了五类可以出现在英语存在句中的有定名词短语。他们认为，原来许多有定限制的研究都是从形式上定义"有定"，如果从不同语境不同识解的角度看，只要是"听话者—新客体"（hearer new entity），即使形式上有定也可以得体地出现在存在句中。关键是要有一个可以把有定名词短语识解成"听话者—新客体"的语境。

Insua & Martinez（2003）以当前英语语料为基础研究了there be结构中的主谓不一致现象。他们认为，从当前英语口语和书面语使用情况看，不能说不一致是口语中存在结构be的规范；导致主谓不一致的主要因素有动词和意义主语之间较长的状语或插入语、名词短语带有关系从句或非限定单句。当意义主语的信息尚未出现在说话者的脑海中，单数作为无标记的默认值，就获得更高的选择频率。Mcnally（1998）采用逻辑语义真值方法研究了英语存在句名词短语的定指限制问题。他认为定指限制部分归因于语义，部分归因于语用，定指限定词在一定的语用条件下也是允准的。Law（1999）讨论了被动存在结构。他认为被动存在结构不是一个独立的被动子句。Côté（1999）以加拿大魁北克法语存在句中的名词短语不受定指限制为例，通过和英语对比，研究了数量关系的类别（个体或事件）和句法结构之间的对应关系。

Schütze（1999）探讨了英语存在句的主谓一致和不一致现象。他认为一致与不一致语法现象都是英语语法知识的一部分，是大脑语言处理的结果。我们处理存在句时，有时与形式主语there一致，有时与意义主语一致，因为在普遍语法中这两种结构都有充足的理据。

Keenan（2003）采用语义真值方法论证了there存在句中的限定词短语（determiner phrases）的分布规律。Peters（2004）在《剑桥英语用法指南》一书中对there进行了较为详细的描述。他论述了作为指示副词的there、存在there

和 there's 三个主要问题。他认为，指示副词 there 主要用来指前面提及的、地理上的或抽象的空间。存在 there 用来引入一个话题；主谓一直在科技文章中是严格遵守的，但在陈述性和日常写作中，缩写形式 there's 有时也和复数名词连用。Carnie & Harley（2005）运用语义分析的方法论证了两种表示存在的非人称句（existential impersonals）。

Callon（2001）研究葡萄牙语动词"ter（to have）"和"haver（there to be）"构成的存在句，探讨巴西葡萄牙语语言变化的历史和演变。他发现在这一过程中存在着实时的变化，并涉及年龄因素。可能在 16 世纪时，haver 存在句就取代了 ter 存在句，而且直到 19 世纪，haver 存在句都一直被广泛使用，但如今年轻人在口语中却不再使用 haver 存在句。Jiménez（2005）研究发现，西班牙语的复杂存在谓语句是由一个位置主谓词（介词短语）和一个修饰主谓词的次谓语组成的语义复合句，虽然动词是动态的，但复合谓语往往是静态的。介词位置短语在西班牙语复杂存在谓语句中是必要的，不是因为它是主语或动词所要求的，而是因为它是句子的主要谓词和主题。

Bergen & Plauché（2005）对比研究了法语和英语的存在结构，研究发现英语指示语和存在 there 结构被分析为构成"形式—意义"配对的单一路径范畴，通过隐喻等理据联系起来。相比之下，法语的存在指示词和指向指示词使用两个不同的传统范畴。他们发现这两种语言存在句的平行演化可解释为语言的趋同进化，很像生物物种的趋同进化。尽管历史渊源不同，产生了表面差异，但法语和英语存在结构呈现出趋同的发展趋势。

Martínez & Insua（2006）对英语存在句教学进行探讨，他们使用西班牙母语者和英语母语者的英语写作语料库，寻找母语者和非母语者在存在句使用方面的差别，从而为英语存在句教学提供启示。研究发现，与英语母语者相比，there 结构在西班牙学生的书面英语中更为常见。就频率而言，在西班牙学生的书面英语中，动词"be"是存在句表达中最常见的，英语母语者则展示了更多的其他动词。因此教师在教学中应该引入除"be"之外的多种存在动词，还应指出这些动词传达特定含义的细微差别以及使用的语气，从语料库中提取的具体实例或反映真实语言使用的实例可能对存在句教学非常有帮助。

Breivik & Insua（2008）根据从历史文本以及现代语料库（BNC 和 COLT）获得的数据，发现存在句 there 已经经历过语法化，这种语法化通常伴随着语用人际交往和基于说话者的功能的发展（主观化）。存在句在口语中常出现的不一致现象可以看作是语法化的结果，存在句 there 结构可用于执行交流功能和言语行为，传达说话者相对较高的参与度和个人承诺，例如，进行更正或推论等。

Yaguchi（2010）通过对《牛津英语词典》中引文文本的分析，考察 there's 结构的语法化在英国历史上是何时开始的，并通过对数量不一致、被动化和含有有定指代的概念性主语的研究，证明 there's 结构在现代英语开始时就已经被语法化了，there's 对 there + be + NP + VP 结构的形成有重要作用，经过长期的语法化过程，到现代英语晚期，there's 出现了类状语助词的功能。

Couso（2011）探讨了存在句语法化本体论和历史过程之间潜在的平行性。该研究以克里斯托弗·约翰逊对儿童英语的分析为出发点，考察其结构基础理论或发展性再解释理论与英语早期存在 there 结构历时演变之间的相关性。数据表明，与儿童语言习得一样，存在式结构的历史基础是指示结构，双位置重叠结构在变化过程中起着关键作用。

Hartmann（2011）认为许多对 there 的分析都隐含地假定英语存在句中 there 后的动词可以是 be 也可以是其他动词。但是 Hartmann 认为这两个结构在 Wh-移位中表现不同，因此需要分别讨论。经过实验后，他发现 There-be 结构允许 Wh- 提取 how-many-X 或 what 短语，只有 which-X 一般不被接受；与此相反，there-V 的结构中所有类型的 Wh-移位都几乎同等地退化。

Martin（2012）使用语料库对英文小说叙事手段中的存在结构进行句法和语义分析。研究发现，存在式从句的线性修饰是特定的，即单词顺序排列固定，在存在式从句中概念性主语通常在句子结尾，但它也可能前置，但是相对较少。现象虽然不常出现在存在句的开头部分，但它实际上代表信息结构的顶点。存在结构中最常见的初始元素是 and，有时也可能是其功能变体 and now 或 and then。大量的存在结构中出现否定元素，例如 no、not、nothing、none、never 等，存在结构中否定元素的频繁出现与小说场景中新事物的呈现有关。

White et al.（2012）对俄语和土耳其语母语者的二语习得过程进行调查，研究在英语学习过程中俄语和土耳其语母语者是否显示出对英语存在句有定性效果的知识。研究表明，有定性限制表达存在跨语言差异，英语肯定或否定存在句中一般不会出现有定性的表达（例如 There is a / * the mouse in my soup. ; There isn't a / * the mouse in my soup. ）。但是在土耳其语和俄语中，肯定存在句与英语有相似的限制，但否定存在句则没有。在涉及否定存在句学习时，中级和高级二语学习者的测试反应却和英语母语者相同，这表明他们对英语存在句有定性效果知识的成功理解不能归因于一语转移，因为他们的一语与英语在此方面规则不同。

McGregor（2013）对英语中一类较为特殊的存在句进行研究，他将这类存在句结构命名为 PIE。PIE 结构由 there are 或 there's 加上一对由 and 连接的名词构成，即 There are Ns and Ns 或 There's Ns and Ns。他在对语料库实例进行考察后发现，PIE 模式具有内在的语义价值，可以用公式来描述，然而，不能孤立地研究 PIE，需要在范例的语境中结合表达不同意思的其他结构来分析 PIE。

Cappelle & Loock（2013）考察了存在结构在法语和英语中的对等结构之间的频率差异以及对翻译的影响。利用语料库的证据，他们证实了以前的说法，即英语的 there 存在式比法语的 il y a 存在式使用得更为自由。利用现有语料库和英法翻译样本进行的大量统计以及翻译和非翻译语言使用的语内比较，二人研究发现 there 结构在法译英中表达不足，而 il y a 在英译法中过度表达，造成这些差异的原因可能是源语干扰。

Krejci & Hilton（2017）对存在句的不一致现象进行了更为深入的探索。此前对存在式 there 结构中一致性变化的研究将变量视为二元变量，区分一致和非一致变体；但在此次研究中，二人认为要将一致性表达（there/were + 复数名词）和使用动词完整形式的不一致表达（there/was + 复数名词）以及使用缩略式的不一致表达（there's + 复数名词）进行三元区分，分为一致变体和两种不一致变体，才能完全理解这一现象。他们使用来自加利福尼亚州英语语料库的新数据，通过显示两种非一致变体在极性、限定词类型以及说话人年龄和受教育程度方面的分布差异，研究发现受正规教育程度较低的人更倾向于使用 there is/was + 复数名词，而较年轻的人则更倾向于使用 there's + 复数名词。这两个不一致变体在它们的纵向轨迹上不同，而这一发现在只对变体进行二元区分的分析中会被掩盖。

Pham（2017）对评价语言中的非规范句法构造进行探究。他基于一系列学术和非学术性书评构建语料库，研究发现，存在句不适合评价类的表达。因为它的句法结构没有为评价范畴打开标准的位置，这主要是由于存在结构具有将新论点或实体引入话语的功能，所以通常没有进行评估表达的位置。此外，由于语法主语所处的位置被 there 占据，评价者的表达大多是隐性的。

Hilton（2018）研究发现，尽管数范畴的不一致现象在英语句子中比较少见，但它在存在式 there 结构中是一种普遍现象。具体地说，there's + 复数名词形式得到广泛的使用和接受，大多数说话者使用 there's + 复数名词的频率甚至超过 there are + 复数名词。他运用社会知觉实验分析 there's + 复数名词是否成为现在时引入复数名词的无标记形式。实验结果表明，there's + 复数名词在社会语言学上有别于其他单一的、非一致形式，即使对那些自称对非标准语言使用感到非常困扰的人，使用 there's + 复数名词似乎也不会使他们产生任何羞耻感，反而是规范性的正确复数形式被认为有些超标准。

Muhamed（2019）对英语科幻短篇小说中的存在句进行研究，他选取 8 本英文科幻小说，对小说中出现的不同类型存在句及其结构进行统计分析，研究发现在科幻小说中存在句的子类型采用多种不同的句法形式。"裸存在句"，即确认人或事物绝对存在的一类存在句，占比最大；占比第二大的是"方位存在句"，即确认某位置存在某种实体的存在句；占比第三大的是"有定式存在句"，即结构为 There + be + definite expression 的存在句；以及带有"be"以外动词的存在句，占比最低，这一结果是由存在句类型之间的显著差异造成的。科幻短篇小说家有时出于语言和修辞目的而使用存在句，用以呈现新信息或引入话题。

Bars & McNally（2020）对 there be 存在句型和 have 句型进行比较，这两类句子看似可以表达相同语义，都可表达"有……"的意义，可以互相转换，但实际上二者并不等同。这两种句子实际上会表现出不同的确定性效果，反映不同的语义，在 have 句型中两个 token 级别的实体之间没有指定的关系。

1.2.2　英语存在句在国内的研究情况

胡刚（1988）论述了 there be 句型的各种用法，包括 there 的词性、分类、句型转换、配列、与时态语态的对应、动词表现以及该句型的翻译技巧等。肖俊洪（1994）从信息理论的角度研究了英语存在句。张权（1995）从语用的角度论述了 there-be 结构中的定指名词短语。金积令（1996）比较研究了英汉存在句，认为英语和汉语存在句具有四大相同点：信息结构相同、动名词短语线性秩序相同、语义功能相同和话语功能相同。谷化琳（1998）研究了英语存在句的信息传递。他认为，英语存在句是一种倒装句，there 是有意义和传递信息的，there 构成主位信息块，和述位信息块不能分开。陈存军（1998）探讨了"定指"和"不定指"的定义，研究了名词短语的定指和不定指与指称性之间的转换关系。陶文好（1998）探讨了认知语法中界标（landmark，LM）的种类和与射体（trajector，TR）之间的关系。张克定（1998）从信息论和话语功能的角度论述了英语存在句强势主位的信息特点和话语功能。戴曼纯、崔刚（2000）研究了英语存在句的确指性和主谓一致。他们认为，存在句除了有不确指主语还可以有确指主语，但是确指受到了句法、语篇和情景诸多因素的制约。英语存在句的一致问题也涉及句法和非句法因素，诸如语篇、情景等，因而无法只从某一个角度对其做出一个系统全面的解释。余国良（2000）从语表结构、谓语动词的类别以及存在主体的语法特征三个方面对英汉存在句进行了对比分析。韩景泉（2001）用转换生成语法范式研究了英语存在句的不同方面。戴曼纯（2001）在最简方案框架下研究了英语存在句的 NP 移位问题。张庆（2002）用认知语言学理论探讨了英语存在句的部分问题。李京廉和王克非（2005）也从英汉对比的角度研究了英语存在句。他认为，存在句强势主位具有话语引发、话语展开、话语小结等功能。杨洪亮（2005）用认知语言学理论探讨了英语存在句的部分问题。张克定（2006）用图形 – 背景理论抽象出了英语存在句的句型，即 Ttfg（There-transition-figure-ground）。高文成（2008）基于认知语言学理论系统对比研究了英汉存在句，探讨了存在句的结构、定指限制、主谓一致不一致以及存在句的方向等重要问题，并对相似性和差异性进行了认知解释。

王勇（2007）在经验、人际、语篇三个功能框架下考察 there 在存在句中体现的不同意义和功能。考察发现：尽管 there 在存在小句的经验意义中无参与者角色，但它在人际意义和语篇意义中有着重要的功能。它的人际意义是充当小句的主语，对完成存在小句的交际功能不可或缺；它的语篇功能是和存在过程一起充当主位加强成分，凸显和强化存在物作为主位的语篇意义。

张克定（2008）探讨了呈现性 there 构式的信息状态与认知理据。他指出英语中的 there 构式可分为存在性 there 构式和呈现性 there 构式两大类。按照信息结构理论，从话语、语篇和听话人的角度来看，由于恰当性条件的限制，呈现性 there 构式中的 PVNP 所传递的信息可以是话语新 + 听者新信息，也可以是话语新 + 听者旧信息，但不能是话语旧 + 听者旧信息。根据完形心理学中的完形理论，呈现性 there 构式是一种"完形"。按照认知语言学中的图形 – 背景关系理论，该"完形"中的 PVNP 和时空短语分别为图形和背景，前者以后者为参照而得到突显。这就是呈现性 there 构式中的 PVNP 所传递的信息必须是话语新＋听者新信息或话语新＋听者旧信息的认知理据。

王志军（2008）从生成整体论的语言观出发，对存在句的生成进行探讨，丰富了存在句的形成机理。他指出：①进入存在句的各要素是一个个可以进一步分化的小整体，通过对相关要素的语义分解，我们可以看到，词典义不表示"存在"义的动词之所以能进入存在句，是因为它们蕴含"存在"义，而不蕴含"存在"义的动词是不能进入存在句的。②"存在"义的成功释放必须经过各相关要素之间的选择和匹配，最后实现功能耦合，体现出整个句式的意义。这一生成过程是从小整体到大整体的动态生成，而不是机械组合。

郑银芳（2008）利用像似性原则、语法化、原型范畴理论等对英语存在句的生成、发展和意义拓展进行了分析。她从像似性的角度讨论了英语存在句的生成理据：①它是人们认识"存在"这一客观现象时的思维顺序在语言上的映现；②它是人们在感知"存在"这一过程时的视觉感知经验秩序在语言上的体现；③它是人们在认识客观外界事物时尽量追求认知经济原则和省力原则所致。英语存在句的演变过程经过了语音弱化、功能改变、语义拓展等几个主要阶段。语法化过程降低了 there-be 结构的像似性，而使其抽象性更强。英语存在句的各种句式构成了一个原型范畴，具有原型范畴的诸多特点。存在句的各种意义和用法之间是有内在联系的，隐喻拓展就是其多义性产生的机制。

田臻（2009）对出现在静态存在句中的英汉存在动词的语义类型进行了比较，并在语料分析和归纳的基础上得出了英汉语义特征的异同：两者都具有"非动力"特征，汉语静态存在句中的动词动作性较强，多表达位移事件，但英语静态存在句中的动词动作强弱不一，与位移事件的关联也不够紧密；汉语静态存在句中的动词多强调"位移的终点"，而英语静态存在句中的动词强调的则是"事件结果"。

柴同文（2011）从系统功能语言学语法隐喻和认知语言学概念隐喻两个视角探讨了 there-be 结构代表的存在过程的隐喻表征系统。作者梳理了两个视角下对存在过程隐喻研究的不同观点。他认为系统功能语言学语法隐喻理论更多地关注隐喻式与一致式在及物性系统和信息安排上的差异，认知语言学的概念隐喻理论则侧重于探究这些隐喻背后的认知基础，两者针对存在过程隐喻所做的研究是相辅相成、互为补充的。

于善志、苏佳佳（2011）在最简方案框架内，借助基于 Lime Survey 在线测试系统语境下语法可接受度判断试题，就中国学生对英语 there be 存在句中定指效应的习得情况进行实证研究。研究结果发现：①受试既能很好地习得定指效应，又能接受定指效应的例外情况；②定指效应习得受普遍语法制约，受试中介语中存在细微的、从属于英语的定指制约；③中国学生充分意识到 ［±definite］特征在英语中必须通过不定冠词 "a/an" 和定冠词 "the" 对定指特征进行强制性区分。研究证明中国学生的中介语系统不存在 ［±definite］ 表征缺陷。

张智义、倪传斌（2012）基于英语存在名词的题元配对和格赋值、there 的语法化过程以及 NP 和 there 的算子匹配关系，在理论层面上探讨了英语存在句定指效应的历时与共时成因。作者认为，英语存在句定指效应并非因为该类结构中 NP 是谓词，需不定指；英语存在句定指效应是 there 语法化以及 NP 和 there 算子匹配的结果；定指效应的违例句并非真正意义的存在句。

周迎芳、王勇（2012）通过跨语言调查，研究各语言存在句中存在意义的表达手段。将存在句分为三个语义成分：存在物、方位成分和存在过程。其中存在物和方位成分直接参与存在过程，是直接参与者。存在物和其他过程类型中的参与者都是由名词词组来实现的。存在句的经验意义主要由方位成分和存在过程来实现。方位成分主要通过带的介词或表示方位意义的格形式表示存在/方位意义，存在过程的存在或方位意义主要由表示"有""存在""位于"等意义的动词词组实现。

何伟、王敏辰（2018）梳理了英语存在句和汉语存在句国内外研究现状，并基于系统功能语言学框架，对英汉语存在句的意义和形式进行了对比研究。

郭鸿杰、张达球（2020）采用变异语言学理论，基于代表伦敦和渥太华两地的标准英语口语语料库 OEC 和 LIC，探讨了英语存在句主谓非一致变异模式及其制约因素。作者认为，从历时角度上看，逻辑主语为复数的存在句中，there's 几乎成为现在时、肯定句语境下的无标记变式，主要原因是 there's 词汇化程度增强，语法功能限制变弱。存在句一致规则在英语口语中渐趋式微，非一致式越来越成为一种典型的口语用法。

国内外的英语存在句研究都具有重要的理论指导意义，但是以狭义的认知语言学理论为基础的英语存在句的研究成果少且零散，对英语存在句系统且完整的认知研究很少。所以本章拟以认知语言学理论为基础，以语料库（BNC）例句为语料，对英语存在句进行系统研究。

1.3　英语存在句的认知研究

本节从存在"there"的认知解读、英语存在句结构的认知研究、英语存在句主谓一致与不一致的认知研究、英语存在句定指限制的认知研究四个方面对英语存在句进行系统的认知研究。

1.3.1　存在"there"的认知解读

英语存在句的显著特点就是 there be 搭配。英语中有两种 there，一种是表示存在意义的 there（existential there），另一种是表示指示意义的 there（deictic there），两者在意义、读音以及句法方面有不同之处。指示"there"作处所副词，常用来指相对于说话者的地点；存在"there"不指地点，而是断言物体或事件的存在。除意义差别外，指示"there"发音重读，可伴随手势；存在"there"发音不重读（动词后的名词往往重读），不伴随手势。

Quirk（1985）认为，存在 there 不重读，没有类似指示 there 的处所，在绝大多数情况其分布特点像主语。这可以从三个方面得到证实：①它常常决定主谓语一致；②它可以像主语一样形成一般疑问句和反义疑问句；③它可以在动词不定式和现在分词小句中作主语。

Peters（2004）认为，指示 there 主要用来指前面提及的地理或抽象空间。存在 there 用来引入一个话题，常位于句首，没有语义内容，只是语法上的位置填充成分（slot-filler），为重要补语提供主语。

指示"there"和存在"there"在句法上有四个方面的差异：主语性、否定性、嵌入性和"here"的互换。存在"there"是语法主语，指示"there"不是主语。一个成分是否充当主语可以用反义疑问句和提升结构（raising constructions）（如 be likely to、be believed to 等）两种方式来验证。例如：

（1）There was, for example, the usual emphasis on the private sector, wasn't there?

（2）＊There's Tom with his sun-glasses on, isn't there?

（3）There was likely to be, for example, the usual emphasis on the private sec-tor.

（4）There was believed to be, for example, the usual emphasis on the private sector.

在例句（1）中，there 表存在意义，作语法主语，可以构成反义疑问句 wasn't there? 而在例句（2）中，there 表示指示意义，指一个物理处所，不能作语法主语，不能构成反义疑问句 isn't there? 故句子不成立。在例句（3）和例句（4）中，there 表示存在意义，作语法主语，所以使用提升结构以后，两个句子仍然成立。

由 there 引导的存在句可以否定，而指示副词 there 引导的句子不能否定。这一点其实是和第一点相连的，正是因为指示 there 不能作主语，其后的系动词才不能直接否定。例如：

（5）There was not a big overnight change.

（6）＊There's not Tom with his sun-glasses on.

例句（5）可以接受，因为 there 表示存在意义，作语法主语，其后的系动词可以直接否定。例句（6）不可以接受，因为 there 表示指示意义，不作语法主语，其后的动词不能直接否定。

嵌入性是指在原句可以作为一个从属子句嵌入，从语法和语义两个角度句子仍然可以接受。there 存在句可以作为从属子句自由嵌入，而指示 there 引导的句子几乎在任何情况下都不能作为从属子句嵌入。例如：

（7）I doubt that there's anyone in the kitchen.

（8）＊I doubt that there's Harry in the kitchen.　　　　（Lakoff, 1987: 469）

在例句（7）中，there 存在句嵌入了主句 I doubt that 之中，句子仍然可以接受。但是在例句（8）中，整个句子不能接受，因为不是 there 引导的存在句，而是指示副词 there。指示副词 there 本身指一个处所，和句中的另一个地点 in the kitchen 不一致，而在存在句中二者是一致的。从语法化的角度来看，指示 there 并未虚化，仍实指一个相对于说话者的处所，存在 there 已经高度语法化，实词虚指，存在的地点取决于句中的名词短语。

指示 there 可以和 here 互换，互换后句子仍然成立；存在句中的 there 则不能和 here 互换。例如：

(9) There's Tom with our suitcase.

(10) Here's Tom with our suitcase.

(11) There was another silence and then Wallis began to laugh.

(12) *Here was another silence and then Wallis began to laugh.

例句（9）是指示 there 引导的句子，可以和 here 互换，互换后例句（10）仍然成立。例句（11）是存在 there 引导的存在句，不能和 here 互换，互换后例句（12）不成立。

尽管指示副词 there 和存在 there 在以上四个方面有明显的不同，但在某些特殊情况下，二者的差别只有从单词重音上才能辨别（大写字母表示重读）。例如：

(13) THERE's an ape flirting with Harriet. （指示的）

(14) There's an APE flirting with Harriet. （存在的）   (Lakoff, 1987：470)

这种情况的出现是和 there 两个意义之间的联系分不开的。一般认为，there 的指示意义比存在意义更基本。从原形范畴观来看，指示意义是原型意义，存在意义是辐射意义。从认知经验来看，任何存在的事物都必须存在于一个地方（to be is to be located）。

Lakoff（1987）论述了指示 there 与存在 there 的不同，例如，存在 there 不是一个具体的处所副词，而是一个抽象的概念空间；存在 there 把听话者的意识（awareness）聚焦于名词短语的所指，指示 there 把听话者的注意力指引到所指明的具体处所；there 存在句中的名词短语不是有定和具体的；存在 there 不作为一个自由的词汇项独立存在于存在句之外，等等。

认知语言学认为，there 指示句有一个原型意义，那就是指明物理空间的一个具体处所；但 there 存在句的原型意义却是指明一个心理空间（mental space）。上文提到指示 there 和 here 可以在句子中互换，形成对照。然而存在句只继承了指示句两种语义表达模式（there 和 here）中的第一种，却没有继承第二种 here，证据是存在 there 和 here 不能互换。存在句为什么选择了第一种指示语义模式，而不是第二种呢？有两个认知方面的原因。

首先，选择 there 是和其指称一个作为实体出现的、中介的心理空间（mental space）有关。心理空间相对于实体目前出现的物理空间而言是一种终极背景，当前的物理空间被前景化（foregrounded），心理空间被背景化（background-ed），因此理解为比较遥远（distant）。而 here 语义表达的是近距离（proximal）地点，不能选择，否则就会造成语义冲突，所以为了表达需要，there 就成了自然选项。

其次，选择 there 是和标记性（markedness）有关。在 there—here 构成的一对标记对立体中，there 是无标记，here 是有标记。人们在日常交际中通常选择无标记项（unmarked）使用，正如人们经常从 "long—short" "tall—short" "wide—narrow" 等标记对立体中挑选第一个无标记项使用一样。无标记项包含了有标记项的含义，正如问 "多长" 也包含了 "多短" 的含义。如果刻意使用有标记项，如 "多短" 就表明说话者要传递特殊含义。根据儿童语言习得的研究，there 在儿童言语中比 here 出现早，使用频率更高，所以是无标记项。相对于当前物理情景，似乎更遥远的心理空间和无标记性两个认知原因促使英语存在句引导词选择了 there 而不是 here。

1.3.2 英语存在句结构的认知研究

本节我们主要探讨英语存在句的结构特点和英语存在句结构的认知解释。英语存在句的结构特点包括存在句的定义、结构、分类以及对 there 含义的诠释。

1.3.2.1 英语存在句的结构特点

关于 "存在句"（existential sentences），目前并没有一个广为接受的定义，一般倾向于把它定义为 "存在句断定某物的存在"（Existential sentences assert the existence of something. ）（Jespersen，1924；Kirkwood，1969；Quirk et al.，1972）。

英语存在句的定义存在着争议。例如，没有 there 引导的表示某物存在的句子是否属于存在句？例如：

（15）A red carpet was on the floor.

Breivik（1981：9）认为像例句（15）这类的句子也是存在句，因为它们表达了同样的认知内容，仅仅是传达信息的方式不同。

Kuno（1971：349）也认为例句（15）是一个存在句，因为处所 + 动词 + 名词短语（LOC + V + NP）结构是所有存在句的潜在来源句。Quirk et al.（1972：961）认为英语中还存在一种含"有"（have）字的存在句，这种存在句表达的存在命题和 there 引导的存在句表达的命题相对应。

Aissen（1975）倾向于把非 be 存在动词的句子不包括在存在句之中。Hannay（1985）也把这类句子排除在外，他认为 there be 存在句和动词存在句在分布上明显不同。第一个不同在于 there be 存在句允许主语—助动词倒装，而动词存在句则不允许；第二个不同在于 there be 存在句允许把成分移到动词之前，而动词存在句则不允许，例如：可以说 a girl on the lawn there was，不能说 a girl on the lawn there sat。

所以，给英语存在句下一个广为接受的定义比较困难。为了避免混乱和转移研究重心，我们倾向于一种简洁明了的操作定义，即"非重读引导词 there 和动词 be 的不同形式以及非 be 动词构成的句式结构"，其含义是"断定某处存在某物"，句式结构为：There + be/V + NP + X，其中 X 代表 NP 右边可能出现的各种结构，称为扩展部分（the extension）。扩展部分有各种形式：零表征、处所、时间、现在分词短语、过去分词短语、动词不定式短语，等等。我们的这个定义并不意味着否定其他类型的存在句。根据原型范畴理论，我们认为，英语存在句范畴也有典型句式和边缘句式之分，其典型句式就是：There + be/V + NP + X，其他的为边缘句式，如倒装的、省略的存在句，等等。

尽管 Aissen（1975）和 Hannay（1985）把非 be 动词存在句排除在外，但我们认为，there be 存在句和动词存在句都属于存在句的范畴，区别在于 there be 存在句比动词存在句在程度上更典型一些。尽管二者在语法分布上不同，如疑问句和否定句的构成方式，但它们同时也有许多相同特点。例如，都是 There + V + NP + X 结构；二者的 there 都起陈述（presentative）功能，而非指示（demonstrative）功能；此外，二者在 V 和 NP 成分上也有相同点。先看它们在 be 和 live、exist、emerge 等动词方面的相同点。两类动词都表示在空间和时间维度里某事物存在的过程，be 表示的是静态，而 live、exist、emerge 则是动态的。根据 Langacker（1987，1991）认知语法观，动词是一个过程，一个是静态的较长过程，另一个是动态的较短过程。这和我们认知的视角有关，但可以肯定的是它们都是空间（物理或心理）的一个客体的（真实或抽象）的持续过程。再看 NP，无论怎么变化都可以分成具体与抽象两大类。具体和抽象有没有共同点呢？当然有。语法化学说（Hopper & Traugott，1993）告诉我们今天许多抽象的范畴都是由昔日实指的范畴虚化而来，抽象 NP 是实指的 NP 语法化的结果。因此，从更高的层次来看，there be 存在句和动词存在句也具有许多共同特点。不同的是细节，动态和静态过程是任何事物的两种形态，二者是统一的；抽象是具体的虚化。例如：

(16) There was a serious problem.

(17) There once lived a princess in that castle.

例句（16）表达的是一个静态过程，但包含有动态之意，即"问题如果不处理会越来越严重"；例句（17）表达的是一个动态过程，暗示着"居住"是一个相对短暂的过程，但其中包含着"公主一直是公主"的静态之意。因此两类存在句从高度归纳的认知角度来看，其共同规律大于细节差异，是存在句中心成员与边缘成员之分，体现了原型范畴理论。

Milsark（1974）把英语存在句分成四类：本体存在句、处所存在句、迂说法存在句（periphrastic existentials）和动词存在句（verbal existentials）（内动词和外动词存在句）。Hannay（1985）把存在句分成客体存在句（entity existentials）和事务状态存在句（state-of-affairs existentials）两类。我们认为，存在句分类和它的定义密切相关。存在句定义的争议实际上是关于存在句是一个句式还是一个句类的问题。如果把它看成一个句式，那么非 there 引导的、表示存在意义的句子就不符合存在句的句式特点，不能视为存在句；如果把它看成一个句类，那么凡是表达了"某处存在某物"的句子，不管是否有引导词 there，都应视为存在句（Kuno，1971；Breivik，1981）。出于研究聚焦和充分的概括性我们把两种情况都考虑在内，遵循原型范畴观，把英语存在句分为两类：典型存在句（prototypical existentials）和边缘存在句（peripheral existentials）。典型存在句包括 there be 和 there verb 两种常见的存在句，边缘存在句包括倒装存在句、省略存在句、have 存在句以及无 there 引导词但表达了存在意义的谓语处所句。例如：

(18) There was a sudden flurry in the long grass.

(19) There stood a great city with wooden walls.

(20) In the garden (there) was a sundial.　　　　　　（Quirk，1985：1409）

(21) No exit.

(22) The porter has a taxi ready. (Quirk, 1985: 1411)

(23) A yellow carpet was in the bedroom. (Breivik, 1981: 9)

例句（18）（19）为典型存在句，例句（20）（21）（22）（23）为边缘存在句。

关于存在"there"的含义有几种不同的观点。到目前为止共有四种不同的诠释：强处所观、弱处所观、非处所观以及综合观。

许多学者如 Lyons（1967）、Fillmore（1968）、Kuno（1971）、Anderson（1971）等都（1968）认为存在"there"还有很强的处所之意，尽管他们使用了不同的术语。这种观点和传统语法认为存在句由对应句直接转换而来有很大关系。Fillmore 认为存在"there"是被复制到主语位置的处所成分的替代形式。Kuno（1971）则把它看成是处所后置的痕迹。Anderson（1971）持和 Fillmore 相似的看法，认为存在"there"是被虚化的（expletivized）主语的处所成分。Lyons（1968：393）多次表示，存在"there"来自处所成分，但并不具有处所短语的所有特征，而仅仅是一个"指示性被中和的地点成分"，因此存在"there"仅仅被看成一个"在英语表层结构预期（anticipate）处所短语的句法形式"。

持弱处所观的学者如 Allan（1971）、Bolinger（1977）、Breivik（1981）认为，存在 there 的确涉及一定程度的处所性，但并不认为它是从潜在处所成分直接转换来的；相反，他们认为，鉴于存在 there 和指示 there 的诸多不同，这种直接转换是不可能的。具体来讲，Allan（1971：15）认为，"there"和"be"的某种形式构成一个功能单元，类似于逻辑运算中的存在算子。在这个功能单元里，there 表示空间处所，be 的时态表示时间处所；there 的意义一方面是不明确空间处所的指示成分，另一方面是指示性被中和后的弱处所指示成分，具有两面性。Bolinger（1977）认为，there be 存在句和动词存在句都是把某物"带入意识"（bring into awareness）的结构，意识被看成一种"抽象处所"（abstract location），把某物带入由意识构成的抽象处所就是存在 there 本身的意义。"带入"是由 there 位于句首的突出位置提供的。如果一个处所位于句首没有 there，就是把某物形象地呈现"在现场的舞台上"（on the immediate stage），而有 there 的结构则把某物呈现在我们的脑海中，就称作"带入意识"。Breivik（1981：11）的观点和 Bolinger 相似，不过他使用了另外一个术语"视觉冲击限制"

（visual impact constraint）。他认为，如果缺少视觉冲击就会导致不得不使用 there，相反如果有视觉冲击就可以不使用 there。

关于 there 的意义，形式语言学派的学者往往持非处所观，如 Bach（1980）。他们认为 there 本身在存在句中没有任何意义方面的贡献。持这种观点的首推转换生成范式的 there-嵌入（TI）分析者 Harris（1957）。他们的观点是存在句是由其对应句向右移动名词，在剩余的空缺里嵌入 there 生成的。在这种分析中，there 本身没有意义的结论是这样得来的：因为 there 是嵌入成分，转换语法里的嵌入成分本身都是没有意义的，如 of 被嵌入 the city of destruction，of 的稳定语义很难固定下来，所以 there 本身也没有语义内容。这种观点和 Quirk（1972：961）认为存在 there 只是名义上主语的观点一致。但是这并不意味着 there 存在句和它的对应句之间意义上没有差别。Milsark（1976）认为，不使用 there 的句子强调的是整个结构，因 there 的使用而变得具有"存在"意味，尽管 there 本身没有语义内容。Bach（1980）也提出存在 there 可以直接产生，但没有单独意义的观点。Breivik（1981）批评了那种认为存在 there 具有弱处所指示性，可以用作指示副词的说法。他认为存在 there 是一个"填充了往往由逻辑主语占领的位置的一个补偿形式"（Breivik，1981：7）。

最后一种对存在 there 的意义诠释是综合观。综合观一方面承认存在 there 是一种泛化的空间—时间处所，另一方面又承认作为名词 there 的句法特点，即无意义的形式主语，而不是指示性状语成分。

我们认为要想正确诠释"there"的意义，一要尊重它的语言规律，如可作主语、构成疑问句和反问句；二要把它放到人类语言发展变化的背景下，特别是语法化规律的视阈下来解释，只有坚持客观、动态和辩证的观点才有可能接近真相。我们认为存在 there 的意义具有两面性：一方面，在更大程度上它是心理空间的建构词（mental space builder），在听者脑海中建立一个心理空间，强调抽象处所对存在客体的包含性；另一方面，它又保留着指示 there 语法化后的痕迹，提供回溯到具体存在处所的途径，因为指示 there 和存在 there 都处于一个由实指到虚化的语法化连续体。例如：

（24）Was there any danger?

（25）There was nobody died，was there?

（26）Watch out! There is a big tiger in the cage.

例句（24）显示存在 there 具有名词性，可作主语并可构成疑问句，同时显示它没有地点指示性，我们无法判断其具体处所。例句（25）也显示存在 there 名词性的一面，可构成反义疑问句，同时无具体处所指示性。然而，例句（26）除了具有名词性、触发心理空间外，还为听话者提供了回溯到具体处所"in the cage"的途经地点（access site），所以具有两面性。这种两面性是由存在 there 从指示 there 语法化而来的历时变化过程决定的，正如 Givon（1971）指出："今天的词法就是昨天的句法"。语法化的程度由低到高构成一个"群体连续体"：实词 > 虚词 > 附着形式 > 曲折形式，群体连续体上的范畴与范畴之间的分界是模糊的（沈家煊，2001）。

Kirsner（1979b）研究了荷兰语中如 *Er blafteen hond*（There barks a dog.）类的句子。他认为，*Er*（there）表达最低程度的具体"情景指示"（situational deixis），而更多的则是一种"抽象识解"（abstract construal），仅指一般意义的呈现，或是他称为非物质的"纯粹场景"（mere sceneness），其中的实体也只是某种意义上的抽象"在场"（on the scene）。

1.3.2.2 英语存在句结构的认知解释

下面我们对英语存在句的结构进行认知解释。首先我们介绍认知语言学的一些基本理论知识。Langacker（1987，1991）认为，语言知识是人类认知的一部分，不是"自主的"（autonomous），对语言的描写必须包括对其认知过程的解释；语言是象征性的，每一个象征单位都有语音极和语义极；语言表达式体现了认知经验，语言符号与意义之间很大程度上有理据性；语义是语言的基础，而语义又存在于概念结构之中，语法是语义内容的重组和象征化，所以语法结构取决于语义内容是如何感知和理解的；语义结构往往以意象的方式表征，意象有多种识解关系（方面选择、场景视角、突显、详细程度等），因此语法结构就和识解形成促动关系；这种关系是动态的、创造性的；语言现象是程度问题，没有绝对界限；想象认知能力如隐喻、转喻也是语言不可分割的重要方面，也应该得到合理解释。

Lakoff（1987：491）认为，认知语法的任务之一主要就是要表明形式方面是如何按照意义方面来组织的（Part of the program of cognitive grammar is to show how aspects of form can follow aspects of meaning.）。Taylor（2002：29）声称语义

结构的研究也赫然耸现在认知语法之中（The study of semantic structure looms large in Cognitive Grammar.）。总之，认知语言学主张以经验现实主义为基础，根据认知主体观察情景的方式、物体和事物突显的不同程度、选择的注意焦点来分析和理解语言结构。因此英语存在句的结构研究也应该从概念意义入手，探究"形式方面是如何按照意义方面来组织的"，证明存在句的两种结构有意义差别，不是形式研究方法所声称的来自同一个深层结构，没有意义差别。

Langacker 的认知语法体系包括象征单位（symbolic unit）、音系极（phonological pole）和语义极（semantic pole）三种单位。音系极又叫音系单位（phonological unit），指语言单位可感知的物理声音，用国际音标加方括号表示；语义极又叫语义单位（semantic unit），指命题内容、意象、识解关系、百科知识、语用因素等，用大写字母加方括号表示；象征单位是音系极和语义极的直接结合体，表示的方式是把二者放在一起，中间用一条斜线（/）分开，再外加方括号。例如：[[DOG] ／ [d ɒg]]，中间的斜线表示象征关系，同时代表语义极和音系极的界限，里面的两个方括号代表语义极和音系极，外面的方括号表示象征单位。象征单位可以组合成更大的复合结构（composite structure）。这里的单位（unit）实际上相当于结构（construction），可指词素、词、时体、短语、句法构式等；可长可短，可以是最小的词素也可以是句子，甚至是篇章。认知语法不承认词法和语法之间的界限（只有以上三种单位），语法就是象征单位组成的连续统（continuum），语言就是约定俗成的象征单位库。

根据 Langacker（1987：73）和 Taylor（2002：22）的论述，象征单位之间主要有如下四种关系：①垂直的图式与例证关系（schema-instantiation），具体单位是抽象单位的例证，下义单位是上义单位的例证，变体是原型的例证等；②水平的部分与整体关系（part-whole），线性的小语言象征单位组合成大语言象征单位；③相似的原型与变体关系（prototype-variants），音位原型与变体，语义原型与隐喻义变体，词类原型与扩展变体，句式原型与扩展变体；④整合关系（integration），语言象征单位的水平组合加上细微"调适"（adjustment），两种互补的象征结构组织方式。除了词素，认知语法对词类范畴也做出了一致的全新解释。

认知语法中一个重要的术语是指明（designation），即明确所指定的具体事物。根据被指明实体的本质，认知语法确认两种述义（predication）：名词性述义（nominal predication）和关系述义（relational predication）。所谓名词性述义就是指明一个事物的述义结构，关系述义是指明非时间关系（atemporal relations）或一个过程（a process）的述义结构。这里对事物的定义是抽象的，指认知事件。语义极指明事物的象征结构，其词类范畴就是名词。关系述义又分为过程述义（processual predications）和非时间关系（atemporal relations），过程述义对应于动词，非时间关系对应于形容词、副词、介词等词类。正如名词类的语义极指明事物一样，动词类的语义极指明一个过程。过程述义具有"肯定的时间侧面"（positive temporal profile），即历经感知时间的发展是按序列方式扫描的（its evolution through conceived time is scanned in sequential profile）；历经发展的时间跨度称为时间侧面（temporal profile），"肯定的"含义是发展必须历经时间，是否历经时间是标准，因此一个过程的时间侧面必须为非零。

Langacker 用侧面和基体（profile and base）（其实质是图形和背景）来描写名词，结合语义极，就是名词类侧画事物。名词的述义范围（scope of predication）就是基体，所指明的事物就是侧面。一个表达式的语义既不在侧面，也不在基体，而在于二者的结合，如"弧""舅舅"的意义就离不开"圆""家族关系"这两个基体。任何一个象征单位都有音系极和语义极，语义极决定一个象征单位的词类，因为它们享有共同的基本语义特征，如名词都指明事物。从上文谈到的象征单位的四种关系来看，一个词和它的词类之间是例证与图式的关系，即一个事物例证了一个抽象事物图式。因此，Langacker 用某种认知域区域（region in some domain）来代表名词类，也就是说每一个名词性述义都指明一个区域。区域又分为有界的（bounded）和无界的（unbounded），可数名词是有界的，是名词的特殊和原型状态；不可数名词是无界的。因为不可数名词是空间扩张、没有界限的物质的名称，而可数名词则指一个具体的物体，有空间界限。客观物体的有界和无界并不是认知域有界和无界判断的必然充分条件，因为认知上的有界和无界还涉及视角的选择和界限的突显，有界和无界在认知上有一个临界处。有界和无界在英语中对应可数名词和不可数名词，是研究存在句主语和谓语一致与不一致的理论基础。

根据扫描方式，关系述义分为总体扫描（summary scanning）和序列扫描（sequential scanning）。总体扫描本质上是添加性的（additive），感知成分的处理是并行的（parallel），复杂场景的各个方面同时用于认知处理，通过它们的共同激活构成一个内部一致的完形。事物（名词）和非时间关系（介词、副词等）词类的处理模式就具有这种特点。另一方面，序列扫描涉及一个构型（configuration）到另一个构型的连续转换，认知成分是按序列而非并行方式处理的，它们既不是并存的也不是同时用于认知处理的，尽管要有一定的状态延续性。过程述义（动词）的处理模式就有这种特点，打个比方，总体扫描就是我们注视一张静止照片的能力，而序列扫描是我们看幻灯片的能力。例如，动词 enter，这个象征结构的主要意义就是空间域中的一个射体（trajector）（首要凸显参与者，如一个施动者）相对于一个界标（landmark）（次要凸显参与者，如一个处所）历经时间，射体—界标从外部关系逐步推进到内部关系。这种伴随着射体—界标状态变化的过程就是动词的意义。

认知语法采用射体—界标理论来解释述义结构。一个关系述义，包括过程述义，各个参与者的突显程度不同。在一个关系侧画中图形就是射体，其他突显的实体就是界标（Langacker，1987：231）。射体/界标是图形/背景的特例。射体是侧画中最突显（primary）的实体，界标是次突显（secondary）实体，界标是射体的参照点。Ungerer & Schmid（1996）使用的是句法图形和句法背景，虽然术语稍有不同，但基本精神相同。射体往往对应主语，界标常常对应于宾语。也就是说，施事常常是射体，受事往往是界标。但是，Langacker（1987：351）认为，除了施事作主语外，英语中场景作主语的结构也很常见。英语存在句就属于这种场景作主语的句式结构。下面我们分析英语存在句的结构，例如：

（27）A novel is on the table.

（28）There is a novel on the table.

首先，认知语法认为，例句（27）（28）完全是独立的、并列的两个句子，它们之间没有转换关系（像例句（27）这类的句子在英语中属边缘句）。因为认知语法认为同一个情景可以用不同的意象来识解，一旦一个语法结构确立，其视角和语义合成路径就确定了。

其次，存在句中的 there 作主语，是名词性象征结构，它事实上指明的是一种抽象场景（abstract setting）。这种句式和时间作主语的句式相似，主语均为一种抽象场景。例如：

（29）Thursday saw yet another startling development.

（30）Independence Hall has witnessed many historic events.

（Langacker，1987：346）

这种抽象场景和其他述义中的主动参与者一样，是首要的单句水平上的图形即射体，动词后的名词成分是次要的单句水平上的图形即界标。它们是过程侧画中的焦点，它们的突显加强了和它们有关的任何直接联系。这种焦点效果对语义有重要影响，即赋予场景射体地位就加强了场景—过程关系本身的突显。当场景成为射体时，从隐喻的角度看就是一个容器，其后的界标就是容器中的内容，容器与内容之间的关系就是这个过程侧画的主要识解内容。

第三，产生 there 存在句的一个重要步骤就是 there 和 be 的整合（integration）。具体整合过程如下：there 指明一个抽象场景，可识解为包含某种关系的抽象区域；be 的关系侧画是一个随着时间流逝的稳定情景的延续（即射体和界标之间的关系），它和 there 构成复合结构（there be）以后，复合结构中的 be 和原来的 be 之间既有相似点又有不同之处。二者的相同之处在于仍指一个非完成过程，不同之处在于焦点已经转移到被赋予射体地位（tr.）的场景 there 上面，即抽象场景 there 变成了射体；be 的原射体尽管在这个更高一级的结构上仍是一个突显参与者，但变成了界标 1（$lm_1.$），由一个名词补语来例证（there be a novel）；此外 be 唤起的、由一个恰当的关系补语（常为介词短语）例证的抽象情景变成了另一个界标，称作界标 2（$lm_2.$）（there be a novel on the table）。然后，在整个述义的背景化（grounding）（即基体，如时间）作用下，就产生了一个限定子句（There is a novel on the table.）。具体过程如下图所示：

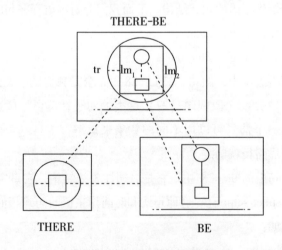

图 1 - 1 **There-be 子句结构**

（来源：Langacker，1991：353）

英语存在句的这种认知分析方法是有根据的，Langacker（1987：352 - 353）在其《认知语法基础》（第二卷）中采用了这种单射体、双界标的认知方法分析了英语存在句。Lakoff（1987）在其《范畴》一书中也以个案的方式研究了英语存在句，他把 there 称为"心理空间"（mental space）。Bolinger（1977：93）在其《意义与形式》一书中，称 there 是一个抽象的处所，作用就是引起言语行为参与者的"意识"（awareness）。存在句抽象场景射体化（置于句首位置）可带来认知和语言功能上的效果。抽象场景被赋予射体地位实际上是把原参与者背景化了，同时没有前景化任何客观实体，这就使该结构（存在句）能引入一个新参与者，同时遵守用一个给定的（即目前的篇章范围可及的）成分作为单句的开头成分的常规模式。

现在我们把英语存在句的认知分析总结一下。"There be"复合结构继承了动词的过程侧画（即该述义的侧画仍为过程），但复合结构却以抽象场景作为射体，意味着首要突显焦点从 be 的参与者转移到抽象场景，原 be 的两个参与者背景化为次要突显的界标，这样整个述义的突显焦点就从参与者—过程关系转移到场景—过程关系，场景是一个包含其他关系的抽象区域。也就是说例句（27）突显的是存在客体—处所关系的稳定持续，例句（28）突显的是处所—存在客体包含关系的稳定持续，二者首要突显焦点即射体不同，两个句子的意义不同。

此外，除了两个例句的首要突显焦点不同外，这两个句子所体现的意象图式也不同。抽象场景的射体化也带来认知图式的变化。存在句的对应句体现的是来源—路径—目标图式（source-path-goal schema），而存在句体现的则是容器图式（container schema）（Lakoff，1987）。根据 Langacker 的观点，来源—路径—目标图式显示的是正常能量流（flow of energy）的发生、传递与吸收过程，a novel 是链首表示能量发出，on the table 是链尾表示能量吸收；容器图式则强调了包含关系。来源—路径—目标图式和容器图式是有认知联系的。根据 Langacker（1991：283）的"弹子球"模型，客体固然是认知突显部分（如弹子球），但首先需要一个处所（如球桌），这样球与球之间才能发生能量流动。正是这种认知经验，即两种图式实际上是一个处所的不同客体之间的关系，为存在句的不同意象建构提供了认知基础。例如：

（31）There was a bomb explosion.

（32） * A bomb explosion was.

例句（31）没有来源句，但它仍然是一个由射体和界标构成的关系述义。There 本身侧画的是抽象处所的包含区域，be 本身侧画的是射体和界标之间的持续关系（在未和 there 复合之前，只有一个抽象的射体图式，无具体例证）。于是，there 和 be 复合，be 的射体图式由 there 例证，there 升成结构 there be 的射体（但界标仍未得到具体例证）；于是 there be 又和 a bomb explosion 复合，构成更大的结构 there be a bomb explosion，此时 there 进一步上升为整个结构的射体，a bomb explosion 上升为整个结构的界标，be 变成了整个结构的关系过程。最后，在背景的作用下，整个结构复合成述义 there was a bomb explosion。这就是存在句（31）意象的建构过程，这个意象象征着一个容器对其内部存在客体和关系的包含。非 be 动词存在句的分析过程与此类似，因为 be 和非 be 都属于动词，其定义图式相同，都是射体和界标之间关系的持续过程。

存在句的这种认知分析方法避免了形式分析方法面临的"无来源句"难题。认知语言学分析方法认为英语存在句和其所谓的对应句（无定时为边缘句，有定时可接受）是两个独立的、并列句子，意义上有明显差异。这种意义差异主要体现在意象不同侧面的突显程度不同。存在句的首要突显焦点是抽象处所，我们认为 there 的意义具有两面性，即 there 主要是在言语事件参与者的脑海中建立起关于某物存在的心理空间，其实是存在的预期意识（anticipating awareness），但同时还有很低程度的具体处所回溯痕迹。

因为存在句首先强调的是存在，而不是某物存在于某地，当然存在意味着存在于某处，这是不言而喻的，但某处也可以是抽象的，不仅仅是具体的物理处所，所以处所在英语存在句中是界标而不是射体。所谓来源句其首要突显是存在客体，其意象强调的是路径图式对应于能量流。两种句式表明两种视角，视角选择不同，突显侧面也不同，不同的突显又导致不同的语义结构，不同的语义结构促动不同的语言表达式。这就是认知语法强调的语法结构的意义理据。

1.3.3 英语存在句主谓一致与不一致的认知研究

存在句的主谓一致问题看似简单，但大量反例的存在使这一问题变得非常复杂。如何用同一个理论框架令人信服地统一解释存在句主谓一致及其反例是一个值得思考的问题。存在句的主谓一致并不像人们想象的那么透明、简单。

我们将采取全新的认知语言学视角来重新审视这一传统经典问题。

例如，存在句中的 be，特别是在口语中，经常在复数名词前面用单数，常以缩写的形式出现（there's）。例如：

（33）There's hundreds of shells on the beach.

（34）There's six pints waiting for the first man home.

（35）There's been no houses built in this town in the last five years.

（Hannay，1985：15）

Breivik（1981）对这种语法现象的解释是：there 和 be 的缩写形式 there's 已经发展成一个"单一的陈述格式"（single presentative formula）。它已经构成一个相对固定的陈述单位，其右边名词的控制力度弱化，起到陈述某人或某事存在相对固定的格式功能。

Schutze（1999）反对 Sobin（1997）提出的主谓不一致是由语法病毒引起的说法。他认为一致与不一致语法现象都是人类大脑语言处理的结果。当我们处理存在句时，有时与形式主语一致；有时和又与其意义主语一致，因为这两种结构在普遍语法中都有充足的理据。

Insua & Martinez（2003）以当前英语语料为基础研究了 there be 结构中的主谓不一致现象。他们认为，不一致不是英语口语中存在结构 be 的规范，不一致是由语言和心理因素共同引起的。语言因素包括动词和意义主语之间较长的状语、动词和意义主语之间较长的插入语、名词短语带有关系从句和名词短语带有非限定单句等。心理因素包括短时记忆的局限性和 there is/there are 不对称二元标记项的记忆负担程度。无标记项的 there is 记忆负担程度轻，而有标记项的 there are 记忆负担较重。这样，当意义主语信息尚未出现在说话者大脑中时，单数作为无标记的默认值，就成了高选择项。在语篇中作者可以根据语篇线索选择动词的形式，但口头交际是在线的、即时的操作，需要快速决定，因此单数作为无标记的默认值，常常被选中。

关于主谓一致问题，Peters（2004）认为，there's 常出现在口语中，在科技文章中主谓一致是严格遵守的，但在陈述性和日常写作中，特别是缩写形式 there's 有时也和复数名词连用。他注意到否定陈述句和复合主语对缩略式 there's 有比较大的吸引力。他认为，there's 好像发展成了一个固定短语，类似法语的 C'est...，服务于不间断篇章的需要而不是某个句子语法的需要。

戴曼纯、崔刚（2000）研究了英语存在句中的确指性和一致问题。他们认为，Sobin 的病毒理论不能很好地解释存在句的一致问题。英语存在句的一致问题不能单从句法的角度进行解释，涉及句法、语义、语篇、情景等诸多因素。他们认为，具体语言中的一致问题仍然是一个需要认真研究的课题。

以上的前期研究成果很有启发性，但仍有不足。我们发现主谓一致的认知动因被严重忽略。这一问题，除像似性外，其实还隐藏着其他重要语言认知规律。对主谓不一致的研究也已经从单纯的语言维度发展到多维度，并逐渐接近人的认知维度如记忆、标记性，但仍然未上升到人的认知经验层面。

下面我们谈一谈需要用到的认知语言学理论基础，语言像似性。现代语言学之父 Saussure（1966）认为语言的能指（signifier）和所指（signified）之间的关系是任意的（除少量的拟声词外）。自他以来，人们似乎很少对此提出疑问。然而随着认知语言学的发展，人们对语言像似性（iconicity）问题的呼声越来越高，研究也愈发深入。符号的像似性可以追溯到现代符号学之父 Peirce（1958）的符号学理论。

Peirce 是美国著名逻辑学家和哲学家，他对符号的分类研究为现代符号学发展做出了巨大贡献。Peirce 认为，任何一个符号都是由媒介（medium）、指涉对象（object）和解释（interpret）三种要素构成，"三位一体"构成一个完整的符号。他把符号分为九种，其中影响较大的有三种：像似符（icon）、索引符（index）和象征符（symbol）。像似符通过写实或模仿来表征其对象，它与所指对象之间的联系是性质上的相似性，例如，照片、图像、雕塑、电影形象、施工草图、方程式和各种图形等；索引符与所指对象之间是因果关系或者时空上的连接关系，例如，路标、箭头、指针、专有名词和指示代词等；象征符通过某种法规指称其对象，这种法规通常是一般概念联想致使该象征被解释为指称那个对象，例如，自然语言和各种标记系统（王铭玉，2004：402）。

关于像似性（iconicity），目前尚没有一个统一的、广为接受的定义。沈家煊认为（1993：3），"语言的像似性是相对于任意性而言的，是指语言符号能指和所指之间有一种自然的联系，两者的结合可以论证，是有理有据的。语言结构的像似性就是语言结构直接映照人的概念结构，而不仅仅是一般地体现概念结构。"张敏（1998：139）指出："简单地说，语言的像似性指感知到的现实形式与语言成分及结构之间的像似性。换言之，是指语言的形式和内容（或者说，语言符号的能指和所指）之间的联系有非任意性、有理据、可论证的一面。"王寅（2001）认为像似性是符号在音、形、或结构上与其所指之间映照相似的现象。

Langacker（1987）和 Lakoff（1987）等学者建立了认知语法，倡导从认知角度探讨和分析语法规则的成因。他们指出：认知和语义是一种语言形成其句法结构的内在动因，语法是语义的建构和象征体系。Lakoff 指出"认知语法的部分任务就是要揭示语法形式的多个方面是如何遵循语义的多个方面而形成的"（Lakoff，1987：491）。

Givon（1994）认为句法结构在本质上是像似性的。人类的语言具有广布的像似性（persuasive iconicity）。像似性具有压倒性的趋势（overwhelming tendency）。

Wierzbicka（1988）持一种不妥协的像似性语言观，她认为语言中的像似性原则可以发挥最大的作用，残存的句法任意性现象仅仅说明目前语言学家的研究尚有不足之处，尚无力提出合适的语义解释。

Haiman（1985）对语言像似性的研究成果影响大。Haiman 认为句子表层形式是语义的像似图样（diagram），语言结构常常与我们思维的非语言图样（non-linguistic diagrams）相似。语言就像图样。他认为一个简单物体的图像（icon）是意象（image），一个复杂物体的图像就是图样，意象和图样都对刻画的现实进行压缩和简单化。意象简单化的程度最低，图样次之，象征符（symbol）的抽象程度最大。Haiman 认为人类语言里的像似符号主要包括意象和图样，尤其是图样。他将这种像似性分为：同构（isomorphism）、自同构（auto-morphism）和动因（motivation）。同构仅指符号和所指物之间一一对应的关系（one to one correspondence alone），体现在语言中就是"一个形式对应于一个意义""形式相同表示意义相同，形式不同则意义不同"；自同构指对应关系存在于同一个系统的两个或多个部分之间；动因指符号构成元素之间的关系和所指物的构成元素之间的关系相同（也有人称之为关系象似）。

在我国国内，许国璋（1988）先生最早对语言的任意性提出了质疑。沈家煊（1993）认为像似性是当今认知语言学讨论句法时的一个热门话题，对了解语言和认知之间的关系具有重要意义。胡壮麟（1996）也认为，语言符号像似性的总趋势是不可避免的。戴浩一（1985）提出了汉语里的一条重要像似原则——时间顺序原则（The Principle of Temporal Sequence，PTS），即"两个句法单位的相对次序取决于它们所表示的概念领域里状态的时间顺序"，对我国的汉语研究有很大的启示作用。张敏（1998）运用距离像似性原则研究了汉语名词短语中"的"字的隐现规律。

因此，像似性指语言结构与人的概念结构之间的自然联系。语言像似性目前主要可以归纳为以下几类：

（1）顺序像似性（sequencing iconicity）：语言单位的排列顺序对应于客观事物发生或人们认知的时间顺序。在语言中主要体现为单句词语的次序和事件发生的顺序一致，复句中表示原因或先发生子句位于表示结果和后发生子句的前面。这和人们对事物发生顺序的感知经验一致，经验告诉我们先有原因后有结果。例如，恺撒的名言"Veni，vidi，vici"（我来，我看，我征服。），句子的顺序和事件发生的先后次序完全一致。改变其中的成分顺序就会导致句子语义矛盾，所以说顺序像似性对语法有制约作用。再如，根据戴浩一（1985）的研究，汉语中存在着重要的时间顺序原则，如"他摔碎了花瓶"中的"摔"一定要在"碎"的前面。英语和汉语的基本句序都是SVO（施事—动作—受事），很大程度上就是顺序像似性起作用的结果。此外，顺序像似性还和人们的认知方式和文化背景有关，如中国人常采用"外围剥离式"的认知方式，故语言中的时间和空间的排列顺序是先大后小、先整体后局部；而英语母语者往往采取"核心扩散式"的认知方式，以"自我"为参照点，时空排列由小到大、先局部后整体。

（2）距离像似性（distance iconicity）：语言单位之间的距离对应于所表达的概念之间的距离，又称邻近原则（proximity principle），即如果两个单位在概念或认知上接近（如同属于一个语义场或信息一致等），那么它们在语符上也接近。距离像似性既可以体现在词汇层面又可以体现在句子层面。例如，英语短语know somebody/know of somebody，前一个的距离近表示直接认识某人，后一个距离较远表示间接认识某人。再如：

（36）He talked to Ted，then to Carl，then to Michel.

（37）He talked to Ted，Carl and Michel.

例句（36）语言成分之间的距离比例句（37）的大，两个句子所表达的含义也不同，（36）句表示谈话是一个一个进行的，（37）句则表示她与三个人同时谈了话。词汇之间的距离映现了事件发生的距离。

（3）数量像似性（quantitative iconicity）：语言单位的数量对应于所表达概念的量和复杂程度，与可预测性成反比例关系。具体地讲，概念量越大、越复杂，所用语言单位的数量就越多；信息的预测性越低，所用语言单位的数量就越多。数量像似性同样可以体现在词汇层面和句子层面。例如，a dictionary/a hardback dictionary，第一个短语意义简单，可以是平装，也可以是精装，故只有两个语言单位；第二个信息量稍大，精装本词典，相应地增加了一个语言单位。语言中大量的重叠现象也是数量像似性的例证，如 again and again、more and more、better and better、白白净净、干干爽爽、油腻腻、湿漉漉，等等；语言单位重复和所表达状态增强的程度像似。特别需要指出的是英语名词所表达概念数量的增加，在句法上常用语言单位 – s 来体现，名词复数典型地体现了数量像似性；不仅如此，单数名词和语言单位较少的系/助动词（is/was/has）搭配，复数名词和语言单位较多的系/助动词（are/were/have）搭配，也是一种像似性的体现。这就是我们用来解释存在句主谓一致的理论依据。

正如 Lakoff（1987）所指出的那样，当重复出现在名词上，单数将变为复数或表达集合概念；当出现在动词上，表示动作的持续和完成；当出现在形容词上则表示性质或状态的增强。数量像似性还可以体现在言语事件参与者之间的社会和情感距离上（礼貌或熟悉）。例如：Your Honor、Your Majesty、Professor Wu，这些称呼和 you 相比，语言单位复杂，社会距离也相应较远；法语中的 tu 和 vous 也属于这一类语言事实。Haiman（1985：151）指出："语域越礼貌，信息越长"（The more polite the register, the longer the message.）。

（4）对称像似性（symmetric iconicity）：概念内容上同等重要或处于并列关系的信息在语言单位上也处于并列位置。例如，很多语言中的并列主语、谓语、宾语以及同位语；英语中的 the more... the more... 句型、强调句型等，都是对称像似性的体现。

（5）不对称像似性（asymmetric iconicity）：指 Talmy（2000）从认知角度提出的句子中的图形、背景和语言表述上的话题、述题的对应。例如，"直升机在楼顶上"，而不说"＊楼顶在直升机下面"。因为"直升机"在这里是图形，"楼顶"是背景，而主语位置（话题位置）较突显，适合图形；谓语位置（述题位置）次突显，适合背景，所以前一句可行，后一句不可行。实际上，这和

Langacker（1987）提出的"射体""界标"理论的精神相同，就突显的程度而言，"射体""界标"不对称，这种不对称通常体现在表达的施事—动作—受事动作链中，施事为链首，受事为链尾。

（6）标记像似性（markedness iconicity）：指标记性从无到有的顺序像似于认知顺序及组词一般顺序；"有标记性像似于额外意义，无标记性像似于可预测的信息"（王寅，2001：369）。我们也发现这一类像似性的确存在，认为"标记像似性"比其他学者提出的"范畴像似性"更直接、更接近实质，所以采用标记像似性的说法。Greenberg（1973）认为标记理论已经成为一个主要理论思想，可运用于语言的一切方面。我国很多学者，如沈家煊（1997）、胡壮麟（1996）认为有标记和无标记的对立在语言分析的所有层次上都起作用；石毓智（2006）也很重视对标记理论的研究，在其诸多的研究成果中都贯穿了标记理论（不对称）的思想，甚至出版了专著《肯定和否定的对称与不对称》（石毓智，1992）。沈家煊（1998）也出版了有关标记理论的专著《不对称和标记论》。这也是我们采用"标记像似性"说法的原因。

标记像似性体现在：①有标记项语符数量多，对应于额外意义；例如复数相对于单数是有标记形式，表示额外意义；这种额外意义不但表现在名词结尾上而且还表现在系/助动词的语符数量上，正是因为复数是有标记项，其"量多"的额外意义就是通过 are/were/have 等较多的语符来表达的。其次，大写字母、粗体字词，非常规的行文方式等都表示不同的额外意义。这是我们分析存在句主谓一致时要用到的第二个像似性理论基础。②无标记项是基本的、可预测、可简化乃至省略的，有标记项特殊、不易预测、往往不能省略。例如：the study 和 the study completed in this national key laboratory by that leading scientist，后一个短语使用了一种有标记的编码方式，表达了额外意义，不易预测，删除部分语符后会导致相应意义缺失。③人们在习得语言的时候，习得语言的顺序对应于无标记—有标记顺序。无论是从词语的形态、时态、句子的结构，还是语气等，都是先从简单的无标记项目入手，然后逐步过渡到较复杂的有标记项目，如先学会动词的规则过去式、形容词的规则比较级，然后是不规则形式，等等。标记像似性的认知理据是语言使用者以"自我"为中心的认知经验模式，以"自我"为认知观察点，把"自我"等同于"自好"，就逐渐形成了诸如 up and down、front and back、here and there 之类的由上到下、由前到后、由近及远的思维和表达习惯，从而在语言中留下烙印。Lakoff & Johnson（1980：132）认为，由于人类大部分时间是直立的、前视的、运动的动物，因而形成了以"自我"为中心、自己是"好"的这样的思维模式，即"自己的、好的"作为无标记项，"背我而去的"作为有标记项。

以上六种像似性并不是孤立存在，而是相互联系、相互作用。有时一个语言现象涉及可能不止一种像似性，可能为几种像似性的结合，表现出一种明显的合力；但有时受到语言经济性的制约，像似性会受到一种"侵蚀"（erosion），不那么明显。语言的像似性和经济性构成一对矛盾，在二者的竞争中谁将胜出取决于多种因素，竞争的不同结果就形成了不同的语言画卷，展现在我们面前。

下面我们看一看名词的认知语法解读。根据 Langacker（1987，1991）的观点，一个事物据其语义特征可以恰当地描写为某一认知域的一个区域（a region in some domain）（不同的具体区域构成一个较大的认知域），即每一个名词性述义都指明一个区域。因为一个区域就是一个相互联系客体的集合（a set of inter-connected entities），当客体之间的联系密度增加时，它们之间的认知距离就缩小，这时集合中的客体就可能形成一个区域。区域倾向于客体密实，最好连续分布的集合。例如，"群岛"指明一个非连续的区域，而"岛"更接近该范畴的原型，是"群岛"的密实和连续化。因此这些区域又可以分为有界的（bounded）和无界的（unbounded）。当一个区域所包含相互联系的客体有某种限制时（内部或外部因素强加的），这个区域是有界的；当内部客体之间的相互联系最紧密且认知距离最小时，区域与外部的界限最明确（有界）；当外部客体与内部之间密度最小且认知距离最大时，界限不明确（无界）。例如，银河系、队、点、颜色等都是有界区域，但限制的因素不同，分别为图式意象、动作方式、背景以及色谱认知距离，等等。可数名词代表一种特殊但非常典型的情况，其指明区域被具体识解为一个述义认知域范围内的有界区域；而不可数名词指明一个无界区域。具体到空间认知域而言（许多物质都涉及空间域），可数名词指具体物体，有空间界限；不可数名词是空间扩展，没有界限，但其他手段可以赋予它界限，如量词。

Langacker 认为有界和无界事物有以下区别特征：①有界事物内部具有特定结构，一旦被破坏就不再具有原来的特性，如椅子被劈开后不再是椅子；无界事物内部没有特定结构，即使被破坏仍具有原来的特性，如油被分开后仍是油；

②有界事物内部是异质（heterogeneous）的，无界事物内部是同质的（homogeneous）；③有界事物具有可复制性（replicability），这是复数化的要求；无界事物没有可复制性，因为缺乏界限，但因其同质性，也可以通过视角选择形成一个区域（相对于其他物质的不同特性而言），这个区域是在品质空间（quality space）认知域上形成的；然而在具体层面，无界事物具有内部多样性（internal multiplicity），如啤酒无界，但可分成黑啤、果啤等；④有界事物具有界限离散性，无界事物没有，但有无限的扩展性和可缩减性（expansibility and contractibility）。例如，"水"可增加可减少，性质不变；而"钢笔""猫"随意增加和减少就不再是其本身了。从实质上讲，客体之间联系的实密性和认知距离小是决定因素，缘于此才形成一个区域，才有一个界限，才可复制，正是这种过于紧密的联系才使它具有特定结构而不能随意缩减，否则 A 将非 A；相应地，客体之间联系的疏松性和较大的认知距离导致不能形成一个区域，没有一个界限，不可复制，正是这种松散的联系才使无界事物不具有特定结构，可随意缩减，A 将仍然为 A。

　　物理空间在认知域层级中排序高。是否具有物理空间（physical space）界限决定了可数名词和不可数名词的地位，因为物理空间在认知域中的强突显性，也使得单复数成了名词的主要语法特征。这种判断标准是具体可视的。但是除了物理空间，还有一个品质空间认知域，尽管它没有物理空间在认知域层级中突显，也可以决定基本词类范畴，它是抽象不可视的。例如葡萄酒，如果物理空间是首要认知域，它没有物理界限，属于不可数名词；但是如果品质空间是首要认知域（假定为 W），那么葡萄酒 1（wine 1）、葡萄酒 2（wine 2）就在品质空间范围内形成两个有界区域（W1）　（W2）。这样的话，象征单位［［wine 1］／［wain］］、［［wine 2］／［wain］］就成了可数名词。因此不可数名词的复数化是可行的，我们可以说红葡萄酒（red wine）、白葡萄酒（white wine）以及干红（dry wine）等。需要注意的是这种复数常在"种类"或"品牌"（type or brand）的意义上使用，因为它们只具有对照性的（contrastive）而不具备独特性的（unique）特征。

　　事物是有界的还是无界的可以有两个认知域——物理空间和品质空间来决定，一是取决于观察的视角和距离，例如，肉眼看水和沙子是无界的，但用电子显微镜观察，这些事物的分子之间距离很大，类似的例子还有银河系。二是取决于表达需要和突显的视角选择，既可以是具体边界又可以是品质。当我们选择边界，突显的是内外区域之间连续的相邻边界点（adjacent boundary points）；当我们选择品质，突显的是同质内部区域，即使同质还可以进一步选择抽象层面（大类）和具体层面（亚类）。我们可以强化/淡化界限，也可以强化/淡化同质，所以说名词区域的有界和无界实际上也适用于原型范畴论，是一个程度（如不可数名词的有界属于边缘性的）和语言使用者的视角选择问题。

这两种不同的认知方式在概念结构上的体现就是有界区域和无界区域的对立，即可数名词和不可数名词的对立；在语法方面体现为名词的数范畴和谓语的一致，所以有界和无界的视角选择及突显的变换制约着句子成分的选择和结构匹配。这就是我们对英语存在句主谓不一致语法现象进行认知分析的理论基础。

1.3.3.1 英语存在句主谓一致的认知研究

英语存在句的谓语动词，包括系动词和助动词通常要和其逻辑主语一致。我们先看一组例句：

(38) a. There is a weaver in the workshop.

b. There are five national players in this team.

(39) a. There was once only one grinding mill in this village.

b. There were many excellent hunters in this mountain village twenty years ago.

(40) a. There has been a stone bridge built over the creek.

b. There have arisen several serious problems.

以上三组例句（38）（39）（40）的 a 句，逻辑主语均为数量为一的简单概念，"一个纺织工人""一个磨坊""一座石桥"，相应地，这些名词的结尾没有复数曲折标记 - s，仅为名词原形；另一方面，它们的谓语动词分别为 is、was、has，包含两到三个字母；此外，名词前面是表示"一"的数量词；反观句子 b，它们的逻辑主语均为数量大于一的较复杂概念，主语的词尾均有复数曲折标记 - s；句子 b 的谓语动词分别为 are、were、have，包含三到四个字母，都比其对应 a 句的动词多一个字母；第三方面，名词前面都是"大于一"的数量词，三者相互映衬。以上的语言事实绝不是巧合，而是揭示了"数量像似性"（quantitative iconicity）这一重要的认知语法规律。"数量像似性"的含义就是语言单位的数量对应于所表达概念的数量和复杂程度，与可预测性成反比例关系。概念量越大、越复杂，所用语言单位的数量就越多；信息的预测性越低，所用语言单位的数量就越多。数量像似性可以体现在词汇和句子层面。结合上面的三组例句，b组的复数概念在名词的形态方面就包含复数曲折标记－s，而a组的单数概念就不包含这一额外语符。除了名词本身的形态有数量像似性外，其系/助动词也体现出了一种"标记像似性"。标记像似性体现在有标记项语符数量多，对应于额外意义。复数相对于单数是有标记形式，表示额外意义；这种额外意义不但表现在名词的结尾上而且还表现在系/助动词的语符数量上，正是因为复数是有标记项，其"量多"的额外意义就是通过三到四个字母的 are/were/have（均比 is/was/has 多一个字母）较多的语符来表达的。系/助动词额外的一个字母就表达了有标记项—"复数"的额外意义。第三，除了名词词尾语符数量、有标记项谓语动词语符数量外，复杂概念前面的数词本身也是很好的例证。简单概念前面的数词为"一"（a/an），有时加修饰词"only""merely""just"等强调唯一之含义；复杂概念前面的数词"大于一"，常用基数词、"several""many""a few"等类似表达强调大于一之含义。我们认为数词在这里非常重要。它有两个重要作用：一是语法结构上形成"数量像似性表达链条"和"标记像似性表达链条"的重要环节，没有它就无法形成可数名词的外显（overt）链条；二是语义上形成外显三环映衬（不可数名词也有种类、品牌、容器等量词）。外显语法结构链条和语义三环映衬（be, determiner, NP）属于典型的存在句特征。所以说，英语存在句的主谓一致实际上是"数量像似性"和"标记像似性"二者共同作用的结果。在语符和所表达的概念像似性之间，数词在结构上起着扣环，语义上起着映衬的作用。

Haiman（1985：148）指出，在单数和复数的对立中，从形态上讲复数几乎总是有标记的，其语义理据非常直接表明了"复就是多"（More is more）。王寅（2001：370）也认为，"复数相对于单数而言是有标记形式，它表达了额外的意义"。

我们已经讨论了 be 作动词的存在句中主谓一致的两种像似性：数量像似性和标记像似性。这个结论是不是也适用于非 be 动词存在句呢？我们先看下面一组例句：

（41） a. There stands a beautiful pavilion on the small hill.

b. There stand two beautifully carved pillars on either side of the gate.

（42） a. There exists a worldly famous resort, the West Lake, in Hangzhou.

b. There exist many museums in Beijing.

（43） a. There appears a roller coaster in the central park.

b. There appear several skyscrapers by the bank of the Yangtze river.

以上三组例句（41）（42）（43）的 a 句都是单数逻辑主语，谓语动词加上了第三人称单数动词的曲折标记 - s，同时使用了表示"一"的数词；而 b 句都是复数逻辑主语，名词词尾有复数曲折标记 - s 对应，也同时使用了"大于一"的数词，但动词词尾却没有曲折标记 - s，这看起来好像和我们前面得出的数量像似性及标记像似性的结论矛盾。事实上，二者并不矛盾，数量像似性和标记像似性的结论仍然适用于这三组例句。

下面我们逐步分析非 be 存在句是如何体现数量像似性和标记像似性的。句子 a 的谓语动词分别为 stands、exists、appears；句子 b 的谓语分别为 stand、exist、appear，表面上看，第一组动词的语符比第二组动词的语符多，实际上仍然是第二组动词的语符多。因为，这里的 stand 并不等同于原形 to stand 中的 stand，这里的 stand 实际上可以看成是 stand + s + （ - s），它比 a 句的动词多了一个语符（ - s），（ - s）不是表示不存在而是语符 s 的对立状态（如占据空间或剩余空间），二者复合后抵消，变成了零表征。

如何证明原形 to stand 中的 stand 不同于句子 b 中的 stand 呢？我们认为原形 stand 是非限定性形式，可以变成 stands、stand + s + （ - s）、standing、stood 等限定形式。它和限定形式 stand + s + （ - s）是上下位范畴关系，原形 to stand 中的 stand 是上位范畴，限定形式 stand + s + （ - s）是下位范畴，属于一种包含关系，不能用非限定形式（常和标志符 to 连用）替代限定形式。例如：

（44） a. There is going to stand a modern factory over there.

b. ＊ There is going stand a modern factory over there.

例句（44）b 显然不成立。所以，复数的 stand，我们称之为 stand 2，是由原形 stand，我们称之为 stand 1，加上曲折 s，再加上语符（ - s）得到的一个长语符的抵消（零表征）形式，即 stand 2 = stand 1 + s + （ - s）。另外两个动词 exist、appear，依此类推，分别为 exist 2 = exist 1 + s + （ - s），appear 2 =

appear 1 + s + （-s）。因此，对于像例句（41）（42）（43）之类的非 be 动词存在句，数量像似性和标记像似性仍然成立。

有的读者可能会说，即使我们承认原形动词和复数动词实质不一样（尽管表面相同），可仍然不相信 stand + s + （-s）抵消变成零表征。下面我们继续探讨抵消的原因。仔细观察，我们可能会发现在上面的例句复合结构［is a weaver］和［are five national players］中只有一个"s"；它在第一个复合结构中出现在动词后，在第二个复合结构中出现在名词后，可表征为［Vs + NP］［V + NPs］。我们认为，系动词 are 和 is 分别有两层含义。首先，从数量像似性的角度看，are（三个字母）像似着逻辑主语所表达的概念量较多，名词后的 -s 代表着主语的复制品；is（二个字母）像似着逻辑主语所表达的概念量较少，名词后没有 -s 表示主语没有复制品，这是 are 和 is 的第一层含义，和我们前面探讨的相一致。其次，因复数名词后的 -s 代表着主语的复制品，意味着占据的空间多（任何物体都存在于一个空间之中），这里的 -s 暗示着空间。因为认知经验告诉我们，和我们关系密切的物体往往处于一个有限的空间之中，如容器、建筑物、街道、广场等有限空间，也就是说我们在定义和使用一个范畴时总和一个潜在的有限空间认知域相联系。根据框架语义学（Fillmore，1985：223），我们在解释意义的时候总是和其潜在的框架相联系。例如，我们说"一条船"，其潜在空间认知域是"河流"；"一台电脑"，其潜在空间认知域是"办公室"或"商店"等。实际上是和某种客体相联系的空间框架在起作用，本质是认知经验把语言中的客体和有限空间联系在了一起。

在一个有限的空间里，占据着较多空间就意味着剩余的空间少，所以 are 的第二层含义就是暗示着剩余的空间少（没有 -s）。系动词 are 的两个含义是一个事物的两个方面：它一方面明确地像似着主语数量多，占据较多的扩展空间（复制），另一方面暗示着剩余空间少，因为认知经验告诉我们物体常常位于一个有限的空间之中，也就是说我们在定义和使用一个范畴时总和一个潜在的有限空间框架（认知域）相联系。同样系动词 is 也有两层含义：一方面它明确地像似着主语的数量少（没有 -s），少的主语占据的空间就少；另一方面它暗示着剩余的空间多，暗示的标志就是字母 -s，这里的 -s 也代表空间，不过是剩余空间。因为物体常常位于一个有限的空间之中，不占据就剩余，占据就不可能剩余，实际上就是空间的对立和统一。认知经验告诉我们，空间不会自动消失，只能被占据或剩余，是两种状态的对立统一（这就是为什么我们说 - s 不代表不存在而代表相反的一种状态），所以在复合结构［Vs + NP］和［V + NPs］中总会有一个 - s，而且一般情况下只能有一个 - s。因为在我们的认知经验中占据空间和剩余空间是对立的，同时又是统一的。对立意味着空间标志 - s 总在 V 和 NP 之间转移，这也解释了为什么当主语为单数时，非 be 存在句的谓语动词 stand、exist、appear 要加曲折 - s，象征着剩余空间的去处，因为空间不会自己消失，必须在复合结构［Vs + NP］和［V + NPs］中以某种形式表征出来。

现在，我们回过头来看 stand + s + （ - s）为什么要抵消，变成零表征。因为在复合结构［Vs + NP］和［V + NPs］中总会有一个 - s，而且一般情况下只能有一个，那么在［V + NPs］复合结构中，名词主语已经带了曲折 - s，空间被占据已经很清楚地表征出来了，所以 stand + s + （ - s）必须抵消，即剩余空间少，才符合我们经验认知域的空间对立统一规律。系动词 was 和助动词 has 的情况和 is 的分析相同。所以说，存在句中的系/助动词（are/were/have 和 is/was/has）有两方面的含义：一方面用语符像似着主语的数量（及占据空间），另一方面又用空间标志 - s 暗示着剩余空间。它们同时体现了两种像似性：标记像似性，额外语符像似"复数"这一有标记项的额外意义；不对称像似性，空间标志 - s 像似着空间在复合结构［V + NP］内的对立和转移。这两种含义实质上是人类有限空间认知域对立统一的经验在语法结构中的体现。

因此，英语存在句的主谓一致并不像人们想象的那么简单，而是隐藏着句法像似性的重要规律。现在简单总结如下：存在句名词主语的语符体现了数量像征性，其系/助动词（are/were/have 和 is/was/has）有两方面的含义，一方面用语符像似着主语的数量（及占据空间），另一方面又用空间标志 - s 暗示着剩余空间；它们同时体现了两种像似性——标记像似性和不对称像似性，额外语符像似着"复数"这一有标记项的额外意义，空间标志 - s 像似着空间在复合结构［V + NP］内的对立和转移。这两种含义实质上是一个事物的两个方面，是人类有限空间认知域对立统一的经验（空间要么占据，要么剩余）在语法结构中的体现。英语存在句的主谓一致现象有力地说明了语言的概念结构制约着句子的语法结构，句子的语法结构也体现着语义内容，语义和语法之间存在着语言界面。

1.3.3.2　英语存在句主谓不一致的认知研究

英语存在句中主谓不一致的情况也存在。如何从认知语言学的角度来分析主谓不一致现象呢？下面先看一个主谓不一致的例句：

（45）there's six pints waiting for the first man home.

例句（45）中的"六品脱"（six pints）常用来指"牛奶""啤酒"等液体数量。在度量数量认知域，液体物质是可以"有复数"的，其"单数"是人为的度量单位"品脱"，"品脱"不是对其物理空间的界限而言的，是为了度量方便而人为规定的容积单位。所以，"品脱"后的复数曲折标记－s，前面的数词"六"只是在液体的人工度量容积上使用的。根据 Langacker 的物理空间和品质空间认知域来分析，"品脱"属于无界名词。第一，从物理空间来看，任何液体物质没有特定的内部结构，即使被一分为二后，"牛奶""啤酒"仍是原物质，特性并未改变；第二，任何液体物质内部是同质的；第三，如果我们把"牛奶""啤酒"倒在空间的一个平面上，很难划分出它们的界限，液体物质没有具体的空间物理界限；第四，"牛奶""啤酒"等液体物质可以无限扩展或缩减，容积复数"六品脱"就是在这个认知域建立起来的。从品质空间认知域来看，"牛奶""啤酒"等液体物质都是同质的，形成一个区域，是典型的无界物质特点。所以，无论是从物理空间认知域还是品质空间认知域来比照判断，例句（45）中的"六品脱"（six pints）都是无界物质，不可数名词。因此用单数系动词 is 就不足为怪了。

从外在认知动因来看，例句（45）是认知域视角选择转换造成的。具体来讲，就是从度量数量认知域转移到品质认知域，突显从容积（volume）转移到同质（homogeneity）（实际上并无物理界限）。视角选择和突显转移有着丰富的认知经验基础，这种经验基础在语言处理过程中可以影响语言的加工和产出，因为认知语言学认为语言知识不是自动的（autonomous），是和生活经验密切联系的。再例如：

（46）there's hundreds of shells on the beach.　　　（Hannay，1985：157）

（47）there's lots of new plays being written.　　　（Peters，2004：537）

例句（46）（47）属于同一类句子，我们放在一起讨论。例句中的"shells""plays"均有可数和不可数两个义项。根据《牛津高阶英汉双解词典》"shells"

既指花生、豆类、杏仁等坚果的外壳或小型海洋生物外壳，也可指炮弹；"plays"既指玩耍、娱乐，也指剧本。果壳或贝壳的物理空间界限并不如炮弹、桌子、椅子明显，但和液体物质相比又有一定的空间界限，所以说是介于有界和无界之间的物体。如果视角选择侧重物理空间，为有界；如果视角选择侧重品质空间，例如把果壳或贝壳置于一个空间平面，它们个体之间的界限并不明显，破碎后更无法分辨。正是从品质空间这个抽象认知域出发，许多的贝壳形成一个区域，为无界物体。淡化界限，强化品质，所以例句（46）在这个认知域上使用是可以接受的，此时复数的意义是指"内部的多样性"（internal multiplicity），而不是有明显外部离散界限的复制品。例句（47）中的"plays"同样可以在有界和无界之间转换，当物理界限比较明显时，指剧本；但所有的剧本都具有娱乐的品质，当视角从物理空间转移到抽象的品质空间时，就变成了无界物质。例句（47）侧重娱乐这个义项，淡化界限，强化品质，完全可以接受。认知语法把语法看作意象，意象与意象之间有维度差异，视角选择就是重要的维度之一，不同的视角选择象征着对同一情景的不同识解（construals）。我们再看一组例句：

(48) there's four bedrooms.

(49) there's a whole crowd of protesters on the steps.

(50) there's a post office and a small church on the corner.

（Peters，2004：537）

例句（48）（49）（50）中的逻辑主语名词依次为"bedrooms""protesters""a post office and a small church"。从物理空间界限来看，三个名词的边界明显；但它们仍然有同质的一面：四间卧室的功能相同，抗议者的目的相同，邮局和教堂同属于社区服务。对于名词性范畴我们可以强化界限，也可以淡化界限，即强化界内区域的抽象同质，完全取决于视角的选择，突显的焦点也随着视角的变化而变化。因此，从淡化界限、强化界内区域的抽象同质这个语义的认知角度来看，以上三个例句也是可以接受的。

以上六个例句可以分为三类：无界——例句（45），有界和无界之间——例句（46）（47），有界——例句（48）（49）（50），从物理空间来看是上升趋势；从抽象品质空间来看是下降趋势，但是同一情景的意象可以选择视角。突显品质空间认知域，淡化（或背景化）物理空间认知域，这就是英语存在句主谓不一致的认知原因。

Langacker（1991：354）认为 there be 存在句结构可以和逻辑主语一致，也可以和形式主语（语法主语）一致。有趣的是，Schutze（1999）也认为存在句有时与形式主语一致，有时和又与其逻辑主语一致。因此，例句（45）至例句（50）还可以解释为与其形式主语一致。与其形式主语一致的认知动因是英语存在句的结构认知图式。根据前面的研究结论，there 是一个复合抽象空间，具有首要突显性，称为射体；其内包含着事件的参与者，称为界标。从图式的角度讲，there 是一个容器，包含其内部的界标和关系。因此当把 there 看作一个抽象的容器图式时，和单数系动词 's（或 is/was/has）搭配没有问题。

总之，如果我们把以上的不一致例句看成品质空间认知域的内部多样性，正如"scissors""trousers"等名词中的复数的意义一样，不表示物理空间界限，仅表示内部多样性，那么在主谓一致部分得出的结论仍然成立。从概念意义上看，没有主谓不一致现象，主谓不一致现象只是从形式上观察得出的结论。当然，我们认为界限和区域视角的选择、突显的焦点变化也和语言形式、语体等因素有关。常见的语言形式包括there's缩写，如例句（45）至例句（50）；整体性的语言表达形式（a whole crowd of、and 等），如例句（49）（50）；邻近性原则，如例句（49）。有时可能不止一个语言形式，如例句（49）同时具有三种语言形式。有时，否定性 NP 好像对 there's 也有吸引作用。这刚好证明语义和语法之间存在着语言界面。不同的语义结构对应着不同的语法结构，语法结构体现概念语义结构，语义结构（概念结构）从认知经验角度解释语法结构。语义和语法层面之间有互动关系。

正如 Langacker 所指出的，原型范畴观是解释语言现象的重要认知模式，适用于一切语言结构，名词范畴也不例外。是否有界对于名词性范畴也是一个程度问题，有些名词的界限非常明显，有些不明显，还有一些名词是介于二者之间，可以转换，完全取决于说话者主观的视角选择。所以，我们认为有界和无界建立在物理空间认知域上的用法（主谓一致）是典型的，二者建立在抽象品质空间认知域上的转换用法（如不一致例句）是边缘性的。实质上是语言中的像似性和经济性的"侵蚀"作用这一对矛盾存在的证据。像似性和经济性的不对称正是语言活力之所在。

1.3.4 英语存在句定指限制的认知研究

定指限制（Definiteness Restriction）问题在存在句研究中占有非常重要的地位，因为它是存在句独特语法特征之一，也和存在句的本质有关。定指限制（又称为有定限制，下文中定指和有定，非定指和无定有时替换使用）一方面要研究为什么存在句要求名词前使用不定指成分，另一方面还要研究部分反例。存在句部分反例的出现使这一问题的研究变得更加复杂。本节首先回顾定指限制的前期研究，然后运用认知语法的心理空间和心理接触（mental space and mental contact）理论来解释英语存在句定指限制及其反例的外在认知动因。

从许多语言事实中，人们发现只有非定指的名词短语（indefinite NPs）作存在句的主语才能被接受。例如：

（51） There was a young officer here when it happened.

（52） ∗There was the young officer here when it happened.

例句（51）可以接受，（52）不能接受，因为断言一个已经知道其存在事物的存在被认为没有意义，所以定指名词短语在存在句中一般是不允许的。同样的道理，人称代词也被认为是有所定指，故也不能用在存在句中。然而，事实上也有许多存在句中的 NP 违背定指限制的要求，导致反例出现。

William Bull（1943）最早提到存在句的定指限制问题。根据 Bolinger（1977）的观点，在较早期的综合语法手册中都没有对定指限制的记载（大概有 5% 的有定例句）。直到二十世纪七十年代后期，语法学家们才开始谈论存在句定指名词短语限制问题。Milsark（1976）认为，有定名词短语一般都是全称数量的具体例示（instances），它可以合并到一个更大的"全称限制"中去，进而合并到一个更大的实体类的"数量集合"中去。所以，无论是全称集合还是数量集合都和存在句的性质相违背。他认为英语存在句中的定指限制实质就是对全称数量的限制。

Bolinger（1977）认为，there 的意义是"把一些东西带入到意识"，"意识"是 there 本身引起的，是一种抽象的处所。当我们描述事物时，如果没有设置舞台（set stage），必须使用 there 把听话者引导到我们的场景中来。需要 there 来创造一个抽象场景的时候，是第一次提及某事物，要用无定名词短语；一旦这个场景建立了就不需要 there 了，第二或更多次提及，要用有定的名词短语。

Rando & D. Napoli（1978）采用语义加语调分析的方法论证定指现象。他们认为不是数量词/基数词在起作用，必须从语义无定，即非照应性方面来解释，而不仅仅是有定或无定的形式。绝大多数有定名词短语，都是照应性的；种类名词短语，形式上是无定的，但内容是照应性的，因此不行。相反，有些名词虽然在形式上都有定冠词，但其语义上没有明确的照应性，还是可行的。

Hannay（1985）反对 Milsark 提出的定量/基数区别的解释方法。他认为，所谓定指限制是由目标语（动词后的名词）的语用地位决定的。语用地位主要包括话题和焦点，话题分为完全话题和次话题，有九种具体推断关系可以把次话题和完全话题联系起来。完全话题出现在存在句中是不能接受的，而次话题则是可以接受的，因为完全话题和存在句的语用功能冲突。因此，他认为没有存在句的定指限制问题，定指名词短语同样可以出现，只要满足"焦点性条件"。这个焦点性条件适用于客体和事情状态两类存在句。

Lumsdem（1988）采用逻辑预设和篇章相结合的方法研究了数量效果（定指限制的另一种称谓）。他认为，存在句中的名词短语是否可以接受，不仅仅取决于名词短语的形态标志或者某些数量词的出现，而是取决于对这些名词短语所做的解释，而解释又和"预设潜在性"紧密相连。他指出，专有名词、有定描写、强数量词会产生预设；无定描写、弱数量词不会产生预设。产生预设的就违背了存在句的语用功能，所以存在句中不能使用强数量词。

Quirk（1985）在其语法词典中注意到了定指限制问题，但他没有深入解释原因，只是列出了六种反例。Word & Birner（1995）使用语料和语用分析相结合的办法研究五类可以出现存在句中的有定名词短语。他们认为，从不同语境识解的角度来看，只要是"听话者－新客体"（hearer-new entity），即便形式上有定也可以出现在存在句中。只要一个指称对象满足了"既旧又新"两个条件，就可以得体地出现在存在句中。"旧"是指满足有定的形式要求，"新"是满足存在句的语用功能要求。

Mcnally（1998）采用逻辑语义真值条件方法研究了英语存在句中名词短语的定指限制问题。通过引入谓词对论元的语义限制这一规律，来论证存在谓词对存在句中的论元也有限制作用。他认为，there be 只能和描写各种非特指事物的数量名词搭配，这是受到"存在谓词论元假说"支配的结果。

Keenan（2003）采用语义真值方法论证了存在句中限定短语的分布。他采用复杂而又严格的逻辑推理方式论证三类限定词短语在存在句中是允准的。第一类是由"至少""至多""将近"等和数词一起构成的限定词短语；第二类是纯数字构成的限定词短语，如十个座位；第三类是布尔复合词（boolean compounds）限定短语，包含更复杂数量关系和句式结构，如"至少两条狗和五只以上的猫"等。

陈存军（1998）论述了名词短语的定指和不定指与指称性之间的转换关系。戴曼纯（2000）等认为，存在句除了可以有泛指的副主语外，还可以有确指性副主语，但是确指受到句法、语篇、情景诸多因素的限制，无法只从某一个角度对它们做出一个系统全面的解释。张绍杰等（1994，2005）认为，"确定"和"非确定"的名词短语都可以作存在句的主语，不存在所谓的"确定性限制"。只要确定存在物的语义与存在句的"导入"功能相容，即它们具有信息中心地位，无论是首次提及还是二次提及，都可作存在句的"实义主语"。

关于定指限制的前期研究成果主要采用逻辑—语义、语用、语料等方法，有很强的说服力和理论指导意义，但也存在着一定的问题。逻辑—语义方法注重真值，可以准确地描写动词的语义特征，但其缺陷是脱离语境；因为语义描写必须参照开放的、无限度的百科知识系统，这样一来，就可能会导致结论不全面。语用方法仅仅从篇章信息的角度也是不够的，因为信息分布并未深入到概念认知层面。语料是大脑语言机制的产物，对语料的表面分析并不能深入揭示其中隐藏的认知规律。只有结合人类的认知心理和语言的认知机制才能真正描写语言的心理真实性（psychological plausibility），对语言现象的解释才能更自然、贴切。

我们对英语存在句的定指限制进行认知分析之前必须先解释清楚四个认知语言学术语的内涵：心理空间、心理接触、当前话语空间（current discourse space）和搜索域（search domain）。只有我们具备了理论基础之后，才能正确理解定指限制的认知含义。

我们先看一看心理空间和心理接触。Fauconnier 于 1985 年出版了《心理空间》，并于 1994 再版。在研究篇章和名词性短语的指称问题时，他引入了心理空间的概念，并证明了在这两方面的重要性。Fauconnier & Sweetser（1996：113）认为"心理空间是人们在进行思考、交谈时为了达到局部理解与行动之目的而构建的概念包"。他们认为人们在使用语言时不停地构建心理空间、空间里的要素及其关系，提出了"可及原则"（Principle of Access）或"识别原则"（Identification Principle）。这个原则的含义就是只要空间 a 与空间 b 有联系，空间 a 的事物 a′ 就可能触发空间 b 里的事物 b′，那么表达触发物 a′ 的用语（trigger）就能激活目的物 b′（target）。

　　心理空间不是语言形式或语义结构本身的一部分，而是语言结构中相关信息的"临时容器"，或者说是语言使用者分配和处理指称关系的概念框架理论。心理空间虽然不是语言结构本身，但是语言线索对于心理空间的唤起、创建和修饰却是必需的。Fauconnier（1985）认为心理空间的建立依赖于空间构建语词（space-builders），空间构建语词可分为：介词性词组，如 in my mind、in 1998、in his view 等；副词，如 probably、possibly、really 等；连接词，如 either...or...、if... then... 等；主谓词组，如 Mary believes...、Tom claims... 等。空间构建语词构建一个与现实（R）相对应的心理空间（M），现实中的 a 在心理空间中对应于 b，a 和 b 是空间中的语义项，它们之间的联接词（connector）把触发语和目的语联系起来，如下图：

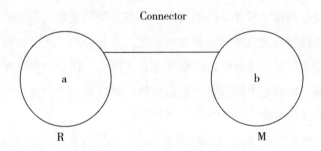

图 1 - 2　心理空间示意图

（来源：Fauconnier 1994：14）

例如：

（53）In Len's painting, the girl with blue eyes has green eyes.

（Fauconnier, 1994：12）

　　例句中"蓝眼睛的小女孩""绿眼睛的小女孩""在 Len 的画里"分别为现实空间、心理空间和空间构建语词，通过 a 和 b 的语义识别，我们知道 Len 把蓝眼睛的小女孩画成了绿眼睛的小女孩。

　　Langacker（1991：47）认为"一个心理空间就是一个复杂程度不同的想象情景，构成了一个要素和要素之间关系的集合"。心理空间具有如下特点：通过在篇章中增加新语言要素和语言关系，我们可以唤起、创造和修饰心理空间；更重要的是，一个心理空间可以包含另一个心理空间，不同心理空间可以建立起对应关系；一个人可以区别和操纵不同数目的心理空间，这些心理空间在认知和逻辑地位上差别很大。心理空间包括目前的现实概念和过去任何时间点的现实概念，也包括一个人对未来、或现在和过去不知道的某些方面的幻想。例如，一个故事、电影、戏剧或一个梦的不同现实都构成一个心理空间，和任何想象世界或情景构成一个心理空间一样。重要的是，一个人知道任何其他人也有一个现实概念并能操纵一系列可和他的相比较的心理空间。人物甲关于人物乙现实观点的概念可以看成人物甲自己现实观念里的一个亚心理空间。

为了从认知视角描述定冠词的特点，Langacker（1991）又引入了一个"当前话语空间"概念。当前话语空间实质上也是一种心理空间，它包括那些可识解为说话者和听话者共享的要素和关系。在既定时刻的话语流中，这些要素和关系构成了交际的基础（CDS 的功能）。具体地讲，构成当前话语空间的客体都处于当前讨论范围之中，说话者和听话者都可以立即使用这些或者直接出现在清醒意识之中，或者随时可以诱发出来的（如联想或简单推理的）客体。当前话语空间的特点是它可以包含所有或部分其他心理空间、原来存在的心理空间或语篇本身创建的新心理空间。例如：

（54）Once upon a time, there was a beautiful princess who lived with an ugly frog in a castle overlooking a championship golf course...

在缺乏特殊显示线索的情况下，认知上突显的认知域，如当前的现实、即时的物理场景可以通过默认的方式被接受为话语空间。当然，随着话语篇章的展开，当前话语空间的内容会不断地变化，新的客体不断增加，旧的慢慢淡出意识。

第三个重要认知语言学概念是心理接触（mental contact）。我们知道，一个说话者使用名词性短语的目的就是提及某一类事物的某个例示（some instance of a type），籍此方式让听话者能够确定他的指称对象。对于一个给定的事物类 T，通常有一个开放的例示集合 $\{t_1, t_2, t_3, \cdots\}$，任何指明事物类的名称，如 boy、cats、milk，不管有界还是无界，都有一个开放的例示集合。那么，说话者如何把听话者的注意力引导到他脑海中的那个例示呢？一种是通过提供描写的办法，如 boy who lives next door、black cats、milk on the verge of going sour，但这会使事情更复杂，因为每一个描写又涉及不同类的开放例示集合。但是，在情景内部有两个说话者和听话者一直可以依赖的自然认知参照点：一是背景本身（言语行为参与者和他们的即时环境），二是从中抽取例示的一个认知参照集体（a reference mass）R_T，R_T 可以定义为话语空间范围内所有例示的联合体（union）。对于一个可数名词，如 boy，它指明一个离散的客体，认知参照集体等于所有例示的集合，即 $R_T = \{t_1, t_2, t_3, \cdots\}$；对于集合名词 cats 或 milk，它们属于非离散客体并重叠，认知参照集体 R_T 的任何一个小部分（subpart）都是一个有效事物类的例示。

因此，说话者（S）和听话者（H）共同构成背景（Ground），面对把他们的心理指称协调到事物类 T 的某个例示 t_i 上去的任务，这个例示 t_i 是从认知参照集体 R_T 中抽取的。背景 G 和认知参照集体 R_T 都是服务于该目的的参照点。背景 G 用作参照点的基础是一个从心理方面定义的概念"心理接触"。什么叫心理接触？Langacker（1991：91）指出："一个人在他目前的心理状态下，把某个例示 t_i 挑选出来，使它处于个体的清醒意识状态，那么这个人就和这个例示 t_i 建立了心理接触。当说话者 S 和听话者 H 都和例示 t_i 建立了心理接触，那么完全的指称协调（full coordination of reference）就达到了。"心理接触可以用下图表示：

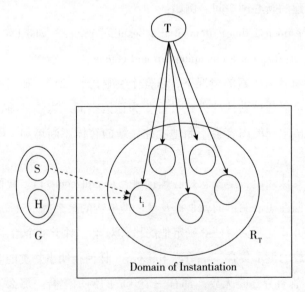

图 1-3 独特性心理接触示意图

（来源：Langacker，1991：92）

上图中的实线代表例证，虚线代表心理接触。T代表事物类，R_T代表参照集体（最大的圆），粗线的小圆代表突显的、和说话者和听话者共同心理接触的例示 t_i，G代表背景（包含说话者和听话者的椭圆），S代表说话者，H代表听话者，矩形代表例证域。

简单地讲，心理接触就是在说话者当前的心理状态中被挑选出来处于个体清醒意识状态的客体。心理接触很容易实现，因为它涉及的客体不需要真实，也不需要知道关于客体的具体信息，也就是说仅仅意识到那个客体就够了。因此，上面的例句（54）就在听话者和王子、青蛙、城堡和高尔夫球场之间建立了心理接触，尽管是想象的描述（心理接触的客体可位于任何心理空间）。我们再看一个相关例句：

（55）David wants to catch a fish.

同例句（54）一样，例句（55）也在听话者和涉及客体之间建立了心理接触，不过这次心理接触的对象是"鱼"，尽管这里的"鱼"不是具体解读，仅仅存在于代理说话者（主语）的意愿这个心理空间。至于"鱼"的具体信息，听话者只知道他要去抓它，别的并不知晓。

1.3.4.1 非定指和定指的认知解释

我们先看一看不定冠词的认知解释。Langacker（1991：103）认为，不定冠词的实质就是不能提供足够信息在听话者和一个具有独特决定性（uniquely determined）特征的、来自事物类T的例示 t_i 之间建立心理接触。

不定冠词有三类：不定冠词 a，非重读 some 和零表征。不定冠词 a 往往用在单数可数名词前，非重读 some 和零表征均用在复数名词前，二者的区别在于数量不同；非重读 some 勾画的例示数量有限，而零表征的数量范围可以从二到穷尽不等。三者的认知实质相同，差别仅在数量。所以我们重点讨论不定冠词。一般认为，不定冠词 a 具有具体（specific）和非具体（non-specific）两种解读。例如：

（56）The millionaire hopes to marry a blonde.

例句中的金发女郎有两种理解：一种是这个百万富翁心中想要的某一个具体金发女郎，另一种是任何一个金发女郎都行，百万富翁心中并没有具体的对象。这种解释并没有错，只是我们不能仅仅停留在这种抽象的解释层面上。认知语法对此有了更深入的认知解释。认知语法认为，不定冠词的具体和非具体的两种用法都能建立指称对象（Langacker，1991：104）。Langacker 引用 Hawkins（1978）的观点，即不定冠词和定冠词在"独特性"（uniqueness）方面形成对照：不定冠词意味着名词短语本身不足以在听话者和该事物类的一个具有独特性决定特征的例示之间建立心理接触。例如：甲和乙两个人在修理一辆轿车，地上有许多扳手，这时候甲对乙说：

(57) Hand me a wrench!

这个句子当然没有问题，但乙听了以后很难决定该递那个扳手给他，因为由即时的物理情景所决定的当前话语空间有许多扳手的例示（multiple instances）。试比较：

(58) Hand me the wrench!

如果手头只有一个扳手的话，例句（58）就不成问题，听话者很清楚动作的对象，出现的是一个独特性的例示。

以上的分析说明不定冠词 a 勾画了一个具体事物（其图式为一个有界区域），并显示出名词短语的确在听话者和事物类 T 的一个例示 t_i 之间建立了心理接触，但是名词短语本身不能使例示 t_i 的选择相对于当前话语空间具有独特性。也就是说听话者和一个例示 t_i 有了心理接触，但是名词短语本身并不能提供独特性的信息使说话者做出一个具体的选择，换而言之，不能使心理接触进一步具体化，因为缺乏独特性信息。因此，不定冠词的意义就是在听话者和事物类 T 的一个例示 t_i 之间建立心理接触（即前文提到的不定冠词的具体和非具体的两种用法都能建立指称对象），但这种心理接触仅仅局限于知道它是一个子空间的要素而已（如扳手是愿望空间的要素）。为了一个具体的即时目的"突然出现"（conjured up），因缺乏独特性信息，听话者并不能和一个具体的例示 t_i 建立心理接触。

如果不定冠词的用法是非具体的，那么例示 t_i 就代表事物类 T 的任意一个例示（an arbitrary instance of T）；如果是具体的，就是说在代理说话者（surrogate speaker），即句子的主语，如例句（56）的百万富翁，的头脑中有与例示 t_i 预先的心理接触。具体与非具体解读只和是否描写了代理说话者的意识有关，和听话者的意识并无关系。也就是说不定冠词的具体和非具体用法对于听话者（H）来讲都是一个任意的例示 t_i，因无独特性信息，听话者无法和具体例示建立心理接触。

我们再从心理空间关系的角度分析一下例句（56）。根据 Fauconnier 的心理空间理论，位于一个不透明语境中的结构构成的心理空间不同于它的"母本空间"（parent space）。仍然以例句（56）为例，它的母本空间是眼前的现实（一个百万富翁谈其愿望的空间），而他想娶一个金发女郎的想法是另外一个单独的、从属的空间。这个从属空间代表了百万富翁憧憬的愿望。如果我们用 R 代表母本空间，R′代表从属空间，那么母本空间 R 就在说话者 S 的脑海中，而从属空间 R′就在代理说话者 S′的脑海中（即句子的主语百万富翁），那么母本空间与子空间的关系就是一种包含关系，可表征为 S（R）S′（R）′。如果不定冠词作非具体解读，金发女郎只存在于子空间 R′，和代理说话者 S′或说话者 S 都没有其他的独立联系。换而言之，金发女郎只存在于百万富翁的愿望世界，对于说话者和代理说话者而言，它仅仅作为那个空间的一个要素，其他的并不知晓。如果不定冠词作具体解读，就存在着其他联系，代理说话者和金发女郎必然有预先存在的心理接触（她不仅仅是他愿望空间的一个要素，而且在这个空间之外有存在地位）。对于说话者，代理说话者的这种预先存在的心理接触他可能知道，但无从表示；也可能他根本不知道。

所以说，不定冠词不管是具体还是非具体解读，都不能给听话者提供独特性的信息。所以认知语法认为，不定冠词不管是具体还是非具体解读都可以建立一个话语指称对象，问题关键是位于不同的心理空间（非具体解读位于子空间 R′，具体解读位于母本空间 R）。例如：

（59）The millionaire hopes to marry a blonde. She is tall, rich and beautiful.（具体解读）

（60）＊The millionaire hopes to marry a blonde. She is tall, rich and beautiful.（非具体解读）

（61）The millionaire hopes to marry a blonde——but she must be tall, rich and beautiful.（非具体解读）

例句（59）没有问题，"一个金发女郎"作具体解时，它在子空间外有独立存在地位；第二小句的现在时态 is 刚好把它置于目前的母本空间 R，she 又和代理说话者脑海中的具体例示照应，两个子句都位于母本空间 R，故可接受。例句（60）作非具体解读时和后面的第二个句子语义上不一致，不能接受。因为"一个金发女郎"作非具体解读时，它仅存在于子空间 R′，在子空间 R′之外没有独立存在地位，而第二句子的现在时态 is 却把它置于了母本空间 R，所以语义上不能接受。如果我们仍把它放回愿望子空间 R′，即使用情态动词，那么句子应该仍然成立。例句（61）就是修改后的例句，二者都位于子空间 R′，空间一致，句子可行。

总之，不定冠词的认知含义就是事物类 T 的例示 t_i 位于一个子空间 R′，言语行为参与者和它没有预先存在的心理接触，也没有和它建立独特性心理接触的途径（无独特信息），除了知道它是子空间 R′的要素之外。正是基于听话者只知道任意例示 t_i 是子空间 R′的要素，无法具体化这一点，我们把不定冠词的认知实质归纳为"泛心理接触"。这就是我们将要用来解释存在句中无定现象的认知语法理论。

下面我们看一看定冠词的认知解读。基于心理空间和心理接触，Langacker（1991）总结了定冠词的意义特点。Langacker 认为，在名词短语的事物类描述 T 前使用定冠词意味着：①事物类 T 的指明例示 t_i 是独特的（unique）并且相对于当前这个话语空间最大化（maximal）；②说话者 S 和这个例示 t_i 有心理接触；③或者听话者 H 和这个例示 t_i 有心理接触，或者那个名词短语单独就足以建立这种心理接触。因此定冠词 the 的基本含义就是说话者和听话者通过使用为它提供背景的名词短语和同一个独特的例示 t_i 建立了心理接触，那时双方就达到了指称的协调。我们下面分别看一看独特性和最大化（主要指数词）的例句：

（62）a. I have a cat and a parrot. The cat is very lazy.

b. * I have a gray cat and a calico cat. The cat is very lazy.

先看例句（62）a，它的前一个子句创立了一个话语空间，其中只包含事物类"猫"的一个例示，说话者的指称没有歧义，所以在第二个子句的话语空间里，例示"猫"具有独特性（uniqueness）。相反，例句（62）b 创立的话语空间中有事物类"猫"的两个例示，第二个子句中的例示"猫"并不具备独特性，所以定冠词用在这里不恰当。当然如果保证了它的独特性，譬如在前面加上"灰色的"（gray），定冠词的用法就可以接受了。再如：

（63）a. He has seven cats. The cats are very lazy.

b. Mike bought seven gallons of milk. The milk turned sour.

例句（63）a 和 b 创立了两个话语空间，其中的例示均带有基数词，a 是

"七只"，b 是"七加仑"。第二句中的定冠词只有理解为"七只"或"七加仑"时，句子才是恰当的。这也是话语空间关系最大化的要求。但我们同时发现，第二句中的定冠词也可以理解为从二到六的任何一个基数，因为集合名词的任何一个小部分都是它的有效例示。因此我们可以说例句 a 和 b 的前一个子句创立的话语空间不仅包含了最大化的例示（基数七），也包含了少于七的例示（基数二到六），但我们只能选择基数为七的解读，因为这是话语空间关系最大化的要求。更重要的原因是，只有当第二句中的定冠词理解为最大化时，例示才具有独特性。所以话语空间关系最大化实质上也是话语空间关系独特性的要求。

在当前话语空间向听话者预示（prefigure）关于例示 t_i 的清醒意识的手段有许多种。我们在这里简单总结 Langacker 提到的三种主要手段。我们把它们称为"预示意识"（prefigured awareness）手段、"实现意识"（actualized awareness）手段和"短语本身意识"（nominal alone awareness）手段。这三种意识手段是通过位置、单位大小不同的语言结构来实现的。下面我们逐一介绍。

"预示意识"手段主要通过位于包含客体的短语前面的结构来先创立一个话语空间，预示听话者的相关客体意识。例如：

（64）I bought a shirt and a belt, but the shirt was too small.

第二个子句中定冠词的用法合适，因为前一个子句首先建立了一个话语空间并把"衬衫"引入到这个空间，把它建立在说话者和听话者当前意识之中；"衬衫"的尺寸在客体识别中不起重要作用（不改变类）。所以在听话者和"衬衫"之间建立了心理接触，指称协调为"说话者昨天买的那个衬衫"。

"实现意识"手段也主要通过前置结构来先创立一个话语空间，但和"预示意识"手段不同的是，"实现意识"手段只引入即将出现的潜在客体（imminent potential），而不是客体本身，把它置于即将实现的意识边缘（verge of aware-ness），直到包含该客体的结构出现，指称意识才清楚实现，才能建立心理接触。例如：

（65）I ought to sell my motorcycle; the engine is almost shot.

说话者在话语空间里只提到了"摩托车"，并没有提及"发动机"，但"发动机"对于"摩托车"来讲是一个核心的部件，包含在"摩托车"之内。也就是说，客体"发动机"处于意识的边缘，心理学上把二者之间的这种关系称作"先期准备效果"（priming effect）。当第二个子句一出现，清醒的客体意识就实现了，听话者就和"发动机"建立了心理接触。这实质上是运用了联想和推理手段。于是，说话者和听话者之间的指称协调就达成了，即"说话者的摩托车的发动机"。

"短语本身意识"手段就是通过包含客体的名词短语本身提供的信息，就能把有关客体置于听话者的清醒意识之中，从而建立心理接触。也就是说，不需要前置的语言结构来预示信息或为实现作铺垫。例如：

    (66) a. the only person to have hit a golf ball on the moon.

          b. the letter between N and P in the alphabet.

例句（66）a 中有一个词"唯一的"（only），事物类的内容本身就显示出只有唯一一个例示 t_i，保证了心理接触的"独特性"要求，而不管目前话语空间的状态如何。同样（66）b 因为我们具有的字母表知识，使"独特性"的要求得到了满足，听话者可以准确地和字母"O"建立心理接触，得到了协调一致的指称。这样的定冠词用法扩展了 the 的使用范围。也有人把它称为一种交际策略，尽管它没有话语之前的预示意识，也没有话语中的潜在意识实现，但它的确符合"独特性"的要求，可以建立心理接触，达到指称的完全协调。独特性的心理接触就是我们解释英语存在句非定指反例的理论基础。

1.3.4.2　英语存在句非定指和定指的认知解释

英语存在句的一个显著特点是动词后的名词要用非定指（indefinite）形式，或称为无定名词，也有学者把这种现象称为定指限制（definiteness restriction）。要解释存在句的非定指名词句法现象，我们必须引入一个新的认知语言学术语——搜索域（search domain）。根据 Langacker（1999：32）的定义，一个处所表达式限制它的射体的区域，即满足其具体特点的射体地点的集合，叫作搜索域（the region to which a locative expression confines its trajector, i. e. the set of trajectory locations that will satisfy its specifications. ）。根据 Langacker（1991）的弹子球模型（billiard-ball model），空间是材料物质的例证域，物体由材料物质组成，在空间得到例证并有空间处所。从搜索域概念和名词原始认知概念可知一个假设：一个搜索域假定一个相互联系的物体的集合。当使用不定冠词时，说话者和听话者之间心理接触的是一个搜索域，因为存在句的射体是一个搜索域，而不是一个具体的物体，这意味着例证域有多个成员。更重要的是搜索域本身不足以使听话者和某一个独特的范畴例示建立心理接触，因此只能使用不定冠词。所以说英语存在句的射体是一个搜索域，而搜索域本身不足以使听话者和某一个独特的范畴例示建立心理接触，导致英语存在句名词使用非定指形式。从实质上讲，非定指（无定）就是一个搜索域，包含多个同一范畴的成员；而定指（有定）则是听话者和某一个独特的范畴例示建立了心理接触，达到了指称的协调。Langacker（1991：104）认为非定指和定指在独特性上形成对照，非定指意味着射体本身不足以使听话者和一个由独特性决定的范畴例示建立心理接触（the indefiniteness contrasts with the definiteness in regard to uniqueness：the former implies that the trajector alone is not sufficient to put the hearer in mental contact with a uniquely determined instance of the category）。例如：

（67）There is a knife on the table.

根据认知语法，例句（67）中的"there"是射体，动词"is"表示射体和界标关系的一个持续过程，"a knife"为界标 1，"on the table"为界标 2。射体、动词和界标复合构成一个象征结构。这里的射体"there"同时是一个空间搜索域，空间是物质材料存在的证明域，范畴类"knife"在听话者的认知域中激活多个例示成员——各种各样的刀（实际上是 type 和 instance 的实现关系），搜索域的特点是本身不足以使听话者和某一个独特的例示建立心理接触（因为它是一个包含客体集合的空间而非具体物体），所以例示 knife 的前面只能用不定冠词 a，这是由存在句的射体"there"空间搜索域的性质决定的。只有这样，才符合逻辑。再如：

（68）There exists an excellent convention site.

除了常见的 be 动词存在句，非 be 动词存在句也存在着定指限制。如例句（68），"there"为射体，存在动词"exists"表示射体和界标关系的一个持续过程，"an excellent convention site"为界标。和例句（67）相比，例句（68）只有一个界标。尽管如此，它们仍然构成一个象征结构，射体是一个抽象搜索域，在这个抽象搜索域里有多个范畴类的例示成员（听话者脑海中的"会议场所"图式被激活），但该搜索域未能提供独特性的线索以便在说话者和听话者之间建立关于某一个具体例示的心理接触。因此，存在物"极佳的会议场所"这一例示前只能用不定指形式 an，唯有如此才符合逻辑。

（69）There stands a man at the bus-stop.

(70) There once lived a witch-doctor in this small village.

例句（69）（70）拥有相同的射体"there"，均有两个界标，它们和各自的存在动词构成象征结构。同样因为射体"there"是一个搜索域，在这个抽象的搜索域里有多个例示成员（听话者脑海中的"男人"和"巫医"图式被激活），但搜索域未能提供独特性的线索以便在说话者和听话者之间建立关于某一个具体"男人"和"巫医"的心理接触。所以，出于逻辑和冠词语义考虑只能使用非定指形式。因此，我们可以说射体"there"的概念结构和冠词的概念语义决定了存在客体的非定指（无定）语法现象。

然而任何事情都不是绝对的，英语存在句非定指现象的确存在着许多反例。我们认为，任何一个成功的理论框架不仅要解释其符合规范性的一面，而且要能够解释其例外。让我们先看一个反例：

(71) There was the grace of a ballet dancer in her movement.

（Hannay，1985：110）

例句（71）使用了定指形式"the"来修饰存在客体"grace"，表面上看起来似乎违背了英语存在句的非定指使用要求，但这个存在句事实上是可以接受的。因为，它一方面满足了定冠词的和某一个具体的、具有独特性的例示建立心理接触的要求，另一方面也满足了存在句向当前的话语空间引入突显（或"新"）信息的语用要求。具体来讲，射体"there"仍是一个搜索域，域中有范畴类"grace"（表征为 T）的多个例示成员（t_1、t_2、t_3…t_n），当前话语空间向听话者提供了独特性的线索"of a ballet dancer"，这样说话者和听话者之间就可以建立关于独特性例示"一个芭蕾舞蹈演员的优雅"（t_i）的心理接触，因此要使用定冠词。"一个芭蕾舞蹈演员的优雅"在当前话语空间具有信息的突显性，这一突显性可以从下面的小对话中得到证实：

(72) a. What kind of grace was there in her movement?

      b. There was the grace of a ballet dancer in her movement.

通过比较例子（72）a 句和 b 句，我们发现 a 句提供了突显或"新"信息，因此可以作为 b 句的回答。从话题的角度来看，a 句的"grace"是完全话题，"the grace of a ballet dancer"是次话题，次话题的优势是既有话题性又有焦点性（信息突显）。所以说，例句（72）向当前的话语空间引入了突显或"新"信息。因为例句（71）既建立了关于独特性例示"一个芭蕾舞蹈演员的优雅"

（t_i）的心理接触，又向当前话语空间引入了突显信息，故是一个可以接受的存在句。再看一个例句：

（73）There was the most beautiful sunset this evening. （Hannay，1985：110）

例句（73）的存在客体是由形容词最高级这一定指形式修饰的，似乎违背了存在名词的非定指要求，实际上也是一个可以接受的存在句。首先，我们知道形容词的最高级具有明显的"独特性"，这样就很容易在说话者和听话者之间建立关于"the most beautiful sunset"这一独特性例示的心理接触，因此应该使用定冠词。其次，"最美丽的落日"是完全话题"落日"的次话题，具有焦点性。同样，下面的问答可以证实这种焦点性：

（74）a. What kind of sunset was there this evening?

　　　b. There was the most beautiful sunset this evening.

例句（74）a 和 b 比较，b 具有信息焦点性，比 a 提供了更多的新信息。所以说，就当前话语空间而言，次话题"最美丽的落日"提供了突显信息，符合存在句的语用要求。因此，从独特性心理接触和当前话语空间的突显信息两个方面来看，例句（73）也是一个完全可以接受的英语存在句。没有这两个方面，其不可接受性显而易见。再如：

（75）There wasn't that problem in America. （Hannay，1985：109）

例句（75）使用了一个不是定冠词的定指形式"that"，表面上不符合存在句名词的无定要求，事实上是一个可以接受的存在句。我们仍然从独特性心理接触和当前话语空间的突显信息两个方面来分析。"In America"在这里不是界标 2，而是界标 1"that problem"的修饰成分，例句（75）由一个射体、动词和一个介词短语修饰的界标组成。这样，存在客体"that problem in America"就有了独特性的线索，可以在说话者和听话者之间建立关于该具体例示的心理接触，故要使用指示代词。此外，"美国那样的问题"是完全话题"问题"的次话题，具有话题性和焦点性双重特性，可以为当前话语空间提供突显信息。试看下面证明例句：

（76）a. What kind of problem wasn't there?

　　　b. There wasn't that problem in America.

例句（76）b 可以回答 a 的提问，说明 b 较 a 而言有突显信息，如果信息相同是不能成功回答该问题的。例句（75）满足了上述两个条件，因此也是一个可以接受的存在句。如果去掉提供独特性线索的介词短语"in America"，派生的存在句显然不能接受。再如：

(77) there's the fly in my soup, for starters. （Hannay, 1985：111）

例句（77）也使用了定指形式，也是一个表面上不可接受实质上可以的存在句，因为"for starters"（第一道菜）提供了独特性的线索。从"第一道菜"这一插入语我们可以推断出存在客体的范畴类 T 可能是"先后发生的就餐不愉快的事情"（unpleasant happenings in actual order），如就餐过程中出现的苍蝇出现在其他菜品、菜太咸等不愉快的事情。它们都是"先后发生的就餐不愉快的事情"这一范畴类的具体例示，每一个例示本身都不同于其他例示且有先后顺序区别，即具有独特性的线索，因此应该使用定冠词。同样，"汤中有苍蝇"是"先后发生的不愉快的事情"完全话题的次话题，具有话题性和焦点性双重特点，表达了一定的突显信息。信息的突显性可以从下面的问答中得到证明。例如：

(78) a. What unpleasant happenings were there when you had dinner?

b. there's the fly in my soup, for starters ...

例句（78）b 对 a 的成功回答证明了 b 句的信息突显性。所以说，结合以上两点，例句（77）也是一个可以接受的存在句。

从以上分析我们可以看出，英语存在句中的存在客体只要能满足两个基本条件，也可以使用有定修饰成分。这两个条件是：第一，存在客体能够提供独特性的线索在说话者和听话者之间建立关于某个具体例示的心理接触；第二，存在客体要有焦点性或提供突显信息，往往是某一个完全话题的次话题。第一个条件是认知语法的定指修饰要求，第二个条件是存在句的语用要求，即向当前话语空间引入新信息，而不是识别一个已经预设了的存在客体。我们把这两个条件归纳为"既独特又突显"（unique and salient）："独特"指独特性心理接触，是定指成分的要求；"突显"指引入突显信息，是存在句的语用要求。

综合英语存在句中非定指修饰成分及其反例的分析，我们认为，存在名词前的非定指修饰成分和定指修饰成分并没有绝对的界限，定指限制是从形式观察的结论；从概念语义判断没有定指限制。非定指与定指现象也属于典型与边缘成员之间的关系。如果能满足上面提到"既独特又突显"两个条件，使用定指修饰成分也是可以接受的。当然，这些可接受反例的出现也有一定规律。我们把它总结为以下几点：

第一点：列举（list reading），例如：

(79) a. How could we get there?

b. Well, there's the trolley...

第二点：最高程度（superlative degree reading），例如：

(80) There was the ugliest looking woman reading the news tonight.

第三点：例示（instance reading），例如：

(81) There was the air of the successful businessman about him.

第四点：从句转述（relative clause paraphrase），例如：

(82) There was the man I quarreled with yesterday at the party.

第五点：短语转述（relative phrase paraphrase），例如：

(83) There simply aren't the people to make our plan work.

第六点：结构本身意识（construction-awareness alone），例如：

(84) There was the same tendency here as in the USA.

定指限制及其反例再一次证明了经典范畴理论的缺陷和原型范畴理论的正确性。这里的典型或边缘句式主要是针对其出现频率而言的，我们以英国 BNC 语料库中的部分语料为依据可以初步证明非定指修饰的典型性和定指修饰的边缘性。我们调查了英国 BNC 语料库小说语体的存在句前 100 句，只发现了 8 个定指修饰成分 the 引导的存在客体，仅占 8%；科技语体的存在句前 100 句，只发现了 2 个定指修饰成分 the 引导的存在客体，仅占 2%；其余的为非定指修饰成分，包括不定冠词 a/an、no 等形容词、复数以及零表征等形式。

1.4 小结

本章论述了英语存在句引导词选择 there 的原因、英语存在句的结构特点、存在的 there 意义；对英语存在句重新进行了分类；重点对英语存在句结构进行了认知分析，英语存在句的主语 there 为射体，是一个复合空间；存在物体为界标 1，具体地点为界标 2，都位于射体空间之中，这种视角选择强调了射体对界标的包含关系。从图式的角度看就是一个容器图式。这种认知分析范式认为英语存在句和其所谓来源句是两个独立、平等的句子，意义差别体现在不同成分的突显程度不同，所体现的图式也不同。基于认知语言学的语言像似性理论解释了英语存在句的主谓一致现象，得出了英语存在名词有复数的语法曲折标记，体现了数量像似性；动词和名词要一致，体现了数量像似性和标记像似性的结合，同时在［Vs＋NP］和［V＋NPs］复合结构上的不对称像似性体现了空间的对立统一规律；根据有界和无界理论从外在认知动因上解释了主谓不一致现象，物理空间和抽象品质认知域在存在句中相互转换的结果；不一致只是形式上观察的结果，从概念语义上观察没有不一致，只是物理界限和抽象同质的视角转换；一致是典型现象，不一致是边缘现象，不一致往往有语言诱发条件。根据认知语法，英语存在句的处所主语是一个空间搜索域，空间搜索域本身不足以能够在说话者和听话者之间就某一个存在客体的具体例示建立心理接触，仅仅是泛心理接触，因此要使用非定指（无定）形式；但是非定指和定指（有定）形式之间并不是如经典范畴观所宣称的那样，二者之间有截然的界限，而更符合原型范畴观的语言学精神，只要能满足独特性心理接触和焦点性两个基本条件，部分存在句也可以使用定指修饰形式。英语存在句中的非定指修饰是典型现象，定指修饰存在名词是边缘现象。

第 2 章

汉语存在句的认知研究

2.1　汉语存在句

存在句是汉语中比较特殊的一类句子。存在句使用频率高，很重要。汉语的存现句包括存在句和隐现句，但本章只考察存在句，不包括隐现句，隐现句另辟专章研究。但叙述文献时有时会采用存现句的说法。对汉语存在句的研究最早见于《马氏文通》。自《马氏文通》以来，汉语存在句的研究大致经历了三个阶段：①解放前阶段；②新中国成立至文化大革命阶段；③二十世纪八十年代以后阶段。本章在回顾汉语存在句研究文献的基础上，采用认知语言学理论对汉语存在句进行认知研究。

2.2　汉语存在句研究文献综述

本节分解放前阶段、新中国成立至文化大革命阶段、二十世纪八十年代以后三个阶段对汉语存在句研究文献进行综述，然后进行文献反思。

2.2.1　解放前的汉语存在句研究

《马氏文通》在论述"同动助词"时，提到了"有""无"用来表示存在的情况。马建忠（1898）指出："'有''无'两字，用法不一，有有起词，有止词者，有有起词而止词则隐见不常者。若记人物之有无，而不明言其何者所有，何者所无，则有止词而无起词者常也。……'庖有肥肉，厩有肥马，民有肌色，野有饿莩'。四句'有'字，各有起词与止词也。"

这里马建忠指出"有""无"句式中，"起词"（主语）和"止词"（宾语）的使用及省略规律，并暗示这种句式中的时间词和地点词不能算作"起词"（主语）的。

金兆梓在1922年出版的《国文法之研究》中认为"庖有肥肉，厩有肥马"是言有肥肉在庖，肥马在厩，"庖"和"厩"仅仅"似主词而实非主词"。

黎锦熙在1924年出版的《新著国语文法》中，把"茶棚里坐着许多工人"和"前面来了一个和尚"这样的句子看成是"许多的工人在茶棚坐着"和"一个和尚到前面来了"，这两句话的变换句式，把句子前面的处所词称之为"副夺主位"。他继而补充，仅就一个单句来说，在句首表时间或空间的副位名词看成副词性的主语本无不可，只是变成复句或篇章的时候，它的主语资格需要重新审查。

吕叔湘（1942）在《中国文法要略》一书中第一次提出了"存在句"的概念。吕叔湘把"有无句"分为有起词的和没有起词的。他认为单纯表示事物存在的、无起词的"有无句"也可以称为"存在句"。在论述起词和止词时，他认为"处—动—起"和"处—动—止"这两类词序是属于一个类型的，因为虽然一个为起词，另一个为止词，但同是句子的主语。

高名凯（1948）在其《汉语语法论》中把诸如"客厅里来了一个生人""北京有个故宫博物院"之类的句子称为"绝对句"。按照作者的定义，绝对句就是根本没有或者不需要主语的句子。

总体来看，解放前对汉语存现句的研究是零散的，只是在研究整个汉语语法系统时作为一种句法现象顺便提及。当时对存在句的研究仅限于主谓语的讨论。吕叔湘第一次使用了"存在句"的概念，但当时的语法学家都倾向于把存在句的动词后成分（止词，今天的宾语）看作存在句的主语，除了黎锦熙认为存在句句首的处所和时间副词有时可作为"副夺主位"外。

2.2.2 新中国成立至文化大革命阶段的存在句研究

中国科学院语言研究所语法小组1952年起在《中国语文》上连续发表《语法讲话》，在词类部分讨论了时间词和地位词（即处所词）的用法。文章认为

"时间词跟一般体词一样，也可以作主语……地位词跟时间词一样，也可以作主语""'有'字表示存在，这类句子常常拿处所作主语""'是'字句也可以表示存在，主语是处所词，宾语表示存在的事物"。文章依据结构位置，把"有"字句中的处所词明确地看作主语是一个突破，对后来的存在句研究产生了很大的影响。

围绕着"台上坐着主席团"之类的存在句，1955—1956 年国内汉语界进行了一场"汉语的主语宾语问题"大讨论，各种不同意见后来收录成《汉语的主宾语问题》一书。在这场大讨论中，关于存在句的主宾语问题有两种意见：一种意见认为，根据施事和受事关系，"台上"这一类的处所词只能看作附加语，动词后成分是主语；另一种意见认为，依据语序，"台上"这一类的处所词应看成主语，动词后成分为宾语。第一种意见的代表人物为王一（1956）、高名凯（1956）等，第二种意见的代表人物为邢公畹（1955）、周祖谟（1955）等。经过充分的讨论后，第二种意见占据了上风，此后的语法教材基本上把存在句的结构界定为主—动—宾。

陈庭珍，1957 年发表了对存在句研究有深远影响的《汉语处所词做主语的存在句》。该文是第一次把存在句作为独立的课题进行研究的力作，是存在句研究史上的新台阶。作者指出："处所词代表具体的空间概念，可以作为陈述描写的对象，可以做句子的主语或宾语。"作者还从结构出发，结合谓语特点，把存在句分为四类：①以处所词做主语的名词谓语句，例如，六层下边是一片浓雾；②以处所词做主语的形容词谓语句，例如，村子里就混乱起来，闹闹嚷嚷的；③以处所词做主语的动词谓语句，例如，演讲厅里坐得满满的；④以处所词做主语的主谓谓语句，例如，窗外风景很好。陈庭珍还把隐现句也归入存在句，扩大了存在句的研究，对后来存在句的研究影响很大。

这一时期存在句研究的最高成就应该是范方莲 1963 年发表在《中国语文》上的《存在句》一文。该文一改之前对存在句中的主语和宾语争论的研究窠臼，着重讨论"墙上挂着一幅画"之类的"着"字句。作者认为，这种句子由"处所词＋动词带'着'＋数量名组合"三部分组成。为了讨论的方便，作者用 A 代表处所词语，B 代表动词，C 代表数量名组合。作者指出"A 段大多数是表示处所的名词性词语，……不能轻易省略……A 段不是直接和 B 段发生关系，而是和 BC 发生关系的。""B 段有动词＋'着'、动词＋'了'，不带'着''了'

的动词形式等三种基本形式，……总起来看，进入 B 段的动词有一定的限制。能进入的动词，意义上大都与事物的位置或移动有关。""C 段告诉人们存在着的是什么东西，因此，C 段大都是无定的。但是，并不排斥有定的。"（胡裕树，1982：718）作者认为 C 段是句子的核心，在任何情况下都不能省略，并列出了ABC 组合的可能和不可能形式。作者最后说，"这种句子和一般动词作谓语核心的句子差别很大。其中动词的地位并不那么重要，它不是句子结构的核心。否定了 B 段是谓语核心，实际也就是从根本上否定了 C 段是主语或宾语。换句话说，C 段不是主语也不是宾语，而是真正的谓语。至于 B 段的动词……在一定的条件下可以省去。"（胡裕树，1982：736）

这一时期的存在句研究已经从句子成分的争论发展到对句法结构特点的研究，特别是陈庭珍（1957）和范方莲（1963）的研究代表了这一时期的突破和最高成就，使存在句成为独立的研究课题并确立了存在句在汉语句型中的地位，为后来的存在句研究提供了很好的范例。

2.2.3 二十世纪八十年代以后的存在句研究

二十世纪八十年代以后，汉语存在句研究在研究方法、研究视野、研究理论和研究成果等方面都取得了很大的进步。研究方法由过去单一的共时研究变成了共时和历时研究相结合，除了描写分析和句型转换，还出现了配价分析；同时出现了新的研究理论，如"三个平面"理论、配价理论；研究成果更丰硕，对存现句的研究也更深入细致。

关于存在句的分类，张学成（1982）认为有四种存在句："有"字句、"是"字句、静态动词句和动态动词句。李临定（1986）在《现代汉语句型》一书中，根据存在动词的不同意义，把存在句分为"坐"型、"垂"型、"长"型、"挂"型、"绣"型、"戴"型、"飘"型、"坐满"型、"动词空缺"型、"另有后续动词语"型等十个小类，并列出了每类存在句的若干常用动词。聂文龙（1989）根据存在动词的语义特征和句型的不同把存在句分为动态存在句和静态存在句。然后动态存在句再分为位移类和非位移类，非位移类又分为摇动类和扩散类。宋玉柱（1990，1991）对汉语存在句进行了大量的研究，取得了许多成果。他认为汉语的静态存在句包括以下几个类型："有"字句、"是"字句、"着"字句和定心谓语句。到了 1991 年宋玉柱又对存在句的分类进行了修订和总结。如下图所示：

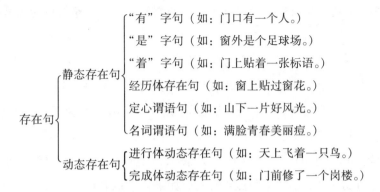

雷涛（1993）从存在句的 A 段、B 段和 C 段三部分入手，认为除了 C 段必不可少，其余部分均可在一定条件下不出现。根据三段的组合关系，他把存在句分为四种句式：第一种句式包括单纯句、判断句、完成句、实现句和状态句（动态句和静态句）；第二种句式主要指定心谓语句；第三种句式为地点省略句；第四种为地点和动词均省略的句子。

这一时期对存在句的历时研究也取得了进展。储泽祥等（1997）对汉语存在句进行了历时研究，他们在八种古代、近代语料的基础上重点考察了（a）"有"字句、（b）"是"字句、（c）"V 着/了"句、（d）无前端"有"字句、（e）无中段句、（f）唯后段句等六种存在句。他们认为存在句的形成和发展可以分为两个时期：宋以前为第一时期，是（a）（b）（c）（d）（e）（f）的形成和发展时期；宋以后（包括宋）为第二时期，是（c）的形成和发展时期，其他五种存在句也在继续发展。作者指出，前后两个时期，存在句的语用价值也发生了很大的变化。宋以前，带"有"字的存在句处于优势地位，其主要作用是叙说而不是描写；宋以后，带"V 着/了"存在句大量出现，它的主要作用是描写而不是叙说。

王建军（2001）对汉语存现句进行了系统的历时研究。作者深入细致地考察了各种存在句的发展历史，勾列出各种存在句的演变轨迹。作者认为，先叙述后描写是汉语存在句产生与发展的总体趋势；存在句最早的形式是无中介的判断句，之后逐渐发展出非行为的中介动词句如"有"字句、"为"字句、"是"字句等，接着又萌生出以行为动词为中介的存在句。由无中介到有中介再到多元中介，这是存在句的一条格式化之途。就行为动词而言，其中间又经历了由静态动词向动态动词的演化过程。作者最后指出，汉语存在句在不断增加结构类型的同时，自身的格局也处于经常的调整之中，调整的总趋势是由简单到复杂。

关于存现句的结构特点，朱德熙（1982：114）认为"存现宾语表示存在、出现或消失的事物。此类宾语出现在以下两类句式：A 黑板上写着字；B 对面来了一个人。这两类句式的主语都是处所词或处所词组，宾语都是无定的。"他同时指出，A 组和 B 组也有区别：A 组表示存在，B 组表示出现或消失；A 组的动词都是表示状态的，B 组动词都是表示出现或消失的；A 组动词带后缀"着"，B 组动词带后缀"了"或带宾语。如果 A 组的宾语带上数量词的话，动词也可以带"了"，例如：黑板上写了两个字。朱德熙还把 A 组句式和"屋里开着会""外头下着雨"之类的句子（表示动作持续）区别开来。他认为 A 组句式的主语和宾语可以互换位置，这样，动词后缀"着"也得相应地转换成"在"或是它的弱化形式 ·de；而"屋里开着会"之类的句子则不能转化成"*会开在屋里"。

陈建民（1986：79）把"存现句"称为"存现宾语句"。他认为，这类句子前面都是表示处所的词语，处所词后面是动词（通常带体标记"着"或"了"），动词后面的名词（含数量词）一般表示无定。语气词在这类句子中比较少见。根据动词的语义性质，可分为两类：存在句，其结构式为"Y + V + 着 + NP"；隐现句，其结构式为"Y + V + 趋向成分 + NP"。关于存在句，陈建民认为，有静态存在句，也有动态存在句；表示处所的词语位于动词之前，都是确指的。他指出，存现句动词后面的 NP 如属施事词语，大多数表示无定，可以用"有"把它提到动词前面的位置上去。即使个别表示有定，也要加上意义较虚的"一个""个"，以模糊有定的性质。

邢福义（2002）在其《汉语语法三百问》中写道"存在句通常叫作存现句，是说明人或事物的存在、出现或消失的句式。其基本格局为：某处存在着（出现了/消失了）某人某物。"（2002：178）他认为，存现句的基本特点表现在三个方面：①主语的方所性；②动词的存现性；③宾语的施事性和不确指性；或者二性兼而有之，或者必须具有其中一性，如"大树下蹲着一个人"（二性）、"墙上贴着一幅画"（一性）。关于存现宾语的不确指性，邢福义指出了一个特例"车上跳下来周恩来同志和王若飞同志"（方纪《挥手之间》），他认为这是一个结构趋简的凝缩说法，由"车上跳下两个人，这两个人就是周恩来同志和王若飞同志"凝缩而成。

张学成（1982）用配价理论研究汉语存在句。他着重分析存在动词和名词短语之间的语义关系，并从语用的角度考察存在句的信息焦点，认为存在句的信息焦点是动词后的存在事物。

黄南松（1996）把"三个平面"（句法、语义和语用）的理论引入到存在句的研究之中。句法层面，作者根据动词的及物性，把带"着"字的存在句分为不及物和及物两类。语义层面，不及物和及物两类存在句都是表示人或事物以某种方式存在于某地。语用层面，及物和不及物两类存在句都是"主题—说明"功能句型。

宋玉柱（1998）进一步研究了存在句的后续成分，把它称为"存在句的延伸"。作者认为，存在句的延伸一方面可以构成兼语句，如"店铺内依然只有几位常年的清客和老掌柜聊天"；另一方面可以构成连环句，如"对面铺靠墙根睡着一个姑娘，胖乎乎的，穿着紫上衣，系着水红裙子，一个胳膊弯在脸上，睡得正香"。宋玉柱把第一种存在句和兼语式结合而成的句式看作单复句之间的一种过渡句式。

田臻（2009）在构式语法理论的框架下，运用框架语义理论分析和归纳静态存在构式的动作动词的语义共性。她认为，汉语静态存在构式对动作动词的语义选择有三个条件：① 动词必须具有表达"位移"图式的潜力，而且位移通常以"空间背景"为终点；② 动词必须具有"非动力"特征；③ 动词必须具有强动作性，表达具体而非抽象的动作事件。

王勇、周迎芳（2011）基于自建的包含 80 种语言的样品库，研究存在句类型，分析存在句的语序以及方位成分、存在客体充当主语的形态句法手段，旨在发现各语言在这些方面表现出的共性和变异模式，探讨存在句的形态句法特征。研究发现：①存在句的主语可归为三种情况，处所主语、存在客体主语和无主语（包括虚指主语和无主语）。②处所、谓词、存在客体和各语言基本语序中的主语、谓语和宾语没有绝对对应关系。它们的顺序表现出倾向性而不是绝对共性，即主语居首的语言处所倾向居于句首，主语居中或居尾的语言处所倾向居于句尾。③形态句法层面上处所和存在客体都体现某些但不是全部的主语特性，这是共性。④各语言中在对二者的选用上或有所侧重，这是共性中的变异。变异的原因较复杂，可能包括各语言的整体类型特征、存在谓词的选用、以及话题和主语的凸显程度等。

王勇、周迎芳（2014）提出事件类存在句的概念，与事物类存在句相对，用以描述和解释与存在句有牵连、争议较大的句式，如假存在句、领主属宾句、动态存在句、消失类存在句等。作者将事件类存在句的特征概括为：存在性、事件性、非人称性和作格性。作者认为，这两类存在句不是非此即彼、泾渭分明，而是渐变的关系，二者形成一个连续统，其间的渐变性主要表现为事物性向事件性的过渡，即小句中句末名词和句中动词显著性的此消彼长，以及二者结合的紧密程度上。

田臻、吴凤明、曹娟（2015）采用"构式搭配分析法"计算英语 there 构式与汉语"V 着"构式与动词之间的关联度，探讨英汉存在构式在动词语义分布、构式中心语义及描述事件的特征等方面是否存在差异。通过语料分析发现：①汉语"V 着"构式能产性高，但语义相对集中，描述的事件范围较窄；②两构式与动词关联度的排序反映了两者的中心语义差异及事件表达规律；③英语 there 构式对描述的事件既可采用"近景化识解"，也可采用"远景化识解"，而汉语"V 着"构式的识解方式仅限于前者；④动词与构式的语义相容程度可在状态—事件、客观—主观、整体—部分这三个维度上进行分析。两种构式中动词的数量、分布和排序都有很大差异。

2.2.4　文献反思

从以上文献来看，英语存在句的研究已经取得了很多成果，具有重要的理论指导意义，但同时也存在着一些问题，如研究的理论基础比较陈旧等。这些成果主要集中在引导英语存在句的 there 的词性、意义以及句法地位，动词 be 的形式、出现条件以及替换形式；名词短语的定指限制（或有定限制/数量效果）；谓语限制；名词短语后的扩展成分，等等。

到目前为止，一方面对英语存在句的研究问题大致稳定，对一些经典问题的研究也取得了不少一致的看法；而另一方面还存在着不少争论。例如，关于 there 存在句和其对应处所句之间的关系，争论的焦点是意义相同的两种转换形式还是意义不同的独立句式？关于存在名词短语的有定限制，争论的焦点是如果存在，如何解释反例？如果不存在，什么是反例的适用条件？如何解释主谓不一致现象？关于谓语限制问题，也存在着同样的争论。如何使正反两方面得到一致、具有充分概括和解释性的答案，仍然需要认真、深入的研究。

从研究问题的范围来看，英语存在句研究也存在着一些问题。除了经典问题外，关于英语存在句，还有一些其他问题没有涉及，如英语存在句的方向问题、当出现两个以上的时间或处所的排序问题（需要跨语言视野）、省略存在句问题以及存在名词短语的语法化问题。这些问题随着新的语言理论的出现，特别是认知语言学理论的出现和兴起，有了解决的理论基础，也亟待解决；而跨语言视角的研究对探讨语言的共性是必不可少的，也可以进一步加深对存在句语法格式本质的理解。

从研究方法的角度来看，英语存在句的研究方法急需更新。此前的存在句研究方法主要为逻辑—语义方法、功能—语用方法和转换生成语法方法。逻辑—语义方法注重真值，可以准确地描写动词的语义特征，但其缺陷是脱离语境；因为语义描写必须参照开放的、无限度的知识系统，这样一来，就可能会导致结论不全面甚至不可靠。例如，在有些语境中，英语存在句可以使用有定名词短语，孤立来看则是不允许的。功能—语用方法仅仅从篇章信息的角度来研究也是不够的，因为信息的分布并未深入到人的概念认知层面，不能深入地解释造成不同语言信息分布的根本原因。显然，只有结合人类的经验认知和语言的心理认知机制才能做到这一点。转换生成语法所提出的"There-Insertion"方法只能解决部分存在句与其来源句之间的转换，可仍然有许多存在句没有来源句，"无来源"是其面对的一大挑战；更为严重的缺陷是转换生成语法对存在句的研究忽视了意义（把语义看作客观层面）。语义和语法是有界面的，并不存在着截然的界限，在很多情况下二者具有促动关系。所以，脱离语义，片面用形式的方法来研究存在句有很大的局限性。正如戴曼纯（2001）指出，对于存在句主谓一致问题，无论是用最简方案中的语类移动还是吸引都不能很好地解释其反例。

认知语言学认为（Langacker，1987，1991）语法不是一个自足的形式体系。Langacker（1987）和Lakoff（1987）等学者建立了认知语法，倡导从认知角度探讨和分析语法规则的成因。他们认为，语法在本质上和词汇一样是一个约定俗成的象征体系，语法和词法是不可分的，词素、词和语法结构构成象征系统的连续体。语法分析不能离开语义，意义是语言的中心，语法是语义内容的重组和象征化。认知语法以描写语言的心理真实性（psychological plausibility）为目标，侧重于语法的概念结构研究，完全不同于传统语法理论，对语言的描写更自然、对语言的解释更接近人的真实心理感受。认知语言学追求充分的解释性和概括性。

他们指出：认知和语义是一种语言形成其句法结构的内在动因，语法是语义的建构和象征体系。Lakoff（1987：491）指出："认知语法的部分任务就是要揭示（语法）形式的多个方面是如何遵循语义的多个方面而形成的。"

汉语存在句的研究也已经取得了很多成果，但也还面临着不少问题。就存在句的研究内容本身而言，也还有未妥善解决的问题，例如：汉语存在句的定义和范围、存在句的分类标准、存在句在汉语句型体系中的地位（句式还是句类），等等。就汉语存在句的研究方法来看，比较传统，配价理论方法处于起步阶段。令人欣慰的是，近年来随着汉语界"三个平面"语法理论（范晓，1996）的发展，有人尝试用句法、语义和语用三个维度来研究汉语存在句，这更符合汉语语言的实际情况。遗憾的是，三个平面并没有涉及语言认知。认知语法认为，语法和词法是不可分的，词素、词和语法结构构成象征系统的连续体，语法分析不能离开语义。这更接近汉语的实际情形，可能会对汉语研究更有效。沈家煊（2000）认为，认知语法的两项承诺——概括性和心理真实性是符合现代认知科学规律的。我国著名汉语研究专家邵敬敏（2004：49）认为"除了三个平面，'认知的解释性'需要特别引起注意和重视。"Lakoff（2004：25）也认为，中国的认知语言学研究可以立足于本国、本民族、本文化，探索及比较不同文化中认知系统的异同，这既可以为语言学研究提供实证，又能体现语言研究的价值。

语言事实的详细描写与理论解释和假设并不矛盾，我们认为二者相互促进，不断调整，逐渐逼近。唯有达到详细的、穷尽性的语言描写之后才能进行理论解释、理论建设的观念可能是中国汉语研究长期以来重描写、轻解释的原因之一。归纳和演绎两种逻辑方法互为补充，不可偏颇。鉴于以上原因，我们将以认知语言学为理论框架，对汉语存在句进行系统研究。

2.3　汉语存在句认知研究

下面我们从汉语存在句的结构特点与分类和结构的认知研究、无定现象的认知研究以及汉语存在句方向的认知考察三个方面对汉语存在句进行系统认知研究。

2.3.1　汉语存在句结构特点

本章只研究汉语存在句，不包括隐现句，隐现句另辟专章研究。汉语存在句具有三个明显的特点：主语的方所性（总是表示方所）；动词的存在性（带宾语的动词，表示存在的意义）；宾语的施事性和不确指性，或者二者兼而有之，或必是其一。

存在句句首处所的语法性质经过多年的争论（王了一，1956；高名凯，1956；邢公畹，1955；周祖谟，1955）目前已经基本达成了作主语的共识。这里不介绍争论的详细过程。按照范方莲（1963）对存现句 A、B、C 三段的划分方法，综合来看，A 段多由以下几种成分构成：①处所名词或名词＋方位词，如果不是处所名词一定要加上方位词，处所名词可加可不加，如墙上、湖里、台上、餐馆（里），等等；②处所代词，如那里、这里、那儿、这儿，等等；③方位词，如上、下、前面、后面、左边、右边，等等；④在＋处所名词或从＋处所名词，如在宾馆、从左面、从前面，等等，这里的"在"和"从"仅表示"定位"和"强调"的作用，也可以省略；⑤动词＋名词构成的短语，如靠墙、临街、沿路，等等。李临定（1985）把这一类动词归纳为靠、沿、临、顺、离、对着，等等，认为它们构成的短语也可以位于存在句句首；⑥我们认为还有一类名词也可以出现在存在句句首，不过常常被忽略，那就是抽象名词＋方位词，如观点里、计划里、想法里，等等。

存在句 B 段的动词可以总结为以下几种类型：①存在关系动词，包括"有"、"是"、"存在"以及"有"的扩展式"V＋有"，如堆有、含有、停有，等等。这类动词仅表示存在关系，因受到语义内容限制而无法表达具体存在方式；②存在动作动词，包括"V＋着/了/过"，如挂着、坐着、种了、写了、住过、来过，等等；③纯存在动词，如悬、立、站、插，等等。李临定（1986）曾对汉语存在动词做了非常详细的分类。他把存在动词分为坐型、垂型、长型、挂型、绣型、戴型、飘型、坐型等动词空缺、另有后续动词语等，每一种类型都列出了详细的动词。

存在句 C 段由名词性短语构成，往往是不确指的（或无定的），但也不排除确指的（有定的）（赵元任，1970）。出现在 C 段的名词性短语往往是具体的，但也可以是抽象的。我们认为，这里的抽象名词短语是具体名词短语语法化的结果。关于 C 段名词短语有两点值得注意：一是当 C 段出现有定名词、甚至是专名时，名词前要用副词"就""还"来强调，例如"然而那群雍容揖让的人物中就有范爱农"。这个现象值得研究。二是 C 段名词前要有数量词语，专名情况除外。我们将用认知语法的心理空间和心理接触理论来分析汉语存在句的这种 C 段无定名词分布规律以及少数反例。

汉语存在句的分类争议很大。分类的标准有形式的、有意义的、也有形式—意义相结合的（范方莲，1963；李临定，1986；聂文龙，1989；宋玉柱，1990；雷涛，1993）。我们认为，目前汉语存在句分类众说纷纭的原因之一就是分类标准比较杂。分类标准的理论抽象度不够，许多分类的目的不明确，仅仅是为了分类而分类。

我们根据认知语言学的原型范畴观和认知语法的词类观，依据形式和意义相结合的标准把汉语存在句分为原型存在句（prototypical existential）和边缘存在句（peripheral existential）。我们如此分类的理由如下：

认知语法把名词看成区域（region）、动词看作过程（process），同时侧画（profile）时间侧面。根据 Langacker（1987，1991）的观点，名词性成分的证明域（instantiation domain）为空间域（space domain），如"小说在哪里？"而不能说"＊小说在什么时候？"；状态的证明域为时间域（temporal domain），即正常状态下（认知语言学往往在理想化认知模型 ICM 下讨论的）时间持续，否则就不持续（存在客体消失），如我们可以说"他什么时候病的？"。所以任何一个存在客体都是空间域和时间域的结合。然而时间域和空间域是不对称的二元标记对立（binary markedness opposition）。根据标记性的判断标准（沈家煊，2001），空间域是无标记的，时间域是有标记的。也就是说空间域包含时间域，存在就意味着持续，正如"长—短""高—低""宽—窄"等二元不对称标记对立一样，"长"包含

"短"、"高"包含"低"、"宽"包含"窄"的意思。我们一般使用第一个无标记项来构成疑问句，如"这个书柜有多长？"很少问"＊这个书柜有多短？"。依次类推。使用标记项编码往往具有特殊含义，有时也需要相应的语码体现方式，即认知语法的不同意象需要不同的建构"路径"或识解。这就是语义结构对语法的影响。因此汉语存在句实质上就是包含了空间域（主语、宾语）和时间域（谓语）两种语义结构的象征单位连续体。以时间域和空间域两种语义结构为标准，我们把汉语存在句分为原型存在句和边缘存在句。如果一个存在句同时出现两个空间域和一个时间域，就称为原型存在句；如果只出现空间域，或只出现时间域，或一个空间域、一个时间域以及其他不同时出现的存在句都称为边缘存在句。原型存在句又根据其体现的图式分为"容器式"原型存在句和"链条式"原型存在句，以处所开头的存在句为容器式，以施事开头的存在句为链条式）。例如：

第一类：原型存在句

（85）桌子上有一本词典。

（86）山脚下是一片绿油油的稻田。

（87）墙上挂着一幅画。

（88）地里种了几百棵白杨树。

（89）这里住过一位英雄。

（90）腰里斜插一把宝剑。

（91）船停在湖上。

（92）书放在桌上。

第二类：边缘存在句

（93）天上蓝蓝的白云。

（94）满脸的汗水。

（95）今年下了一场雪。

（96）地上净水。

（97）——有人。

（98）A：书在桌子上吗？ B：在。

例句（85）～（90）都符合原型存在句的定义，且处所作射体，强调一种包含关系，所以我们称之为容器式原型存在句。例句（91）（92）也是原型存在句，但施事作射体，强调的是一个动作链，故称之为链条式原型存在句。例句（93）～

73

（98）都符合边缘存在句的定义，属于边缘存在句，具体包括定心谓语存在句、满 N1 的 N2 结构、时间位于句首的存在句、范围存在句、省略一个空间或两个空间的存在句，等等。这种新分类的优点就是跨越词类、句式、动静、时体等传统的语法范畴上升到经验认知的本质范畴，更自然，概括力更强；并且对存在句的种类认知解释也有启发性。

2.3.2　汉语存在句结构的认知研究

运用认知语言学考察汉语存在句的结构可以有许多独到的发现。首先，关于 A 段的处所类成分，尽管有六种不同的具体结构，但是我们认为它们内部隐藏着一个共同的认知特征，那就是空间，一个具体或抽象的空间，在认知语法中常常图示为一个区域。因其位于句首的首要突显位置，这个空间就被称为射体（trajec-tor）。根据 Langacker（1987，1991）的观点，存在句的射体是一个容器式搜索域（search domain）。其次，关于 B 段的存在动词，从认知语法的词类观来看，都表示一个过程。这个过程勾画时间侧面，显示完成或持续时间状态，在认知语法中常常图示为一条带方向的直线。Langacker 认为动词的典型意义就是射体和界标之间关系的持续（常伴以能量的流动）。最后，关于 C 段名词，从认知语法的词类观来看，也是一个空间，可图示为一个区域。因 C 段名词的句中位置仅次于句首处所名词，是第二突显的过程参与者，被称为界标（landmark）。

我们仍以经典例句（87）"墙上挂着一幅画"为例，这里的"墙上"表示处所，是一个具体空间；又位于句首被赋予首要突显性，所以就是射体；"一幅画"也是名词性成分，根据认知语法也是一个区域，但其突显性仅次于"墙上"，因此是界标；动词"挂着"表示一个过程，勾画的射体和界标之间的关系持续的时间侧面。当三个象征结构复合成更高一级的象征结构后，"墙上"和"一幅画"就例证了（即实现了）"挂着"的射体和界标图式，复合成了整个述义"墙上挂着一幅画"，复合过程类似于图 4 – 3，唯一的区别是没有界标 2（lm_2）。

根据 Lakoff（1987）的认知图式理论，汉语存在句体现的是一个容器图式（container schema），突显的就是处所对存在客体的包含关系。

我们再来看一看例句（91）"船停在湖上"之类的存在句。这里的"船"获得了首要突显性，变成了射体；"湖"只获得了次要突显性，成为界标；"停"仍表示一个二者关系的持续过程。当这三个象征单位进一步复合，构成更高一级的象征单位后，就形成了一个动作链（action chain）。"船"为链首，"湖"为链尾，"停"表示链的延续。这个动作链实际上代表的是能量的流动（flow of energy），"船"为能量之源，"停"意味着能量的传递，"湖"为能量之尾，能量的吸收者。同样从认知图式的角度来看，汉语"船停在湖上"之类的存在句突显的是链条，体现的是起源—路径—目标图式（source-path-goal schema），代表着能量从链首到链尾的正常流动方向。

认知语法的能量流理论具有普遍的解释力。Talmy（2000：410）对语言中的力动态（force dynamics）与认知之间关系的研究对认知语言学产生了很大的影响。他认为"从整体上讲，力动态是一个基本概念系统，它把和力互动（force interaction）有关的概念材料架构起来，而力互动则遍布于语言的各个领域：物理的、心理的、社会的、推断的、篇章的，甚至指称和概念的心智模型认知域"。

因此，如果句子违背了这种能量的正常流动规律，就不能成立，这是语义结构对语法的一种限制，具有普遍性。例如：

（99）我们吃苹果。

（100）他在打电话。

根据 Langacker 的认知语法观，施事常常是能量之源，受事往往是能量的吸收者，二者之间的动词表示能量的传递，正常的能量流动是从施事到受事。这样 例句（99）（100）都符合"能量的发出者—传递—能量的吸收者"的正常语序，所以都是合格的汉语句子。相反，如果颠倒它们的语序，句子马上就不合格了，因为它们违背了正常的能量流动方向。例如：

（101）＊苹果吃我们。

（102）＊电话正在打他。

如果读者有兴趣，可以考察更多的例句，该规律仍然适用。

句首为施事的存在句构成一个动作链，体现的是起源—路径—目标图式。

事实上，例句（87）"墙上挂着一幅画"可以转化为"画挂在墙上"；例句（91）"船停在湖上"可以转化为"湖上停着一条船"。换句话说，（处所）存在句和其对应句的射体和界标可以相互转换，这主要取决于突显的视角选择。处所存在句的射体是处所名词，如"墙""湖"，存在名词是界标，如"一幅画""一条船"，动词是表示二者之间关系的过程，如"挂""停"。这种情景凸显的是处所，处所对存在客体的包含关系。其对应句的射体和界标刚好相反，存在名词是射体，如"画""船"，处所名词是界标，如"墙""湖"，动词仍然是表示二者之间关系的过程。这种情景凸显的是存在名词，体现能量流的动作链。两种存在句就是对同一情景的两种识解，凸显的视角不同。这就是对常见汉语存在句结构的认知分析。

以上两个例子都是动作存在句。我们再考察一下其他类型的存在句，看看认知语法分析方法是否适用。例如：

（103）门口有两个石狮子。

（104）楼下是一片翠绿的草坪。

（105）地里种了几棵白杨树。

（106）这里前不久也住过另外两个姑娘。

（107）灰白的小髻上斜插一朵小小的红花。　　　　　　　　（曹禺，1984）

以上例句（103）～（107）的 A 段，如"门口""楼下""地里""这里""小髻上"都是表示方所的名词，是首要突显的言语事件参与者，都是射体，其中包含有存在客体及其关系；C 段，如"石狮子""草坪""白杨树""姑娘""红花"都是存在客体，为次要突显的言语事件参与者，都是界标；不管是表示存在关系的"有""是"，还是带体标志的存在动作"种了""住过"，甚至是光杆存在动词"斜插"都是表示射体和界标之间关系的一个过程，勾画时间侧面，即强调持续。这里的 A 段和 C 段也都是名词性成分，根据认知语法词类观均表示空间。当三个象征结构复合成更高一级的象征结构后，构成了一个相对于时间的复合空间，强调包含关系，如同一个容器图式。同样，因为典型主语或者说位于主语位置的典型成分往往是施事，宾语位置的往往是受事，所以例句（103）～（107）也都可以转换成正常的施事、受事语序，但凸显的视角不同。例如：

（108）两个石狮子卧在门口。

（109）一片翠绿的草坪种在楼下。

（110）几棵白杨树种在了地里。

（111）另外两个姑娘前不久也住过这里。

（112）一朵小小的红花斜插在灰白的小髻上。

例句（108）～（112）的"石狮子""草坪""白杨树""姑娘""红花"等施事就获得了首要突显，变成了射体；"门口""楼下""地里""这里""小髻上"等方所词只获得了次要突显，成为了界标；"卧在""种在""种在了""住过""斜插"等存在动词仍表示一个关系的持续过程。当这三个象征单位进一步复合，构成更高一级的象征单位后，就形成了动作链。"石狮子"等射体为链首，"门口"等界标为链尾，"卧在"等存在动词表示链的延续。这个动作链实际上也代表了能量的流动，"石狮子"等射体为能量之源，"卧在"等存在过程意味着能量的传递，"门口"等界标为能量之尾，能量的吸收者。同样从认知图式的角度看，汉语这一类的存在句也体现的是起源—路径—目标图式，表示能量从链首到链尾的流动。

从以上例句可以看出，存在句和其对应句的射体和界标可以相互转换，取决于突显的视角选择。如果选择处所为射体、存在客体为界标，整个存在句就突显了处所对存在客体的包含关系，体现的是容器图式；反之，如果选择存在客体为射体，处所为界标，整个句子就突显了动作链，意味着能量从链首向链尾的传递，体现的是起源—路径—目标图式。二者实际上是一种射体与界标的互补关系。如果用 Loc. + V + T 和 T + V + Loc. 分别表示两种汉语存在句，那么这两种存在句的射体（Loc./T）和界标（T/Loc.）刚好是颠倒的，处于一种互补的位置关系。语法结构取决于突显的视角选择。如果欲突显处所对存在客体的包含关系，就选择第一种 Loc. + V + T 语法结构；如果想突显正常的动作链关系，就选择 T + V + Loc. 语法结构，这反映了语义结构对语法结构的制约作用；另一方面，不同的语法结构体现的是不同的概念图式（概念结构）意义；也说明了语法对意义的因应作用，二者之间具有促动关系。以上分析说明语言的意义和语法层面之间确有界面，一种语法结构对应于一种语义，不同的语义要求不同的语法结构。这对 Langacker 提出的认知语法理念"语法就是概念化"（grammar is conceptualization）也是一个正面回答（Croft & Cruse，2004：3）。

2.3.3 汉语存在句定指限制的认知研究

认知语法同样适用于分析汉语存在句，因为任何人类语言都离不开其认知经验。在这一部分我们尝试用同样的认知语法理论来考察汉语存在句的定指（有定）限制现象。赵元任（1968）指出"有一种强烈的趋势，主语所指的事物是有定的，宾语所指的事物是无定的"。陈平（1987）认为"存现宾语具有强烈的不定指倾向"。从文献和语料研究情况来看，汉语存在句也的确存在着使用无定成分修饰存在客体的语法要求，但同时也有少量使用定指成分的存在句。下面详细分析这两种句法现象的认知动因。

2.3.3.1　心理空间搜索域：无定现象认知研究

汉语存在句的定义有三种标准：形式标准、内容标准、形式和内容相结合标准。根据形式标准，存在句的 A 段是由处所词充当的主语，B 段是存在动词，C 段是存在客体。根据内容标准，存在客体位于句首的谓语处所句也应属于存在句。形式和内容相结合的标准把以上两种句子都看作存在句。我们先看处所充当主语的存在句（多为复句的一部分）的无定修饰现象。例如：

（113）高校长肥而结实的脸像没发酵的黄面粉馒头，"馋嘴的时间"咬也咬不动它，一条牙齿印或皱纹都没有。　　　　　　　　　　　　　　　（钱钟书，2003）

例句（113）是一个否定倒装句，处所为"脸"，存在动词"有"使用了否定形式，存在客体为"一条牙齿印或皱纹"。汉语没有类似英语 a（n）/the 的不定冠词和定冠词，但有自己的手段来表示非定指，如"一条""一艘""一个""一幅"等"一＋量词"方式修饰有界名词。对无界名词和有界名词复数使用零表征表示非定指，通常认为存在动词后的为无定客体，存在动词前的为有定，如"楼上有人"，这里的"人"为无定；"人在楼上"，这里的"人"为有定。汉语同时使用"这＋量词""那＋量词"表达单数有界名词的定指，如"这个人""那张桌子"；"这（种）""那（种）"表达无界名词的定指，如"这（种）水""那（种）酒"；"这些""那些"表达复数名词的定指。从认知语法的角度看，"脸"为射体，"一条牙齿印或皱纹"是界标 1 和界标 2，从界标中我们可以得到"牙齿印"和"皱纹"两个有界范畴类。根据 Langacker（1991）的认知语法，存在句的处所射体本身是一个搜索域，同时是一个包含界标的空间，作为背景的当前话语空间并没有提供独特性的线索以便说话者和听话者建立关于一个具体"牙齿印"或"皱纹"例示的心理接触，因此从逻辑上讲只能使用汉语非定指表达方式"一条"。这就是汉语存在句定指限制的认知动因。再如：

（114）下一次，他注意女学生还固守着第一排原来的座位，男学生像从最后一排坐起的，空着第二排，第三排孤零零地坐一个男学生。　　（钱钟书，2003）

例句（114）是正常语序的存在句，射体为"第三排"，界标为"一个男学生"；"第三排"构成一个搜索域，包含着界标，"男学生"是有界范畴类，作为背景的当前话语空间并没有提供关于该范畴类某一具体例示的独特性的线索，交际双方无法建立关于某一个具体"男学生"的心理接触，所以从逻辑上讲只能使用非定指形式"一个"。又如：

（115）这几天，辛楣是校长的红人，同事拜访他的最多，鸿渐处就少人光顾。

（钱钟书，2003）

例句（115）"鸿渐处就少人光顾"实际上是"鸿渐处就（很）少（有）人光顾"的省略，是一个兼语式存在句，"人"既作"（有）"的宾语又作"光顾"的主语。认知语法认为动词是一个过程，"光顾"这里表示"人"这一存在客体的位置变化，不影响对存在句的分析。同例句（113）（114）类似，"鸿渐处"为射体，"人"为界标，是一个范畴类，被包含在搜索域"鸿渐处"之中，同样因为当前话语空间（背景）缺少独特性线索，说话者和听话者无法建立关于某一个具体"人"的心理接触，只知道范畴类，不确定具体例示，故在范畴类前使用零表征，可以指任何一个成员。

再看另外一组例句：

（116）……正像密封牢锁的箱子，一般人总以为里面结结实实都是宝贝。

（117）鸿渐到外国语文系办公室，孙小姐在看书，见了他，满眼睛都是话。

（118）门外地上全是霜。

（钱钟书，2003）

例句（116）（117）（118）都属于"是"字型存在句，前两句的存在客体"宝贝"和"话"是复数有界名词，而后一句的存在客体则是无界名词"霜"。例句（116）的射体是"（箱子）里面"，界标是"宝贝"，"是"为存在动词；例句（117）的射体是"满眼睛"，"话"为界标，存在动词仍为"是"，同前面的分析类似，两句的射体构成搜索域，包含界标；因为当前话语空间缺少独特性线索，说话者和听话者无法建立关于某一个具体"宝贝"或具体某一句"话"的心理接触，只知道范畴类，不确定具体例示，故在范畴类前使用零表征，指任何一个例示成员。例句（118）的射体是"门外地上"，界标是"霜"，存在动词为"是"；射体构成搜索域，包含界标，因当前话语空间没有提供独特性线索，说话者和听话者无法建立关于某一种具体的"霜"的心理接触，只知道范畴类，故只能在范畴类前使用零表征，可以指任何一种例示成员。

从例句（113）~（118）的分析来看，汉语存在句（A 段为处所）的非定指（无定）现象是由射体的搜索域性质（心理空间），当前话语环境缺少独特性而导致的在说话者和听话者之间无法建立关于具体例示的心理接触，这两个语义认知因素共同引起的语法现象。这说明汉语存在句也存在着语义和语法的互动界面。

2.3.3.2 独特性心理接触：有定现象认知研究

上一部分我们从心理空间（mental space）和心理接触（mental contact）两方面探讨了汉语存在句的无定现象。这一部分我们将考察汉语存在句的有定现象。根据内容标准，汉语谓语处所句（predicate locative）也是一种存在句。这种存在句的主语不再是处所而是具体的存在客体。我们先看下面一组例句：

(119) a. 门洞里有自行车。

b. 自行车在门洞里。

例句（119）的 a 句是处所作主语、射体为搜索域、界标为无定存在客体的例子。我们在上一部分已经分析过类似的无定例句，这里不再重复。例句（119）b 的射体是"自行车"，界标为"门洞里"，"在"是存在动词；首先，这里的射体是一个侧画（profiled）的具体物体，"自行车"是有定的，是范畴类 T"自行车"的一个具体例示 t_i，不再是一个搜索域；其次，"自行车"是射体——句子的首要焦点，具有内在的独特性和与当前话语空间的最大相关性；最后，因为射体是一个具体物体，说话者在其心理空间已经确定了一个具体例示，如果他假设听话者也能意识到他确定的具体例示，那么关于该具体例示的心理接触就在说话者和听话者之间建立起来了。因此，作为射体的存在客体是有定的，符合要求。又是首次出现在当前的话语空间，有信息突显性。试看下面的一组问答：

(120) a. 自行车$_i$ 在哪儿？

b. 自行车$_i$ 在门洞里。

例句（120）a 和 b 类似，区别在于一个是问句，另一个是陈述句。例句（120）a 中的"自行车"应该是一个在说话者和听话者之间建立了心理接触的具体例示（换句话说，双方都明白其所指），即有定的，不可能是无定的；因为句子 b 能够成功回答句子 a 的提问，两句中的"自行车"应该同标，可同记为下标 i。如果不同标，可能会造成答非所问或误解。所以，例句（120）从另一个侧面证明了例句（119）b 句中存在客体"自行车"的有定性。再如：

(121) a. 楼顶上是太阳能热水器。

b. 太阳能热水器在楼顶上。

例句（121）b 句的射体是"太阳能热水器"，界标是"楼顶上"，存在动词仍为"在";同样,这里的射体是一个勾画的具体物体,是范畴类 T "太阳能热水器"的一个具体例示 t_i;其次,射体"太阳能热水器"是句子的首要焦点,具有内在的独特性和与当前话语空间的最大相关性;最后,因为该射体也是一个具体物体,说话者在其心理空间已经确定了一个具体例示,如果他假设听话者也能意识到他确定的具体例示,那么关于该具体例示的心理接触就在说话者和听话者之间建立起来了。所以,存在客体应为有定的。我们可以用汉语和英语(有定冠词,比汉语更明显)两种语言的问答来证明其有定性。例如:

(122) a. 太阳能热水器$_j$在哪儿?

b. 太阳能热水器$_j$在楼顶上。

(123) a. Where is the solar energy heater?

b. The solar energy heater is on the top of building.

例句(122)b 能够成功回答 a 的提问,说明二者应该同标下指,可同记为下标 j;例句(123)b 也能回答 a 的提问,它比汉语的更明显,因为使用定冠词 the,说明例句(123)a 和 b 的二者的存在客体指同一个具体例示。英汉两种成功问答从侧面证明了例句(121)b 射体的有定性。又如:

(124) a. 天空飞舞着成群的鸽子。

b. 成群的鸽子在天空中飞舞着。

例句(124)的分析类似例句(119)和(121)的分析,存在句的射体"成群的鸽子"因其是首要焦点性,又是具体物体,可以在说话者和听话者之间建立心理接触,因而也是有定的。同样可以用问答同标下指的方法进行证明。我们也可以用加"所有的"的方法来判断,"所有成群的鸽子都在天空飞舞着",有的成群的鸽子可能在地上觅食,显然,这里"成群的鸽子"有一定的确指性。

我们再看另外一个存在句:

(125) 那张呈文牢牢地贴在他意识里,像张粘苍蝇的胶纸。 (钱钟书,2003)

例句(125)的射体是"呈文",界标是"他意识里",存在动词是"贴在"。因为射体是一个具体的物体,具有首要焦点性;同时作为背景的当前话语空间提供了独特性的线索。通过追溯原文,我们发现该存在句之前有这样的一个语境,"他打开抽屉,拣出一叠纸给鸿渐看。是英文丁组学生的公呈,写'呈为另换良师以重学业事',从头到尾说鸿渐没资格教英文……鸿渐出门,碰见孙小姐回来。她称赞他跟刘东方谈话的先声夺人,他听了欢喜,但一想她也许看见那张呈文,又羞又惭了半天。"（钱钟书，2003：448）所以，这一独特性的线索使说话者和听话者能够建立关于一个具体例示，即"英文丁组学生写给刘东方的公呈"的心理接触，故用有定形式"那张"是符合逻辑的。"那张呈文"出人意料地出现在"我的意识"里这个新空间，传达的仍然是新信息。类似的例子还有：

（126）说时的表情仿佛马基雅弗利的魂附在他身上。　　　　　　　　（钱钟书，2003）

例句（126）的射体是"马基雅弗利的魂"，界标是"他身上"，存在动词为"附在"。整个存在句是复句的一部分。同前面的分析类似，射体是一个具体的例示，又是首要焦点，说话者假设听话者知道"马基雅弗利"（部分读者的确了解），这样关于"马基雅弗利的魂"这一具体例示的心理接触就在二者之间建立了。同时"马基雅弗利的魂"又出人意料地出现在"他身上"，"他身上"是一个新空间，表达的仍然是新信息。所以，这里使用专有名词这一有定表达方式是有其认知动因的。

我们再看一个 A 段为处所的有定存在句的例子。例如：

（127）在一般集会上，静默三分钟后和主席报告后，照例有这么一阵咳嗽。

（钱钟书，2003）

例句（127）的射体为"集会上"，也是一个搜索域，界标是"这么一阵咳嗽"，使用了有定修饰词"这么"，似乎是不可接受的存在句，但实际上是可行的。因为虽然"集会上"是一个搜索域，它本身不足以提供独特性线索在说话者和听话者之间建立关于某一个具体例示的心理接触，但是作为背景一部分的当前话语空间却提供了独特性的线索。通过阅读原文，我们发现在该句之前有这样一个语境："在导师制研讨会上，部视学先讲了十分钟冠冕堂皇的话，平均每分钟一句半'兄弟在英国的时候'。他讲完看一看手表，就退席了。听众喉咙里忍住的大小咳嗽全放出来，此作彼继。"（钱钟书，2003：436）这样一来，说话者和听话者之间就建立了关于某一个具体例示的心理接触，即"针对部视学自夸不满"的一阵咳嗽。所以，使用有定表达式"这么"修饰存在客体是可行的。"一阵咳嗽"是完全话题"咳嗽"的次话题，具有焦点性或突显信息。因此，例句（127）是一个可以接受的存在句。

为了进一步说明问题，我们看下面一个隐现句的例子：

（128）车上跳下来周恩来和王若飞同志。　　　　　　　　　　（方纪，1963）

例句（128）是一个隐现句，和存在句一样要求无定的隐现客体，但却使用了

"周恩来和王若飞"两个专有名词（有定），似乎不可接受，但事实上却是可行的。有学者认为，这是一个省略句，是"车上跳下来（两个人，这两个人是）周恩来和王若飞同志"的省略。这是一种解释。

但是，我们认为，这个句子不是省略句。尽管存在句（含隐现句）一般要求无定客体，但只要能满足独特性和焦点性两个条件，也可以使用有定客体。具体来讲，虽然"车上"是一个搜索域，但当前话语空间本身却提供了独特性的线索，"周恩来和王若飞"因他们的特殊个体地位，早已被全国人民所熟知，所以可以在说话者和听话者之间建立关于他们的心理接触，故可作为有定形式使用。也有学者认为它们是背景知识的一部分（吴卸耀，2006：62）。此外，"周恩来和王若飞同志"是完全话题"同志"的次话题（部分和整体之间可产生推断关系），既有话题性又有焦点性，表达了突显信息，所以该句可以接受。

下面还有两例类似的例句：

（129）离我家不远的是红塔礼堂，那会儿那儿老演外国片，没事儿我就去那儿等票。　　　　　　　　　　　　　　　　　　　　　　　　　　　（王朔，1989）

（130）张莉向我招手，我向她走去，却身不由己地坐到了另一桌上，旁边是那个蓬发戴眼镜的熟人。他给我斟酒，泡沫高过酒杯仍不住手，酒液留下玻璃杯漫到桌上滴在我腿上，腿上一阵冰凉。　　　　　　　　　　　　　　　（王朔，1989）

通过以上的分析，我们发现汉语存在句的有定语法现象的认知实质也是基于心理空间的独特性的心理接触。只有基于当前话语空间（包括句子本身和相关语境）提供的独特性线索，才能在说话者和听话者之间建立关于某一个具体例示的心理接触；同时满足信息的焦点性，汉语存在句也可以使用有定形式。有定形式的认知动因就是在说话者和听话者之间的独特性心理接触。

2.3.4　汉语存在句方向的认知研究

存在句的方向问题在存在句的研究中其实很重要，因为它和动词概念化有着密切的关系，而概念化对于从本质上揭示和理解语言的共性与个性是很有启发性的。当存在句在单一语言的视野里研究时，方向问题并不突出，这可能是该问题在此前不被重视的原因。如果把这一问题放在跨语言比较的视野里，特别是英汉两种语言，我们就会发现存在句的方向问题非常突出，是不可回避的、也是值得解释的重要侧面。本章从不同的语言其动词的概念化方式不同，特别是对动词的数量，语义特征之一——方向的处理方式不同来解释英语存在句只有右向，而汉语存在句既有左向又有右向的语法特征。

2.3.4.1 认知语言学的概念化内涵

英汉两种存在句的方向之间存在着重要差别。我们认为其根本原因在于两种语言对动作行为概念化的方式不同。概念化（conceptualization）是人们的一种基本认知活动。概念化是指一个民族把认识外在世界的方式用词语固定下来的一种认知行为。概念化的对象和层次是不同的，对单个现象的认知结果一般反映为语言中的单个词语；对事件关系的认知结果则可能反映为语言中的一种结构；但这两种层次的认知活动是相通的。对于现实世界中同样的现象，不同的民族选择不同的认知视角、采用不同的认知方式来概念化，因而其在语言中的反映就不同。同时不同民族的认知视角和认知方式是成系统的、有规律的，这种系统性和规律性在一定程度上可以从不同语言的词语设立和结构意义的对应上体现出来。当然语法结构和现实世界之间并不存在着一一对应关系。这种对应只是一定程度上的对应。除了对现实世界的事件的认知外，语言系统内部的调整也是产生语法结构的重要来源。不同语言文化背景的语言使用者因概念化的方式不同就会形成不同的语义系统，进而影响它们的语法特征。

不同语言的语法特征不同，而这些语法差异深深根置于语义结构的不同。一种语言建立和运行的基础就是其语义结构。一个民族在最初创立其语言时，首先要运用认知能力对事物进行概括分类，并把认识的成果用语言形式固定下来，形成不同的概念。但是因地理、物质和文化等环境的不同，不同的民族在认识世界时往往有自己的方式，如对同样事物的不同切分、词语包含的具体内容、动词的数量语义特征如方向、程度等，因而就形成了不同的语义结构。

根据认知语言学的基本观点，语义和语法密不可分，语法是概念内容的结构化；语义在很大程度上决定语法。而动词就是一个理想的窗口，因为在任何一种语言里动词都是一种语法特点最丰富、句法行为最活跃而且和多种语法结构密切联系的词类。

石毓智（2006：113）认为"结构义和词汇义的形成都跟一个民族的认知方式有关，因为一个民族在认识外在世界的方式上具有系统性和规律性，所以就会形成结构和词汇之间的共性，同时也会和其他民族的语言形成对立……语法和语义之间存在着密切的关系。一方面它们的形成都受认知的影响；另一方面，词义的内涵一定程度上决定了它们的句法行为，一个语法结构的意义也决定了哪些词汇可以进入该结构；结构的语法意义和词汇的概念意义具有共同的形成过程。"

石毓智（2006）把现代数学物理中的"矢量"概念引入到动词的语义特征研究之中。他解释说，矢量是描写力、速度等自然现象的，它们是动作行为和运动变化的普遍特征之一。矢量——既有大小又有方向的量叫作矢量，例如力、速度、加速度等都是矢量。矢量有起点和终点，有方向还有模。矢量的长度叫作模，又称矢量的大小。如果一个矢量的起点为 A，终点为 B，则表示为 A→B；矢量的方向亦表示为 A→B；矢量的模则表示为｜A→B｜。因为矢量是许多自然现象拥有的特征，对人们的概念化方式有下意识的深刻影响，因此反映在语言上就表现为动词的重要语义特征。语言在概念化动作行为这类现象时，对矢量特征非常敏感，不同的语言采用不同的方式加以处理，如对"拿"这一动作，汉语概念化时，矢量的方向不固定，用具体的词语表示具体的矢量方向（如来、给）；而英语则选择不同的词语来概念化不同的矢量方向（如 bring、take），由此会引起两种语言在语义和语法上的系列差异。他把矢量对动词概念化的影响总结为三类：右向矢量动词、左向矢量动词和双向矢量动词。所谓右向矢量动词表示动作由主语发出，并作用于宾语，表征为 S→O（S 代表主语、O 代表宾语，下同）。这一类动词在汉语和英语中都是最普遍的。例如：

（131）他拍了一下小孩的头。

（132）He patted the child on his head.

所谓左向矢量动词表示力来自宾语，并作用于主语，表征为 S←O。汉语中有许多左向矢量动词的实例。例如：

（133）他吹了一会儿空调。

（134）孩子们在院子里晒太阳。

所谓双向矢量动词表示客体的运动方向既可以从主语到宾语，又可以相反，表征为（S→O）/（S←O）。汉语有双向矢量动词，即方向是中性的，可以代表两个方向，而英语则缺乏这类动词。例如：

（135）张三借李四一本书。　　　　　　　　　　　　　　　　（S→O）/（S←O）

（136）Zhangsan lent Lisi a book.　　　　　　　　　　　　　　（S→O）

（137）Zhangsan borrowed a book from Lisi.　　　　　　　　　（S←O）

自然语言动词的矢量又可以分为物理的和感知心理的两种。物理矢量是指动作具有具体的力，可以改变客体的物理性质，例如"啃""吃"等；而感知心理矢量是指主体对客体的主观感知，没有具体的力作用于客体，不改变客体的物理属性，比如"喜欢""看"等。

石毓智认为矢量的概念可以用来重新定义及物动词和不及物动词。及物动词是施事发出动作影响到客体，如果施事和主语一致，则表示为 S→O，不一致则表示为 A→P；不及物动词则是出于施事又止于施事，如果施事和主语一致，则表示为 S→S，不一致则表示为 A→A。因此，及物和不及物动词可以分别表征为：

$$及物动词 = （S{\to}O）˘（A{\to}P）$$
$$不及物动词 = （S{\to}S）˘（A{\to}A）$$

例如，汉语里的动词"看"有（S→S）和（S→O）两种用法；而英语的"look"只有（S→S）一种用法，另一种用法（S→O）需要另一个动词"see"来完成。

因此，可以说汉语对于矢量方向不同而类型相同的动作行为常用一个动词来表示；英语则采用另一种概念化方式，对类型相同而方向不同的动作行为用不同的动词表示。简单地讲，汉语动词的矢量方向一般是不具体的，而英语动词的则是确定的。关于动词的矢量方向，英语和汉语在词汇和句法平面上存在着平行的对立，可以概括为表2-1：

表2-1 英汉动词的概念结构

	词汇层面	语法层面
汉语动词的概念结构	矢量方向不具体化	矢量方向改变不依靠形态
英语动词的概念结构	矢量方向具体化	矢量方向改变依靠形态

（来源：石毓智，2006：149）

表2-1有时给人一种误解，认为汉语不是一种精确的语言，其实并非如此。任何一种语言都有自己有效的手段来精确表达思想。汉语概念层次上动词方向的不确定可以使用语法层面的手段来弥补。这就是为什么汉语趋向动词（如去、来、进、出、走、住等）非常丰富的原因。汉语的动词加上趋向动词就等于英语独立动词的意义，例如：拿来（bring）、拿去（take）、拿住（hold）、拿起来（lift）。英语动词概念化方向确定，这也是英语中为什么没有趋向动词的原因。

石毓智（2006）认为英汉动词矢量方向差异带来不少句法后果，如英汉被动句的差别、主语和宾语省略的限制等。除此之外，汉语动词概念化时方向不固定的特征还带来了许多特殊的句法结构，如容纳句、存现句、关系句和不及物动词带宾语等。

石毓智关于动词概念化方向的论述很有启发性。我们承认动词方向的差异性，这种差异的确会带来许多语法后果。但是，我们认为采用物理学上的术语"矢量"的做法值得商榷。值得商榷的理由有两个：首先，"矢量"是典型的自然科学术语，强调准确和具体；而认知语言学具有强烈的人文主义色彩，强调主观识解，二者的学术色彩反差太大、不协调；其次，物理学上的"矢量"并不仅仅指左右方向的力，也可以指上下、斜上、斜下等多种不同受力方向（如斜坡、坑道等），它的应用范围要比语言仅有的左右两个方向广得多。此外，物理学上的"矢量"在其理论体系中位于"舍我其谁"的地位，没有它很多问题难以表述清楚，而在认知语言学中，不用"矢量"仍然可以把问题说得清楚，所以我们的论述不采用"矢量"的说法。

2.3.4.2　方向不固定的动词概念化：存在句方向的认知研究

汉语存在句的方向一般比较灵活，不是单一固定的，既有存在客体紧跟在动词右边的句式，也有存在客体直接出现在动词左边的存在句式，是双向的。汉语存在句的左右方向一般可以互相转换，意义基本不变。我们先看下面的对照例句：

（138）a. 上周有骚乱。→b. 骚乱发生在上周。

（139）a. 神龛里有一尊佛像。→b. 一尊佛像在神龛里。

例句（138）a 是 A 段为处所的典型汉语存在句，"上周"为射体，"骚乱"为界标，"有"是存在动词。就存在客体的顺序来看，它紧跟在存在动词"有"的右边，我们称之为右向化（尽管从传统语法上是主、谓、宾结构）；然而例句（138）b 也是成立的，这里的射体和界标和 a 句的完全相反，存在动词变为"发生"，存在客体直接出现在存在动词的左边，我们称之为左向化。第一突显焦点——射体的成分视表达需要而确定。我们还发现汉语方向的改变只需要词汇手段，而不是英语的语法形态手段（如被动语态）。它刚好和英语存在句形成对照，英语的只有右向，没有左向；而汉语的存在句既有右向又有左向。这也是我们选择意义相同例句的原因。例句（139）a 和（138）a 类似，"神龛"为射体，"有"为存在动词，"一尊佛像"为界标，存在客体紧跟在动词的右边，为右向化；同时，其左向化例句（139）b 也成立。它和英语存在句形成对照，再一次证明了英语存在动词的单向性和汉语存在动词的双向性。

例句（140）（141）对应于英语的非 be 存在动词 stand 和 appear，为了对应和思路清晰，我们把它们单独作为一类例句。例如：

（140）a. 山脚下有一栋精致的别墅。→b. 一栋精致的别墅在山脚下。

（141）a. 阁顶上出现了几只鹤。→b. 几只鹤出现在阁顶上。

从例句（140）a 和（141）a，我们看到仍然是处所作射体，存在客体作界标，存在客体紧跟在动词的右边；而例句（140）b 和（141）b 则是存在客体作射体，处所作界标，存在客体直接出现在动词的左边，仍然成立。这说明，结合前面的例句（138）（139），英语存在句方向的确定性和汉语的不确定性在非 be 存在动词中也是正确的。

让我们再看第三种情况，这种情况是汉语的可以用于存在句式而英语的则不能。先看例句：

（142）a. 江面上停着游轮。→b. 游轮停在江面上。

例句（142）a 和 b 显示，动词"停"的右和左两个方向都成立，当存在客体由右向转变为左向时，即从界标升格为射体时，也伴随着"着"向"在"的转变，"着"往往是客体右向的标记，"在"通常是客体左向的标记。英语中的"stop"则不能用于存在句式。我们认为，这是因为英语动词概念化的方向具有单一性和固定性，一旦选定一个方向就会排斥其他方向。我们以逻辑主语为参照物，"stop"概念化的方向往往为左，即逻辑主语 + stop +（宾语），而英语存在动词概念化的方向往往是右向的。又因为方向的单一性，stop 在"停"的意义上既已选定左向，就不能再选右向，所以不能用在存在句式中（注意这里我们要强调的是在某一个意义上，英语动词概念化的方向是单一固定的。根据认知语言学的原型理论，一个词可能有多义现象，在不同的意义上其概念化的方向是不同的，如"be""stand"等在"是""站"意义上是逻辑主语左向，但在"有""存在"的意义上是逻辑主语右向）。相反，汉语存在动词（其实不仅仅限于存在动词）概念化时方向不固定，具有双向性选择性，或右向或左向，视表达的需要而定，同时辅以相应的词汇手段来实现。这就是为什么英语的"stop"不能用于存在句式而汉语的"停"能用的认知解释。再如：

（143）a. 茶几上放了四个茶杯。→b. 四个茶杯放在了茶几上。

例句（143）类似例句（142），动词"放"概念化时，方向不固定，或右向或左向，所以 a 和 b 两句都成立。另一方面，和其对应的英语动词"put"则逻辑主语左向化，因具有单向性，不能再用于以逻辑主语右向化为特点的存在句式。又如：

（144）a. 封面上写着遒劲有力的字。→b. 遒劲有力的字写在封面上。

例句（144）情况类似，动词"写"概念化时方向不固定，以逻辑主语为参照物，有右向和左向两个选择，故 a 和 b 都是可以接受的汉语存在句。而和其对应的英语动词"write"因逻辑主语左向化，同一意义上方向的单一性使它不能再用于存在句式。

基于上面的三种例句分析，我们可以看出汉语存在动词概念化时方向都是不固定的，有左或右两种选择。如果我们还用逻辑值的方式来表征汉语存在动词的概念化，可以表示为 EV［＋L，＋R］，即存在动词［＋左，＋右］；用简图可表示为 L→V→E（处所→动词→客体）或 E→V→L（客体→动词→处所），其中，动词、客体（或逻辑主语）及其方向（箭头表示）用粗体，表示是本章的关注重点。该部分可综合成 V↔E（动词↔客体），双向箭头。汉语存在动词概念化时方向不固定带来两个后果：一是其存在句可以转变成左向，二是可以用于存在句式的动词的数量比英语多。

因此，不同民族的不同概念化方式会导致他们语言上的语法差异。事实上，汉语中许多看似不相干的语法现象都和动词的概念化方向有关，除存在句外，还有容纳句（如"四个人住一间房""一间房住四个人"）、关系句（如"飞机通上海""上海通飞机"）等。所以说，概念化方式是引起许多语言差异的根本认知原因，具有很强的解释力。

人类的语言概念化是具有神经认知基础的。Lakoff（2004：217）认为，每一种行动人类通常都有固定的图式，这些图式包含某些参数：角色参数，如施事和受事；阶段参数，如起始、中间和最终阶段；方式参数，如力的程度和方向，等等。所有这些都在神经的层面被表征出来。显然，根据 Lakoff 的观点，动词概念化的方向属于图式的方式参数（manner parameters）。对于数量语义特征对语法的深刻影响，石毓智（2006：153）指出："（英汉）两种语言结构特征上的差别，很多已经在两个民族如何概念化外在世界的时候就已经决定了。"

我们认为，英汉存在句方向的共性是由英汉两个民族基于相同的身体体验和社会经验造成的。具体地讲，两个民族都有关于每一种动作的相同图式，这些图式以并行联通的方式储存在大脑的神经层面，如需要便可激活。二者的差异是由动作图式（action schema）的不同方式参数造成的，方式参数包括动作的力度和方向。

2.4　小结

汉语的存在句式有两种结构，一种是空间作射体、存在物体作界标的容器图式，突显的是包含关系；另外一种是存在物体作射体、处所作界标的动作链，体现了起源—路径—目标图式，突显的是能量从链首向链尾的正常流动。两种存在结构具有两种不同的意义，对同一场景可以有不同的"识解"（或容器或链条），不同的"识解"方式前景化了不同的参与者和关系，使其更加突显。"识解"深受人类日常经验的影响，因此我们可以说，人类的日常经验包括身体体验、社会经验和语言的概念结构密切相关，而概念结构又影响语法结构。汉语存在句（A段为处所）的主语也是一个空间搜索域，同样因缺乏独特性心理接触要使用非定指形式；但部分反例和谓语处所句因满足了独特性心理接触和焦点性两个基本条件，使用定指限制同样可以接受。概念化是指一个民族用语言固化认识外在世界的方式的一种认知行为。来自不同语言文化背景的人因概念化的方式不同就会形成不同的语义系统，从而影响他们的语法特征。英语存在动词概念化时方向单一固定，存在客体常常右向化；而汉语存在动词概念化时方向都是不固定的，有左或右两种选择，即英语的为 V →E（动词→客体），汉语的为 V →E（动词→客体）。它带来两个后果：一是英语存在句不能使用存在客体作射体，只能是搜索域 there；二是极大地限制了英语中非 be 存在动词的数量，而汉语的射体既可以是存在客体也可以是处所，可用于存在句式的动词数量也比英语多。英汉存在句方向的共性是由英汉两个民族基于相同的身体体验和社会经验造成的。概念是体验性的，具体地讲，两个民族都有关于每一种动作的相同图式，这些图式以并行联通的方式储存在大脑的神经层面；二者的差异是由动作图式的不同方式参数造成的，方式参数包括动作的力度和方向。

第 3 章

汉语存在句否定极性项研究

3.1　引言

否定极性指一个词或短语的一种语法特性，即通常只能用在语义或句法上否定或疑问的语境中（Collins English Dictionary，2014）。要求否定成分出现在其语境中的词或表达式被称为否定极性项（negative polarity item，NPI），语境中避开否定成分的词或表达式被称为肯定极性项（positive polarity item，PPI）。英语中常见的否定极性项如 any、yet，常见的肯定极性项如 some、already，等等。人类的很多语言，也可能是全部，都有否定极性项和肯定极性项；而且自 Klima（1964）开创性的研究工作以来，有关它们分布的研究增长很快（Hoeksema，2006）。汉语存在句中也有否定极性项，例如：

（145）冰箱里没有任何东西。

例句（145）是一个存在句，其中的"任何"是一个否定极性项，它用在否定句中，强化否定效果。

存在句（existential sentence，ES）是汉语中一种特殊而又十分重要的句式，表示某地存在某物。马建忠（1898）在《马氏文通》中提到了"有"字句和"无"字句，分别表示某物的存在或不存在，他论述了"起词"（主语）和"止词"（宾语）的使用规则，包括省略规则。吕叔湘（1942）第一个提出了"存在句"的概念，并把它分为"有无句"，有"起词"的和没有"起词"的两类。陈庭珍（1957）指出，汉语存在句的处所词代表一种具体的空间概念，是谓语描述的事物，可以作为存在句的主语或宾语。范方莲（1963）跳出了汉语存在句主语和宾语的争论，重点关注"着"存在句，例如，"墙上挂着一幅画"。他把"着"存在句分成 A、B、C 三部分，A 是处所词，B 是存在动词带"着"，C 是数量名的组合体。他特别指出，C 部分一般是无定的，但是有时也不排斥有定的名词。

黄正德（1987）认为汉语的"有"存在句可以表征为（NP）... V... NP...（XP），其中第一个 NP 是选择性的，要么为空，要么由处所名词短语填充作主语，V 是存在动词"有"，NP 是存在客体，XP 也是选择性的，是描述存在客体的一个子句或短语。他认为汉语"有"存在句也显示出有定性效果（Definiteness Effect）。胡建华和潘海华（2008）认为，汉语"有"存在句的基本功能是为语篇引入新信息，新信息既可以是新客体又可以是新关系，所谓有定效果仅仅是存在句式语篇功能的一个副产品。Gu（1992）提出了两种汉语处所存在句主语的非移动分析，她认为在这两种处所存在句中，处所主语是在动词语义标记的位置上由基体产生的（base-generated）。Tsai（2003）探讨了三种汉语存在量结构，"有""有的""有（一）些"，第一"有"是非选择性句子连接词，第二个表示部分的"有"和第三个表示具体复数的"有"都是限定词。

否定在存在句的量结构中非常重要。否定极性项一般出现在否定语境中，起着强化否定效果的作用。关于否定极性项的核心研究问题是关于它们分布的恰当界定和分布的内在原因。关于否定极性项的分布问题，究竟应该从句法视角、语义视角还是语用视角来探讨目前仍有许多争论。

3.2　否定极性项研究文献综述

否定极性项的研究贯穿生成语法的历史（Klima，1964）。关于否定的研究，早期的语料主要集中在英语上，在过去的三十年慢慢扩展到其他语言。跨语言的实证研究证据表明，极性不仅仅是句法范畴决定的，也受语义因素的影响，涉及语法结构和语言知识的实质。

传统的有关否定极性项允准的研究可追溯到 Klima（1964）。Progovac（1992，1993，1994）、Postal（2000）、Szabolcsi（2004）、Den Dikken（2002）

等也都研究过否定极性项的允准问题。Klima（1964）的研究认为，［情感的］（［affective］）形态句法特征的存在是否定极性项的触发机关，标记［情感的］的环境包括：否定的范围，如 never、nothing、no、none 等；否定谓语的补语，如 unpleasant、unlikely、odd、impossible 等；比较小句；疑问句；否定量词和副词的范围，如 few/little、rarely、barely、hardly 等。Progovac（1994）认为否定极性项的允准显示出在句法约束方面的重要相似性。她相信否定极性项主要是一个回指词，它必须在其管辖域内受到照应语约束。例如，英语否定极性项 any 受到约束理论（Binding Theory）原则 A 的约束，但是当它在逻辑式上提升时，其上义词或子句否定也可以允准。Szabolcsi（2004）认为否定极性项 any 和它的允准词是内在否定限定词［D NEG［SOME］］共同拼读的结果。Den Dikken（2002）认为，从最小特征核查的角度看，至少有些否定极性项需要与否定中心词句法一致。

否定极性项的研究勾画出类似的例子，但是聚焦于不同的语言，除英语外，还有荷兰语、希腊语、意大利语、俄罗斯语、汉语、日语、韩语和印地语等。这些学者尝试把否定极性项的分布与它们的意义联系起来。

Ladusaw（1979）提出用语义解释来消灭否定极性项允准中的［情感的］特征。他指出否定极性项允准的许多语境都有下向单调性（downward monotonicity）或反向蕴涵（implication reversal）的特征。一般情况下，表达式可以用更一般的表达法保值替换，例如"约翰是一名大二学生"，蕴涵"约翰是一名大学生"。那么这两个句子的否定式，蕴涵的方向则是反向的，"约翰不是一名大学生"蕴涵"约翰不是一名大二学生"，从命题逻辑的角度看，反之不行。用命题逻辑符号可以表征为 $p \rightarrow q$，$-q \rightarrow -p$。Zwarts（1990）、Nam（1994）、Van der Wouden（1994）都认为否定极性项的类型和下向单调算子的类型对应，具体对应情况可总结为：①弱否定极项被下向函数（decreasing function）允准，如英语的 any、ever；②强否定极性项被逆递加函数（anti-additive function）允准，如英语的 yet；③最强否定极性项被保非函数（anti-morphic function）允准，如英语的 a bit。根据上述类型，不同的下向蕴涵算子允准不同的否定极性项。在这三种类型的否定极性项之间，存在包含关系，例如逆递加算子是单调下向算子的一个子集，而保非算子是逆递加算子的一个子集。

纯句法方法的一个问题就是极性项有时对语用因素敏感。例如疑问句中的否定极性项当被看成一个修辞性问句时更容易接受，而不是看成信息请求；当条件句被看成威胁时条件句中的否定极性项更容易接受，而不是被看成承诺（Lakoff，1969）。极性项也被称作等级算子（scalar operators），它们的分布可以反映具体的等级语义（Penka & Zeijlstr，2010）。从语用学的角度讲，极性项是既包括等级含义又包含信息强度的表达式。

　　陈晓湘、罗琼鹏（2005）对否定极性项 any 进行了研究，分析了两个重要问题，即 any 的允准条件和为什么它显示出这样的特性。柴文竹（2010）研究了否定极性项"任何"的允准语义条件并和英语的 any 进行比较，他指出汉语的"任何"是被逆递加算子允准的，是下向蕴涵算子的一个子集。Chen（2015）认为下向蕴涵方法（downward entailment）比非真实性方法（non-veridicality）更好地解释汉语中的极性现象，非真实方法对于汉语中的否定极性项允准既不是充分条件，也不是必要条件。

　　目前国外有关否定极性项的研究成果较多，对汉语的否定极性项研究有重要的理论指导意义。否定极性项涉及否定，否定对于数量研究很重要，而数量又是非常重要的语义问题，因此否定极性项的研究具有重要意义，但是目前国内对于否定极性项的研究很少，对汉语存在句否定极性项的研究尚未发现。

3.3　汉语存在句的否定极性项研究

　　本节拟从汉语存在句的否定极性形容词、否定极性副词、否定极性特殊疑问词以及否定极性极小量"一"字短语四个方面进行研究。

3.3.1　汉语存在句中的否定极性形容词

　　汉语的"任何"是形容词，但是不能作谓语，所以只能称为非谓语形容词（刘月华等，2015）。"任何"只能作名词的修饰词，但是不能作谓语或补语，例如：

　　（146）任何候选人都行。

　　（147）＊候选人的范围是任何的。

　　例句（146）中的"任何"作名词"候选人"的修饰词，句子可以接受。

但是，例句（147）中的"任何"作谓语的一部分，句子不能接受。作为非谓语形容词，"任何"只能用"非"否定，不能用"不"否定，例如"非任何人都行"可以接受，"不任何人都行"不能接受。

"任何"是汉语存在句中最常用的否定极性项之一，一般对应于英语的 any。否定极性形容词"任何"具有否定敏感性，经常用在否定汉语存在句中，表示某处不存在某物。在这种情况下它只能和存在句中的否定标记或算子一起使用，例如：

（148）这里没有任何人想听故事。

例句（148）中的"任何"作"人"的修饰成分，出现在否定标记"没有"的后面，从形式语言学的角度看，"任何"必须受到否定标记"没有"的成分统领。否定标记"没有"，有时是"没"，是汉语存在句中否定极性项"任何"的允准成分（licenser）。试比较：

（149）＊这里任何人想听故事。

例句（149）中的"任何"没有受到否定标记的约束，尽管其他情况相同，但是句子不能接受。有时，虽然没有否定标记，但是存在句中的"任何"也可以被允准，例如：

（150）这里有任何人想听故事吗？

（151）这里有没有任何人想听故事？

例句（150）没有否定标记，但是一个一般疑问句，句子成立，也就是说"任何"在一般疑问性存在句中也可以被允准。例句（151）也没有否定标记，但是一个"有没有"（A-not-A）类的选择性疑问句，句子也成立。换句话说，否定极性项"任何"在含"有没有"的选择性疑问句中也可以被允准。

根据 Klima（1964）的研究，形态句法特征［情感的］是否定极性项的触发器，一般疑问句，包括"有没有"类的选择性疑问句，是［情感的］环境标志之一，这就是例句（150）（151）为什么被允准的原因。

除了否定句，一般疑问句，选择性疑问句，否定极性项"任何"还可以被另外一种存在句允准，例如：

（152）如果这里有任何人想听故事，请告诉我。

例句（152）是一个复合句，"任何"用在条件从句中，句子成立，也就是说作为从句的条件存在句也可以允准否定极性形容词"任何"。为什么？Klima

（1964）认为条件句的前件子句（antecedent clause of conditional）也是［情感的］环境的标志之一，而［情感的］环境是允准否定极性项的触发器。类似的例子还有：

（153）如果班里有任何人要借那本书，请告诉我。

例句（153）是一个条件句，"任何"出现在前件子句，被允准，句子成立。前件子句表达的是一个假设命题。但是，如果"任何"出现在条件句的后件子句中，否定极性项是不被允准的，例如：

（154）＊如果我们班里的张三要借那本书，请马上告诉任何人。

例句（154）也是一个条件句，但是"任何"出现在后件子句（主句）中，主句表达的不是一个假设命题，而是一个结论，所以"任何"不被允准，句子不成立。

从语义特征的角度讲，否定极性项被允准的许多语境都有下向蕴涵（downward entailment）的特征。Ladusaw（1979）认为：否定极性项只有在下向蕴涵表达式的范围内才能被接受。他把"情感的"特征和下向蕴涵特征等同起来。根据 Ladusaw 的观点，下向蕴涵可以定义为："一个表达式是情感的［＝下向蕴涵的］当且仅当它允准从超集（superset）到子集（subset）的推论"（Linebarger，1980：190）。

汉语存在句中的否定极性形容词"任何"也出现在下向蕴涵的语境中。例如：

（155）a. 这里没有词典。

　　　　b. 这里没有汉语词典。

（156）这里没有任何词典。

例句（155）a 中的存在客体是一个超集"词典"，（155）b 中的存在客体是一个子集"汉语词典"，所以命题（155）a 蕴涵命题（155）b，因为超集是子集的上义词，子集是超集的下义词。例句（156）中的否定极性项"任何"被允准，因为这是一个下向蕴涵的语境。

逆递加语境是下向蕴涵语境的一个子集，而保非语境是逆递加语境的一个子集。条件句的前件子句是逆递加语境，但是后件子句不符合逆递加函数的要求（Zwarts，1995，1998；Van der Woudon，1994，1997）。根据 Zwarts（1995）的观点，函数 f 是逆递加函数，当且仅当对于所有的 x，y，$f(x \lor y) = f(x)^{\char94}$

$f(y)$。

这就解释了为什么例句（152）、（153）能接受，而例句（154）不能接受。

（157）如果张三或李四来借书，请告诉我。

（158）如果张三来借书，请告诉我，而且如果李四来借书，也请告诉我。

（159）如果任何人来借书，请告诉我。

例句（157）是条件句的前件子句，包含两个论元"张三""李四"，用"和"连接。这个命题蕴涵例句（158）表达的两种情况，这两种情况是双向的对等的，显示出逆递加语境。例句（159）中的"任何"出现在条件句的前件子句，被允准，这说明"任何"的允准语境事实上是一个逆递加语境。因此，汉语存在句中的否定极性形容词"任何"是一个强否定极性项，而且它的允准需要一个逆递加语境。

基于 Higginbotham（1996）的研究方法，柴文竹（2010）的研究显示汉语的一般疑问句可以允准"任何"，汉语的一般疑问句和选择疑问句都具有逆递加语境的语义特征。例如：

（160）张三从办公室里拿走了任何东西吗？

（161）有任何人从办公室里拿走那本词典吗？

例句（160）中的"任何"修饰宾语"东西"，被一般疑问句允准，例句（161）中的"任何"修饰主语"人"，也被一般疑问句允准。这说明否定极性项"任何"不管出现在主语的位置还是宾语的位置，都能被一般疑问句允准，因为一般疑问句具有逆递加的语义特征。这是解释了为什么例句（150）是可以接受的。如果把例句（160）和（161）变成选择性疑问句，也都成立。

从语用效果的角度讲，否定极性形容词"任何"可以通过变换句子结构实现焦点化，强调否定效果，把它从动词后移到动词前，同时要和焦点副词"都"或"也"连用。例如：

（162）这里没有任何线索。

（163）这里任何线索都/也没有。

例句（162）中，"任何"被否定标记"没有"允准，在例句（163）中，"任何"被焦点化，和"都"或"也"连用，强调否定效果。

除了"任何"之外，其他的否定极性形容词如"丝毫"，也可以出现在汉语存在句中，例如：

（164）这里没有丝毫线索。

例句（164）中的"丝毫"修饰存在客体"线索"，被否定标记"没有"允准。在这一点上"丝毫"和"任何"相似，否定标记"没有"是允准词（licenser），"丝毫"是被允准词（licensee）。

汉语存在句中的否定极性形容词"丝毫"也可以被条件句的前件子句所允准，例如：

（165）如果这里有丝毫线索，请马上告诉我。

例句（165）中的"丝毫"被条件句的前件子句所允准，根据 Zwarts（1995）的观点，条件句前件子句是逆递加语境，符合语义要求，故被允准。

与"任何"不同的是，否定极性形容词"丝毫"不能被一般疑问句或选择性疑问句所允准。例如：

（166）＊这里有丝毫线索吗？

（167）＊这里有没有丝毫线索？

汉语存在句中可以出现的否定极性形容词还有"简单""基本""起码""后""近"等。这些否定极性形容词表达极小程度，通常和"最"搭配使用，表达形容词的最高级。在实际使用的过程中，这些否定极性形容词还要和介词"连"以及焦点副词"都"或"也"同时搭配使用。在这种结构中，"连"引导一个对比焦点，形成对比的标准，通常表达比引入的标准还要更否定或肯定的含义。例如：

（168）连最简单的准备也没有。

（169）连最后的支撑都没有了。

例句（168）中的"简单"被否定标记"没有"允准，和最高级标志"最"连用，同时和"连""也"搭配使用，焦点化，表达强烈的否定对比含义。例句（169）中的"后"也是被否定标志"没有"允准，和最高级标志"最"连用，同时和"连""都"搭配使用，存在客体焦点化，表达否定的对比含义。

否定极性形容词"简单""后"还可以被条件句的前件子句所允准，例如：

（170）如果有一点儿简单的准备，我们可能就赢了。

（171）如果有最后的支撑，我们可能就成功了。

此外，否定极性形容词"简单""后"还可以被一般疑问句和选择疑问句所允准，例如：

（172）有简单的准备吗?

（173）有最后的机会吗?

（174）有没有简单的准备?

（175）有没有最后的机会?

否定极性形容词"简单""后"被条件句的前件子句、一般疑问句、选择疑问句所允准的原因与"任何"被允准的原因相同，因为这三种情况体现的是逆递加语境。逆递加语境作为下向蕴涵语境的一个子集，可以允准否定极性项。

现在我们可以总结一下汉语存在句中的否定极性形容词的允准条件和分布特点。"任何"可以被否定句允准，"没有"是允准词，"任何"是被允准词。"任何"还可以被一般疑问句、"有没有"类的选择疑问句以及条件句的前件子句所允准，因为它们都体现出了逆递加的语义特点。因此，汉语存在句中的否定极性形容词"任何"是一个强否定极性项。其他还可以出现在汉语存在句中的否定极性形容词还有"丝毫""简单""后"等。"简单""后"的允准条件与"任何"相似，都可被否定句、一般疑问句、选择性疑问句以及条件句的前件子句所允准。但是"丝毫"的允准条件稍有不同，它只能被否定句、条件句前件子句所允准，不能被一般疑问句、选择性疑问句所允准。

汉语存在句中的否定极性形容词的分布特点类似，都用作存在客体的修饰词，作定语，表示极小量或极小程度，在否定句中强化否定效果。用在疑问句、条件句中表示极小的可能性。这些否定极性形容词及其修饰的名词构成的短语可以焦点化，即和焦点副词"都""也"搭配，把存在客体短语从存在动词后移到存在动词前，使其更加凸显，增强否定的语用效果。

所以说，否定极性形容词对句法、语义以及语用都有影响，三者之间存在着互动界面，是研究语言界面的又一例证。

3.3.2 汉语存在句中的否定极性副词

汉语存在句中第二类可出现的否定极性项是否定极性副词。否定极性副词可分为否定极性时间副词和否定极性程度副词。下面我们将分开探讨它们的允准条件。汉语存在句中经常出现的否定极性副词很多，如"始终""从来""本来""久久""迟迟""再也""迄今""目前""此前""从""再"，等等。它们在汉语存在句中的允准条件也不一样。例如:

（176）始终没有消息。

例句（176）中，否定极性副词"始终"用在否定句中，"始终"被否定标记"没有"允准，因为从转换生成语法的角度讲，"始终"被"没有"成分统领。"始终"除了被否定句允准，还可以出现在一般疑问句中。例如：

（177）始终有问题吗？

例句（177）中，"始终"被一般疑问句所允准，但同时存在客体是一个表示否定含义的概念"问题"。从语义角度来看，如果存在客体是一个表示中性含义的概念，如"消息"，即使是用在一般疑问句中，"始终"也不能被允准。例如：

（178）＊始终有消息吗？

例句（178）中的存在客体"消息"是一个表示中性含义的概念，虽然"始终"被用在一般疑问句中，但还是不被允准，句子不成立。如果存在客体是一个表示肯定含义的概念，"始终"在一般疑问句中被允准吗？我们来看一个例句：

（179）＊始终有好消息吗？

显然，例句（179）也不被允准，因为从语义方面来看存在客体"好消息"是一个表示肯定含义的概念。所以，"始终"有比较强的否定倾向性，需要否定句允准。如果是用在一般疑问句中，存在客体一般是一个表示否定含义的概念，如果是表示中性或肯定含义的概念，则不被允准。

"始终"用在选择性疑问句中，不管存在客体是一个表示否定含义的概念，还是表示中性含义、肯定含义的概念，都不被允准。例如：

（180）＊始终有没有问题？

（181）＊始终有没有消息？

（182）＊始终有没有好消息？

例句（180）（181）（182）都是选择性疑问句，例句（180）的存在客体是表示否定含义的概念"问题"，例句（181）的存在客体是表示中性含义的概念"消息"，例句（182）的存在客体是表示肯定含义的概念"好消息"，但是三个句子都不成立，都不被允准。

但是，在条件句的前件子句中，否定极性副词"始终"可以被允准。例如：

（183）如果始终有问题，请马上告诉我。

例句（183）是一个条件句，"始终"出现在前件子句中，而且存在客体是一个表示否定含义的概念"问题"，这两个条件一起保证"始终"被允准。如果只有一个条件，不一定保证"始终"被允准，假如存在客体是中性含义或肯定含义的概念，即使是出现在条件句的前件子句，也不被允准。例如：

（184）＊如果始终有消息，请马上告诉我。

（185）＊如果始终有好消息，请马上告诉我。

事实上，满足两个条件是"始终"对否定语境在意义方面的反映。要么是否定句，在句法结构方面有否定标记；要么是否定的语义语境，存在客体是表达否定含义的概念。"始终"从时间维度强调了存在句的否定效果。

在比较句中，"始终"的允准条件又有所不同。例如：

（186）偶尔有问题比始终有问题好。

（187）始终有消息比没有消息好。

（188）始终有动力比没有动力好。

例句（186）是一个存在句的比较句式，存在客体"问题"是表示否定含义的概念，句子成立。例句（187）也是比较句式，但存在客体是表示中性含义的概念"消息"，句子也成立。例句（188）还是一个比较句式，但存在客体是表示肯定含义的概念"动力"，句子还成立。所以，在汉语存在句的比较句式中，存在客体无论是表达否定、中性和肯定三者中的任何一种含义，"始终"都被允准。这是与出现在一般疑问句、选择疑问句时的不同之处。

第二个可以出现在汉语存在句的否定极性副词是"从来"或"从"。"从来"或"从"也一般使用在否定存在句中。例如：

（189）世界上从（来）没有这么奇怪的建筑。

（190）世界上从（来）没有这么幸运的事情。

例句（189）（190）中，"从来"作状语，被否定标记"没有"所允准，从时间维度加强否定效果，表示某物从来没有出现过。"从来"比"从"的否定效果更强。但是，"从来"在一般疑问句，不被允准。例如：

（191）＊世界上从来有这么奇怪的建筑吗？

（192）＊世界上从来有这么幸运的事情吗？

例句（191）（192）是一般疑问句，但是否定极性副词"从来"不被允准。在选择性疑问句中，"从来"也不被允准。例如：

（193）＊世界上从来有没有这么奇怪的建筑？

（194）＊这儿从来有没有这样的习惯？

在条件句的前件子句中，否定极性副词"从来"被允准，但一般要和"就"搭配使用。例如：

（195）如果这儿从来就有这样的习惯，我们也入乡随俗。

（196）如果这儿从来就有这个问题，我们这次要彻底解决它。

所以，否定极性副词"从来"一般在存在句中用作副词，作状语，在否定句中被允准，从时间维度加强否定效果。同时，也被选择性疑问句所允准，但不被一般疑问句所允准。"从来"还能被条件句前件子句所允准，但一般要和"就"连用，形成"从来……就……"结构，表达时间维度的极大量。

汉语存在句中出现的第三类否定极性时间副词往往需要与特定的焦点副词搭配使用，例如"迄今""目前""此前"等。和它们搭配的焦点副词有"一直""还""尚""仍""都"等。这一类的存在句通常描写突出的事件，从时间维度进行否定，强调某种突出的事件没有发生。这三个副词都是强否定极性项，由否定标记"没有"允准，强化存在句的否定效果。例如：

（197）这个村子迄今没有一个大学生。

例句（197）中，时间副词"迄今"单独使用，用在否定句中，被"没有"允准，强调到目前为止这个村子还没有出现过一个大学生。"迄今"还可以和"还""一直"搭配，强调从过去到现在的一个时间段，某种突出事件一直没有发生，否定程度从时间维度进一步加强。例如：

（198）那个国家迄今还/一直没有一个伟大的领袖。

例句（198）中的"迄今"和"还""一直"搭配使用，进一步强调否定含义，被否定句所允准。另外一个副词"目前"往往和焦点副词"还"搭配，出现在否定句中。例如：

（199）目前还没有头绪。

（200）目前还没有消息。

例句（199）（200）中，副词"目前"被"没有"所允准，和"还"搭配使用，强调否定效果。"迄今""目前"还可以出现在一般疑问句和选择性疑问句中，例如：

（201）这个村子迄今还没有一个大学生吗？

（202）那件事目前还没有头绪吗？

（203）这个村子迄今有没有一个大学生？

（204）那件事目前有没有头绪？

在例句（201）（202）中，时间副词"迄今""目前"被一般疑问句所允准。在例句（203）（204）中，时间副词"迄今""目前"被选择性疑问句所允准。在条件句前件子句中，时间副词"迄今""目前"被允准吗？请看下面的例句：

（205）如果这个村子迄今还没有一个大学生，我们就更需要去教育扶贫。

（206）如果那件事目前还没有头绪，就不要管它了。

在例句（205）中，副词"迄今"出现在条件句前件子句，表示一个假设的命题，否定极性副词"迄今"被允准。在例句（206）中，副词"目前"也是出现在条件句前件子句中，被允准。

如前所述，存在句中的否定极性副词包括时间副词和程度副词。讨论完时间副词的允准条件和分布特点后，我们来看一看否定极性程度副词的允准条件和分布特点。否定极性程度副词一般表示极小量或极端情形，例如"根本""压根儿""远远""完全""绝对""绝""全"，等等。对以上这些程度副词的否定将产生强烈的完全否定效果。例如：

（207）沟通根本没有什么效果。

在例句（207）中，程度副词"根本"作状语，用在否定句中，被否定标记"没有"所允准，"什么"是另外一个由特殊疑问词充当的否定极性项，修饰名词"效果"，它在本语境中没有疑问功能，只是从数量上强化否定；而"根本"从程度上强化否定，两个否定极性项连用，表示强烈的完全否定效果。关于存在句中特殊疑问词充当的否定极性项在 3.3.3 中详细论述。下面我们看一看"根本"在一般疑问句、选择性疑问句中的允准情况，例如：

（208）＊沟通根本有效果吗？

（209）＊沟通根本有没有效果？

例句（208）是一个一般疑问句，句子不成立，程度副词"根本"不被允准。例句（209）是一个选择性疑问句，句子不成立，程度副词"根本"也不被允准。所以，在一般疑问句和选择性疑问句中，否定极性程度副词"根本"不能被允准。再如：

（210） ＊如果沟通根本有效果，就继续沟通。

（211） ＊如果打针根本有效果，就继续打。

例句（210）（211）都是条件句前件子句，句子不成立，副词"根本"不被允准。从以上例句来看，否定极性程度副词"根本"只能被否定句允准，不能被一般疑问句、选择疑问句和条件句前件子句三种情况允准。

否定极性程度副词"压根儿"的允准情况与"根本"相似，也只能被否定句允准，不能被一般疑问句、选择性疑问句和条件句前件子句所允准。请看下面的例句：

（212）压根儿没有什么代沟。

（213）＊压根儿有代沟吗？

（214）＊压根儿有没有代沟？

（215）＊如果压根儿有代沟，就换人。

下面我们看一看第三个否定极性程度副词"完全"的允准情况。例如：

（216）这个市场完全没有活力。

例句（216）中，程度副词"完全"被否定标记"没有"允准，从程度维度加强否定效果。在另外三种情况下，程度副词"完全"是否被允准，我们先看下面的例句：

（217）＊这个市场完全有活力吗？

（218）＊这个市场完全有没有活力？

（219）＊如果这个市场完全有活力，我们就投资。

例句（217）不成立，即程度副词"完全"不被一般疑问句所允准。例句（218）（219）也不成立，也就是说程度副词"完全"也不被选择疑问句、条件句前件子句所允准。所以，在允准条件方面，程度副词"根本""压根儿""完全"类似，都只能被否定句允准，其他三种情况下不被允准。在语法分布方面也类似，都是程度副词，用在存在动词前，从程度上强化否定效果。

在焦点化方面，它们的搭配用词有所不同。"根本""压根儿"需要和焦点副词"也""都"搭配，"完全"需要和"一点儿"搭配。但是否定极性程度副词的焦点化，同时还需要另外一个表示极小量的否定极项，如"一点儿""丝毫""什么"等，否则句子不成立。例如：

（220）沟通根本一点儿效果都/也没有。

（221）压根儿一点儿代沟都/也没有。

（222）这个市场完全一点儿活力都/也没有。

在例句（220）（221）（222）中，程度副词"根本""压根儿""完全"都被否定句允准，和焦点副词"都""也"搭配，同时还有另外一个否定极性项"一点儿"修饰存在客体，存在客体短语由动词后移到动词前，句子成立。如果没有表示极小量的否定极性项修饰存在客体，如形容词，非疑问功能的特殊疑问词，即使有"都""也"搭配，焦点化的句子也不成立。试比较：

（223）＊沟通根本效果都/也没有。

（224）＊压根儿代沟都/也没有。

（225）＊这个市场完全活力都/也没有。

例句（223）（224）（225）都不成立，说明焦点化否定存在句时，首先要对存在客体的数量进行极小化处理，加上表示极小量的否定极性形容词如"丝毫""一点儿"，或是否定极性特殊疑问词"什么"，否则不能对存在客体焦点化。这也说明，存在句中的否定极性项在重要性上有差异。否定极性形容词比否定极性副词更重要，因为在有些句子中，如上面的三个焦点化句子，否定极性形容词不能省略，但否定极性副词可以省略。例如：

（226）沟通丝毫效果都/也没有。

（227）丝毫代沟都/也没有。

（228）这个市场丝毫活力都/也没有。

在例句（226）（227）（228）中，程度副词"根本""压根儿""完全"都相应省略了，但都加上了否定极性形容词"丝毫"，句子都成立。相反，省略了否定极性形容词的例句（223）（224）（225），虽然都有否定极性副词，都用在否定句中，但是句子还是不成立。

还有一类只有一个字的否定极性程度副词，例如"毫""渺"，它们的允准词不同于两个汉字的副词"丝毫"的允准词。"丝毫"的允准词是否定标记"没有"，而"毫"的允准词则是"无"，仍然表示否定意义。例如：

（229）毫无音信。

（230）渺无音讯。

在例句（229）中，程度副词"毫"被否定标记"无"允准，从程度上加强否定效果。在例句（230）中，程度副词"渺"被否定标记"无"允准，表示强化的否定含义。

在汉语存在句中还经常出现一个否定极性副词和另外一个否定极性项搭配使用，进一步强化否定效果的现象。双否定极性项搭配使用可分为三种情况：第一种，否定极性副词可以和否定极性形容词搭配，例如"根本"和"任何"搭配，修饰存在客体。第二种，否定极性副词还可以和否定极性特殊疑问词搭配，例如"根本"和"什么"搭配使用，修饰存在客体。第三种，否定极性副词还可以和否定极性极小量"一"短语搭配，例如"根本"和"一点儿"搭配使用，修饰存在客体。双否定极性项从程度和数量两个维度进行否定，否定效果更强。更有甚者，有时三个否定极性项可联合使用，如"根本"和"任何""一点儿"搭配，修饰存在客体，例如"根本没有任何一点儿消息"。使用的否定极性项越多，表达的否定效果越强。

3.3.3 汉语存在句中的否定极性特殊疑问词

汉语中的特殊疑问词具有疑问功能，但是它们也可以用作否定极性项。汉语的特殊疑问词，例如"什么""谁""哪儿"等，有时可以用作非疑问功能的非限定词，意思是"某东西""某人""某地方"等。这些特殊疑问词经常出现在否定句，例如"我没吃什么""我没找谁""我没去哪儿"。这里的"什么""谁""哪儿"没有疑问功能，用作非限定名词，意思是"某东西""某个人""某个地方"。但是，当解释为这些意义的时候，它们不能用在肯定句中。例如，"*我吃了什么""*我找了谁""*我去了哪儿"，这些句子不能接受。有学者把汉语非疑问功能的特殊疑问词看作否定极性项（Huang，1982；Cheng，1991，1994；Li，1992）。本部分的主要目的是探讨特殊疑问词作为否定极性项的允准条件和句法分布特点。

汉语经常使用特殊疑问词，如"什么""谁""哪儿"表达对否定的强调。在这种语境中，特殊疑问词表示否定，在汉语存在句中起着否定极性项的作用。例如：

（231）冰箱里没有什么东西。

（232）锅里没有什么东西。

在例句（231）（232）中，"什么"不是特殊疑问词，而是作为否定极性项，由否定标记"没有"允准，表示否定含义。"什么"在这里修饰存在客体

"东西"，作定语，作微量解读。如果把句子焦点化，"什么"的否定意味更浓，作完全否定解读。例如：

（233）冰箱里什么东西都/也没有。

（234）锅里什么东西都/也没有。

在例句（233）（234）中，否定极性项"什么"被"没有"允准，存在客体短语被焦点化，从动词后移位到动词前，表示完全否定，"什么"在完全没有的意义上解读。

特殊疑问词"什么"作为否定极性项能否被一般疑问句和选择性疑问句所允准呢？请看下面的例句：

（235）冰箱里有什么东西吗？

（236）锅里有什么东西吗？

（237）冰箱里有没有什么东西？

（238）锅里有没有什么东西？

例句（235）（236）是一般疑问句，否定极性项"什么"被允准。例句（237）（238）是选择性疑问句，否定极性项"什么"也被允准。下面看一看条件句，例如：

（239）如果冰箱里有什么东西，我们就自己烹饪。

（240）如果锅里有什么东西，我们就凑合吃一点儿。

例句（239）（240）都是条件句，否定极性项"什么"出现在前件子句，表示假设命题，在两个例句中都被允准。

基于以上例句，我们看到否定极性项"什么"在汉语存在句中可以被否定句、一般疑问句、选择性疑问句和条件句前件子句四种情况所允准。"什么"可以作微量解读，但是在焦点化的存在句中，"什么"作完全否定解读。"什么"修饰存在客体，作定语。

特殊疑问词"谁"也可以作为否定极性项出现在存在句中，例如：

（241）这里没有谁愿意去。

（242）班里没有谁愿意报名。

在例句（241）（242）中，"谁"没有疑问功能，用作否定极性项，表示不定指的"某人"，被否定标记"没有"所允准。在此意义上，"谁"还可以出现在一般疑问句和选择性疑问句中，例如：

（243）这里有谁愿意去吗？

（244）班里有谁愿意报名吗？

（245）这里有没有谁愿意去？

（246）班里有没有谁愿意报名？

例句（243）（244）中的"谁"也是否定极性项，被一般疑问句所允准，而例句（245）（246）是选择性疑问句，否定极性项"谁"也被允准。再看条件句，例如：

（247）如果这里有谁愿意去，请告诉我。

（248）如果班里有谁愿意报名，请告诉班长。

例句（247）（248）是条件句，否定极性项"谁"出现在前件子句中，表示"某人"，都被允准。基于以上例句，我们看到特殊疑问词"谁"也可以作为否定极性项出现在存在句中，可以被否定句、一般疑问句、选择性疑问句和条件句前件子句所允准，作宾语，表示"某人"。

下面再来看一看特殊疑问词"哪儿"作为否定极性项的允准条件。先看例句：

（249）这里夜晚没有哪儿可去。

（250）农村里夜晚没有哪儿可以娱乐。

例句（249）（250）中的特殊疑问词"哪儿"没有疑问功能，在这里用作否定极性项，被否定标记"没有"允准，表示"某地方"，作宾语。"哪儿"除了被否定句允准外，还可以被一般疑问句和选择性疑问句允准，例如：

（251）这里夜晚有哪儿可去吗？

（252）农村里夜晚有哪儿可以娱乐吗？

（253）这里夜晚有没有哪儿可去？

（254）农村里夜晚有没有哪儿可以娱乐？

例句（251）（252）是一般疑问句，在这两个句子中，"哪儿"为否定极性项，意思是"某地方"，都被一般疑问句所允准。例句（253）（254）是选择性疑问句，"哪儿"在这两个句子中没有疑问功能，也是用作否定极性项，表示"某地方"，都被选择性疑问句所允准。让我们再看一看在条件句前件子句中，"哪儿"是否允准，例如：

（255）如果这里夜晚有哪儿可去，带上我们一块儿去。

（256）如果矿区里夜晚有哪儿可以娱乐，告诉我们一声。

例句（255）（256）都是条件句，"哪儿"出现在前件子句中，表示假设命题，都被允准。所以，特殊疑问句"哪儿"的允准条件和"什么""谁"的类似，都可以被否定句、一般疑问句、选择性疑问句以及条件句前件子句所允准。当用作否定极性项时，"哪儿"表示不定指的"某地方"，作宾语。

否定极性项"什么""谁""哪儿"像其他否定极性项一样可以焦点化，通过位置的前移使存在客体更凸显，表达更强的否定效果。焦点化需要焦点副词"都""也"的搭配，一般用在否定句中。"什么"的允准词是"没有"，例如：

（257）冰箱里什么都/也没有。

（258）锅里什么都/也没有。

但是"谁""哪儿"的允准词与非焦点化句子中的允准词不同，由"没有"变成了"不"。例如：

（259）这里谁都/也不愿意去。

（260）班里谁都/也不愿意去。

（261）这里夜晚哪儿都/也去不了。

（262）农村里夜晚哪儿都/也去不了。

例句（259）（260）是"谁"的焦点化句式，和"都""也"搭配使用，位置前移。虽然还是否定句允准，但是允准词变成了否定标记"不"，不再是否定标记"没有"。例句（261）（262）是"哪儿"的焦点化句式，和"都""也"搭配，位置前移。允准词也由否定标记"没有"变成了"不"。

从以上例句我们可以看出，同一个否定极性项的焦点化句式和非焦点化句式是两个不同的构式，在不同的构式中可以出现的否定极性项不同，允准的否定标记也不同。这是因为不同的构式对成分语义程度和语法结构的接纳程度不同。构式可以抽象出图式，但是图式的稳固性不同，导致其能产性程度不同。有的构式能产性高，可以接纳很多成分；而有的图式只具有半能产性，故有的成分能接纳，有的成分不能接纳。同一个否定极性项的非焦点化句式稳固性更高，一般而言，能产性也更高；但焦点化句式的稳固性和能产性相对稍低。这就是为什么否定极性项"谁""哪儿"的焦点化句式允准词是"不"，而不是"没有"的原因。例如：

（263）这个市场一点儿活力都/也没有。

（264）这个市场丝毫活力都/也没有。

（265）这个市场一丝一毫活力都/也没有。

（266）＊这个市场很少活力都/也没有。

（267）＊这个市场毫厘活力都/也没有。

（268）＊这个市场零星活力都/也没有。

例句（263）（264）（265）是焦点化句式，否定极性项"一点儿""丝毫""一丝一毫"修饰存在客体"活力"，都被否定标记"没有"允准。但是在例句（266）（267）（268）中，虽然否定标记还是"没有"，但是表示极小量的"很少""毫厘""零星"没有被允准，句子不成立。就是因为焦点化句式是有标记的，其图式的稳定性和能产性相较于非焦点化句式稍低，能接纳的成分相对较少。虽然都是表示极小量的形容词，但只有一部分能被接纳。这不仅仅和语义有关，也和语言的使用习惯有关，而语言的使用习惯又和构式的稳固性有关。认知语言学的一个基本论述就是语言是基于用法的事件（usage-based event）。

除特殊疑问词"什么""谁""哪儿"外，另外一个特殊疑问词"多少"也可以作非疑问功能的否定极性项。例如，"我没有多少机会"，在这个例句中，"多少"没有疑问功能，是否定极性项，修饰"机会"，用在否定句中，表示机会不多。在这个意义上，"多少"不能用在肯定句中，例如，"＊我有多少机会"，这个句子不能接受。否定极性项"多少"一般出现在否定句中，例如：

（269）这里没有多少有价值的资料。

（270）资料室里没有多少有用的书。

在例句（269）（270）中，特殊疑问词"多少"没有疑问功能，修饰存在客体"资料""书"，都被否定标记"没有"允准，作微量解读，作定语，加强否定效果。但是，"多少"不能被一般疑问句和选择性疑问句所允准，例如：

（271）＊这里有多少有价值的资料吗？

（272）＊资料室里有多少有用的书吗？

（273）＊这里有没有多少有价值的资料？

（274）＊资料室里有没有多少有用的书？

例句（271）（272）是一般疑问句，但是句子不成立，否定极性项"多少"没有被允准。例句（273）（274）是选择性疑问句，句子也不成立，否定极性项"多少"也没有被允准。我们再看一看"多少"在条件句中使用的情况。请看下面的例句：

（275）＊如果这里有多少有价值的资料，我就办一张会员卡。

（276）＊如果资料室里有多少有用的书，我就经常来借。

例句（275）（276）是条件句，"多少"都出现在前件子句中，表示假设命题，但是两个句子都不成立，也就是说"多少"不能被条件句前件子句所允准。

所以，特殊疑问词"多少"虽然也可以用作否定极性项，但是它的允准条件不同于"什么""谁""哪儿"的允准条件。"什么""谁""哪儿"被否定标记"没有"允准，多用在否定句中。同时还被一般疑问句、选择性疑问句和条件句前件子句所允准。然而，"多少"只能被否定句允准，不能被一般疑问句、选择性疑问句和条件句前件子句所允准。

3.3.4　汉语存在句中的否定极性极小量"一"短语

除了前面三种否定极性项，汉语存在句中出现的第四种否定极性项是否定极性极小量"一"短语。汉语中有许多量词都可以和基本数词"一"搭配使用，表达极小数量，如"一点儿""一丝""一个"等，我们把这种结构称为极小量"一"短语（"one" phrase as minimizer）。类似的例子很多，如"一毫""一斤""一两""一厘""一尺""一寸""一台""一只""一根""一部"，等等。它们都是由数量词"一"加上各种汉语量词构成，表达极小量，在存在句中修饰存在客体，往往用在否定存在句中，从数量维度强化否定效果。

下面来看一看否定极性极小量"一"短语的句法分布特点和允准条件。先看第一个极小量"一"短语"一点儿"在否定句中的允准情况，例如：

（277）项目没有一点儿进展。

（278）学习没有一点儿进步。

在例句（277）中，否定极性项"一点儿"修饰"进展"，作定语，被否定标记"没有"允准，从极小量程度进行否定，加强了否定的效果。在例句（278）中，否定极性项"一点儿"修饰"进步"，被否定标记"没有"所允准，对极小量进行否定，强化否定效果。

极小量"一"短语用作否定极性项还可以被一般疑问句和选择性疑问句所允准，例如：

（279）项目有一点儿进展吗？

（280）学习有一点儿进步吗？

（281）项目有没有一点儿进展？

（282）学习有没有一点儿进步？

例句（279）（280）是一般疑问句，否定极性项"一点儿"修饰存在客体，作定语，都被一般疑问句所允准。例句（281）（282）是选择性疑问句，否定极性项"一点儿"也是修饰存在客体，作定语，都被选择性疑问句所允准。下面我们再看一看"一点儿"在条件句中的允准情况，例如：

（283）如果项目有一点儿进展，我们就更有信心了。

（284）如果学习有一点儿进步，我们就更有动力了。

例句（283）（284）是条件句，否定极性项"一点儿"出现在前件子句中，两个句子都成立，也就是说"一点儿"被条件句前件子句所允准。所以，极小量"一"短语在汉语存在句中往往修饰存在客体，作定语；它可以被否定句、一般疑问句、选择性疑问句以及条件句前件子句四种情况所允准。

我们要探讨的第二个极小量"一"短语是"一个"，代表"一"＋量词类结构，这一类结构也经常在存在句中使用。例如：

（285）医院里没有一个闲人。

（286）游击队里没有一个孬种。

在例句（285）中，否定极性项"一个"修饰存在客体"闲人"，作定语，被否定标记"没有"允准，强化否定效果。例句（286）和例句（285）类似，"一个"作定语，修饰"孬种"，被"没有"允准，表示更强的否定效果。所以，否定极性项"一个"也被否定句允准。我们再看一看"一个"在一般疑问句和选择性疑问句中的允准情况，例如：

（287）医院里有一个闲人吗？

（288）游击队里有一个孬种吗？

（289）医院里有没有一个闲人？

（290）游击队里有没有一个孬种？

例句（287）（288）是一般疑问句，否定极性项"一个"被允准，但是很明显这两个句子在这里不是疑问功能，而表达的是否定含义。例句（289）（290）是选择性疑问句，否定极性项"一个"被允准，虽然它们形式上是疑问句，但是没有疑问功能，这两个句子事实上表达的也是否定含义。我们再看两个条件句的例子：

（291）如果医院里有一个闲人，那他也不会待到现在。

（292）如果游击队里有一个孬种，那我们就把他除名。

例句（291）（292）是条件句，"一个"用在前件子句，两个句子都成立，即"一个"被条件句前件子句所允准。从以上例句可以看到，极小量"一"字短语"一个"用作否定极性项时，修饰存在客体，作定语；可以被否定句、一般疑问句、选择性疑问句和条件句前件子句所允准。

我们要探讨的第三个极小量"一"字短语是"一丝"。"一丝"也可以用作否定极性项出现在汉语存在句中，例如：

（293）他的脸上没有一丝笑容。

（294）骨头上没有一丝鸡肉。

在例句（293）中，否定极性项"一丝"修饰存在客体"笑容"，作定语，被否定标记"没有"允准，从极小量维度强化否定效果。例句（294）类似于例句（293），否定极性项"一丝"修饰存在客体"鸡肉"，作定语，也是被否定标记"没有"所允准，通过否定极小量的存在，表达强烈的否定含义。下面我们看一看"一丝"在一般疑问句和选择性疑问句中的允准情况，例如：

（295）他的脸上有一丝笑容吗？

（296）骨头上有一丝鸡肉吗？

（297）他的脸上有没有一丝笑容？

（298）骨头上有没有一丝鸡肉？

例句（295）（296）是一般疑问句，否定极性项"一丝"被允准，虽然是疑问句形式，但是事实上这两个句子表达的都是否定含义。例句（297）（298）是选择性疑问句，否定极性项"一丝"被允准，事实上这两个选择性疑问句表达的也是否定含义。请看下面的条件句例句：

（299）如果他的脸上有一丝笑容，那也算他有礼貌。

（300）如果骨头上有一丝鸡肉，那就不叫脱骨鸡。

例句（299）（300）是条件句，否定极性项"一丝"修饰存在客体，出现在前件子句中，在两个句子中都被允准。虽然这两个句子是假设条件句，但它们事实上表达的是否定含义。这也是为什么"一丝"能够被一般疑问句、选择性疑问句以及条件句前件子句所允准，因为它们事实上表达的也是否定含义。否定极性项一般都能被否定句允准。

我们要探讨的第四个极小量"一"短语是"一台"。"一台"也可以用作否定极性项，出现在汉语存在句中，例如：

（301）刚建厂时，这个车间里没有一台机器。

（302）改革开放前，这个村子里没有一台电视机。

在例句（301）中，否定极性项"一台"修饰存在客体"机器"，作定语，"一台"被否定标记"没有"允准，通过否定极小量加强否定效果。在例句（302）中，情况类似，否定极性项"一台"修饰存在客体"电视机"，作定语，也是被否定句允准，从极小量维度强化否定效果。所以，否定极性项"一台"可以被否定句允准。我们再看一看"一台"在一般疑问句和选择性疑问句中的允准情况，例如：

（303）刚建厂时，这个车间里有一台机器吗？

（304）改革开放前，这个村子里有一台电视机吗？

（305）刚建厂时，这个车间里有没有一台机器？

（306）改革开放前，这个村子里有没有一台电视机？

例句（303）（304）是一般疑问句，句子成立，否定极性项"一台"被允准，这两个句子是疑问句形式，但表达的是否定含义。例句（305）（306）是选择性疑问句，句子成立，否定极性项"一台"被选择性疑问句允准，但事实上表达的也是否定含义。下面请看"一台"在条件句中的允准情况，先看例句：

（307）如果刚建厂时，这个车间里有一台机器，那就算不错的。

（308）如果改革开放前，这个村子里有一台电视机，那就算条件好的。

例句（307）（308）是条件句，否定极性项"一台"修饰存在客体，出现在前件子句中，表示假设命题，两个句子都成立，也就说"一台"被条件句前件子句所允准。所以，基于以上例句，我们可以看到极小量"一"字短语"一台"也可以用作否定极性项，修饰存在客体，作定语；它可以被否定句、一般疑问句、选择性疑问句和条件句前件子句四种语境允准。

另外，否定极性项"一点儿""一个""一丝""一台"在存在句中也可以焦点化，通过和焦点副词"都""也"搭配，把数量名短语移到动词前，使其更凸显，进一步强调否定含义。例如：

（309）项目一点儿进展都/也没有。

（310）医院里一个闲人都/也没有。

（311）他脸上一丝笑容都/也没有。

（312）刚建厂时，这个车间里一台机器都/也没有。

综上，我们可以看到，极小量"一"字短语，如"一点儿""一个""一丝""一台"等，都可以作为否定极性项出现在汉语存在句中，修饰存在名词，作定语。它们一般都可以被否定句允准，通过否定极小量，强化否定效果。同时，它们还可以被一般疑问句、选择性疑问句和条件句前件子句所允准。因为对于汉语存在句中的许多极小量"一"字短语，虽然它们有时形式上是一般疑问句、选择性疑问句和条件句，但事实上它们表达的是否定含义，所以也能被允准。

3.4　小结

本章主要探讨了四个和否定极性项有关的问题。第一就是汉语存在句中可以出现哪几类否定极性项，第二个就是这些否定极性项的允准条件是什么，第三个是这些否定极性项的句法分布特点是什么，最后一个就是否定极性项是如何反映句法、语义和语用互动的。汉语存在句中至少可以出现四类否定极性项。下面就每一类否定极性项分别进行总结：

存在句中可以出现的第一类否定极性项是形容词，例如"任何""丝毫""简单""后"等。这一类否定极性形容词在存在句中主要作存在名词的修饰词，作定语。否定极性形容词一般可以被否定句、一般疑问句、"有没有"类选择性疑问句以及条件句前件子句所允准。但是具体形容词的具体允准条件稍有不同，例如"丝毫"只能被否定句和条件句前件子句所允准，不能被一般疑问句和选择性疑问句允准。否定极性形容词被否定句允准，因为它们被否定标记"没有"成分统领。它们被一般疑问句、选择性疑问句和条件句前件子句所允准，因为它们属于逆递加语境。

汉语存在句中可以出现的第二类否定极性项是副词，包括时间副词和程度副词。否定极性时间副词包括"始终""从来""迄今"等，否定极性程度副词包括"根本""压根儿""完全""毫"等。否定极性副词主要用在存在动词"有"的前面，从时间或程度两个维度强化否定。否定极性副词在汉语存在句中的允准条件较复杂，因副词的变化而变化。副词"始终"被否定句允准，但它被一般疑问句、选择性疑问句和条件句前件子句允准时，存在名词必须是表达否定含义的概念。当存在名词是中性或肯定含义的概念时，副词"始终"在一般疑问句、选择性疑问句和条件句前件子句中不被允准。但是在比较句中，存在名词不论是否定、中性还是肯定含义的概念，"始终"都被允准。副词"从来"只被否定句允准，不能被一般疑问句、选择性疑问句和条件句前件子句所允准。一些否定极性副词需要和特定的焦点副词搭配才能被否定句允准，例如"迄今""目前"和"还"搭配，表达更强的否定效果。

副词"压根儿"只能被否定句允准，不能被一般疑问句、选择性疑问句和条件句前件子句所允准。其他副词，如"根本""完全""毫"等允准条件与"压根儿"的类似，都只能被否定句所允准，因此存在句中的否定极性副词是弱否定极性项。但是，否定极性副词可以和其他否定极性项叠加使用，两个，甚至三个联合使用，增强否定效果，例如"压根儿没有任何一点儿效果"。

汉语存在句中可以出现的第三类否定极性项是非疑问功能的特殊疑问词，如"什么""谁""哪儿""多少"，等。否定极性特殊疑问词在存在句中主要用作宾语或修饰词，出现在动词后，也可以和"都""也"搭配，进行焦点化，移到动词之前，增加凸显度，强调否定。否定极性特殊疑问词一般被否定句、一般疑问句、选择性疑问句和条件句前件子句所允准。但"多少"只能被否定句所允准，不能被一般疑问句、选择性疑问句和条件句前件子句所允准。这可能和其否定的强弱程度有关。因此，否定极性特殊疑问词"什么""谁""哪儿"在存在句中是强否定极性项，而"多少"是弱否定极性项。

汉语存在句中可以出现的第四类否定极性项是极小量"一"短语，由基本数词"一"＋量词构成，表示极小量，例如"一点儿""一个""一丝""一台"，等等。极小量"一"短语主要修饰存在名词，作定语。通过否定极小量，加强否定。极小量"一"短语可以被否定句、一般疑问句、选择性疑问句以及条件句前件子句所允准。

通过和焦点副词"都""也"搭配，存在名词短语（含否定极性项）可以焦点化，即从动词后移位到动词前，使其更凸显，进一步强调否定含义。这一焦点化过程反映了存在句的句法、语义和语用的互动。句子语序的改变属于句法结构调整，但是也需要两个语义要素的配合，否定标记"没有"和焦点副词"都""也"的配合。句子顺序的改变是焦点化的结果，带来了不同的语用效果，即使存在名词短语更凸显，强化了否定效果。这一语言事实证明了语法、语义和语用之间存在着互动的界面。

第 4 章

条件存在句的认知研究

4.1 条件存在句

存在句中有一类条件存在句，表示某事物的虚拟存在及其可能导致的结果，例如，"如果有 32 个人划桨，我们应该可以前进的""引线如果有一丁点错位，病人就会像猪一样被杀死或者电晕"。和一般存在句相比，条件存在句往往以复合句的形式出现，从句一般为条件句，主句为可能导致的结果。某事物的存在是一种假设的存在，这种虚拟存在的事物有可能实现，也有可能无法实现。条件从句一般用"如果有"引导，主句用"那么"或"就"或"应该"等连词接应，表示某事物的虚拟存在以及可能导致的结果。"如果有"有时可以用替换形式，如"要有""若有""倘若有"等。英语中也有条件存在句，例如，If there are small children in the equation, there will need to be a flat, soft area where they can play on the swing and the slide. （如果考虑的因素中有小孩子的话，那还需要一个开阔柔软的区域让孩子们荡秋千和滑滑梯。）从句的引导词是"if there are"，表示事物的假设存在，主句用"need"情态动词接应，表示可能导致的结果。我们再看一个例句，I mean, if there was a free supply of smack, I wouldn't have a problem in the world. （我的意思是，如果有免费的海洛因供应，我在这个世界上就不会有问题。）这个从句的引导词是"if there was"，表示虚拟的条件，主句用"would"情态动词接应，表示可能导致的结果。英语用一般现在时态表示虚拟事物的可能实现，主句用一般现在时态表示可能出现的结果；英语一般用一般过去时态表示不太可能实现的虚拟事物，主句也用情态动词的一般过去时态接应，表示不太可能出现的结果，具有时态后移的特点。英语是曲折语言，选择用时态来表示假设事物存在的可能性大小以及导致结果的可能性大小。汉语动词没有时态标记，只能在一定范围内借助于语码表示假设条件，如"了""早知道""要是""万一"等。条件存在句是一种重要的存在句类型，因为一般的存在句都是单句，而条件存在句把存在句研究提高到复合句的研究层面，语义关系和句法特征更复杂，其背后的认知动因涉及两个心理空间。本章将从条件存在句的分类、主从句之间的语义关系、条件存在句的语法特征、语义句法特征的认知分析等方面来比较研究英汉条件存在句，归纳二者之间的异同并对其进行认知解释。

4.2　文献综述

4.2.1　国外文献综述

部分国外学者对英语条件句进行了多维度的研究。Comrie（1986）针对人类语言的条件句提出了"假设性等级"假设。假设性指的是条件句尤其是条件小句中所提到的情形实现的可能性，所以高假设性就意味着低可能性，而低假设性则意味着高可能性。于是叙述真实事件的句子就处在假设性等级的最低处，而违实条件句则处于最高等级。我们如果用一个数量值表示，从下至上假设性的程度依次增强，就是真实陈述句（0）、真实条件句（1）、假设条件句（2）、违实条件句（3）。假设性等级在不同语言中的表现很不一样，有的语言会通过某些形式手段予以区分，而有的语言则不做区分。存在假设性等级的语言，其区分的手段主要有两种，一种是通过动词形态变化，主要与时态相关；另一种就是通过连词。

Köpcke & Panther（1989）比较研究了英语和阿拉伯语的条件句。因为阿拉伯语中也存在 if 条件句，侧重比较英语、阿拉伯语两种语言中条件句的异同，并试图为阿拉伯语国家的英语学习者探索新的方法。Bikandi（2009）研究了西班牙语条件句的语气使用问题，特别是 if 引导的条件句和其他条件连接词引导的条件句在语气选择方面的差异。Domaneschi et al.（2016）认为条件句包含预设触发条件，通过实验研究发现，假设 q 和前件 p 之间的依赖性有助于选择 if p, q 的条件假设，附带条件触发的条件句中，说话者的认知能力会影响他对于预设条件的选择：说话者的认知能力越高，那么他们就越不愿意选择条件预设。

Latridou（2000）提出英语条件句的假时态概念，指许多语言中存在的对过去时态标记模糊使用的现象。假时态在条件句中较为常见，因此有学者对此进行专门研究。Schulz（2014）将英语条件句中的假时态看作是一种歧义——过去时态词素的标记性时序算子，但同时也是标记性的模态算子，并对英语条件句中的假时态进行了模态解释。由于时域和模态域具有强相似性，所以过去时态操作的语义功能可能用意义的方式应用于模态域，而这种兼容性，则会导致假时态。Espinoa et al.（2017）通过建构任务来检测关于双重条件句（当且仅当 A，则 B/当且仅当 B，则 C）方向性效应的语义假设的预测。语义假设认为方向效应可以前提的目标对象和关系者之间关系的固有方向性来解释。他们的实验证实了构建任务中语义假设的主要预测。Elder & Savva（2018）对不完整条件句进行研究并发现语义分析的单位必须扩大到明显的句子结构以外。在普通语篇中，不完整条件可以用来表达在某一语境里有意义的命题形式。

Krzyzanowska et al.（2017）从语篇入手，对条件句的先决条件和结果之间的关系进行分析，作者认为，仅靠话语连贯性尚不足以产生条件断言，有时需将视角转向概率相关性。

Warchal（2010）认为在寻求理解和同意的学术论文中，条件句作为一种修辞手段，在作者和读者之间建立对话，具有人际功能潜势。通过基于语料库的分析，他得出结论，条件句的主要功能虽然是以内容为导向的，但是许多 if 条件句基本上行使着人际功能，例如，引导读者进行解释，同时允许在达成结论的时候，具有一定程度的独立性，鼓励读者留一些问题方便进一步讨论，讨论术语和概念，避免可能的批评，标记问题领域，承认其他的观点以及一些会影响论证说服力的潜在威胁，最后直接获取读者的认同。条件句之所以能够行使人际功能，是因为它很好地表达了话语中的表述关系，为读者很好地接受作者的主张创造了条件，并在作者和读者之间建立对话以获得共同理解达成共识。

Elder & Savva（2018）在对不完整条件句的研究中，考虑了语用方面的问题。从语用学角度讲，隐含结果的完成对于理解通过不完全条件句所传达的思想是必要的。对于不完整条件句句法上缺失的内容，我们可以通过语用学推断出来。Lopez（2020）借助英语语料库提取的数据探讨英语会话中涉及人际关系的 if 结构的实用化问题。语料库数据显示，if 结构在会话中具有极大的功能多样性，会话中条件句的实用化类型即人际条件句，远超原型的因果条件句。他在研究中提出了一种功能——实用方法，用来分析 if 结构的使用和功能，同时预测了一种在话语中表达人际功能的实用化方法。Lindström 等（2016）通过讨论芬兰语和瑞典语中表示不服从的条件子句，研究条件句作为指令的交互出现，结果证明，条件句模型包括不服从的条件句，都是会话过程中参与者交际的产物，它们的出现是为了响应请求接收者执行以及尚未执行的行为。在交际中，最终实现为具有某种交互意义的特定语法结构，很大程度上取决于交互者的交互活动，以及双方之间足够的主体间性。

Covitt（1976）所做的一项研究结果显示，条件句在 ESL 教师遇到的最严重教学问题列表中排名第五。Hammadi（2019）通过对阿拉伯和英语条件句进行比较研究，试图找出学生在理解条件句以及从阿拉伯语到英语时所遇到的一些困难。作者从英语和阿拉伯语两种条件从句的概念和分类入手，总结它们的异同，进而推测学生学习条件句时面临的困难，最后阐明向学生讲授条件句的策略。

Thomas & Jolivet（2008）分析 if 条件句如何在三种医学话语体裁中发挥作用：研究性文章、会议演讲和社论。作者发现，在高度集中、有目的的学科领域，无论是形式还是功能上，都以特定形式使用条件句。另外，研究表明，条件句的初始定位其实更多地归因于情态因素，例如受实时认知处理的约束，而不是条件结构本身的特征。所以，对于 if 条件句的教学不能只专注于去语境化的逻辑和抽象含义，还要考虑体裁的特定需求，否则学习者并不能为应付学科话语的实际使用做好充分的准备。另一方面，在一定类型或学科的英语句子中，对一些条件句的修辞潜势解释，有助于学习者为自己将来可能遇到的学科英语的使用做更充分的准备。

4.2.2 国内文献综述

部分国内学者对条件句也进行了研究。第一个研究视角是条件句的分类。易仲良（1994）认同德克莱克对条件句的划分，将其分为标准条件句和非标准条件句。标准条件句通常具有以下特征：条件分句的条件必须是开放性的条件，在将来可能实现也可能不实现；if 分句所表示的条件通常是一个情况条件，即分句的实现通常导致主句情况实现；主分句之间存在因果关系，即主句的实现直接依靠分句的实现；if 分句的情况通常发生于结果主句的情况之前。非标准条件句主要有五种：认知行为条件句，主句表示一种认知行为，分句说明这一行为的理由；话语条件句，主句表示说话人对受话人发出直接言语行为，分句说明发出主句话语的合适条件；间接条件句；上下文条件句；试探条件句。标准与非标准条件句的根本区别在于条件分句所标条件是否为开放性条件。

　　冯春灿（1999）研究了条件句的分类。根据所述情况是否是事实或是否可能实现，他把条件句分为真实条件句和非真实条件句两大类。根据主从句之间的逻辑关系，判断是否述说条件联系，真实条件句又分为有严格条件意义条件句和非严格条件意义条件句。以往的研究忽略了非严格条件意义条件句。他把真实条件句进行了详细的分类和介绍，特别是非严格条件意义条件句，具体包括十九类：祈使性条件句、逻辑真条件句、逻辑假条件句、礼貌性条件句、修饰性条件句、感叹性条件句、祈愿性条件句、踌躇性条件句、提示性条件句、方式条件句、评注性条件句、释义性条件句、同真条件句、个例条件句、话题条件句、因果性条件句、事实性条件句、推论性条件句和预告性条件句。

　　英语中还有一种现象，有的句子明明有一个条件从句，可是它和主句之间却不存在依存关系，例如 "There are biscuits on the sideboard if you want them."，该句主句的真假并不依赖于所设条件的真假，前设句和句子其余部分之间不存在直接依存关系，这样的条件句表达的是间接条件。陈国华（2006）从格莱斯的合作原则及其各类准则出发，基于赫尔辛基语料库对间接条件句的分类进行了研究。他把间接条件句分为七类：说话人正确性条件句、证据条件句、数量条件句、相关条件句、元语言条件句、称谓对象合作句以及礼貌条件句。

　　徐李洁（2005）认为，if 条件句（if p then q）的主、分句是一个整体结构。一个典型的真实条件句表示分句的内容是导致主句事态实现的理由和依据，可表述为 p 的发生是 q 发生的充分条件。她首先根据三个参数，即语义参数（p 与 q 的语义关系）、语法参数（分句和主句动词的"时态"是否具有规律性的"后移"）和语境参数（if 条件分句对语境的依赖性）将条件句分为真正条件句和非真正条件句两大类。然后又根据三个参数：主句与分句之间的语义关系、分句与语境的关系和分句的位置对非真正条件句进行更细致的划分，可分为推论条件句、言语行为条件句和元语篇条件句。根据条件句的典型构式可以知道条件小句 p 的发生是主句 q 发生的充分条件，因此真正条件句的主分句之间存在事实上的因果或使然关系。由于真正条件句表达的是真实的事件，主分句之间紧密联系，其分句的动词形式存在规律性的"后移"特征。跟真正性条件句不同，非真正性条件句的两部分可以是相互独立的，主分句间的联系可根据具体情景推理出来。这一分类方式考察了条件句概念的形成过程和行为方式，便于了解条件句背后隐藏的推理策略。

项成东（2012）基于逻辑条件句的分类，从语用学视角分析了逻辑条件句的语用特征。他将条件句分为四类：假设类、事态类、会话类和逻辑类。它们之间的区别在于：假设条件句的前后分句存在明显的或绝对的因果关系，事态条件句的前后事件虽然具有因果关系，但侧重于事件发展的同步性；会话条件句涉及言语行为或元语言的选择；而逻辑条件句则涉及纯逻辑推理。

第二个研究视角是条件句的语义语用研究。沈家煊（2003）从行域、知域和言域三种语义关系区分条件句。行域指行为、行状，知域指知识、认识，言域指言语、言说。行域，小句是句法语义单位，p 的发生是 q 发生的充分条件，例如"如果明天下雨，比赛就取消"。知域，小句是逻辑推理单位（前提和结论），知道 p 是我得出结论 q 的充分条件，例如"比赛取消了，昨天就下雨来着"。言域，小句是言语行为单位，状态 p 是我声称 q 的充分条件，例如"如果比赛真的取消，太阳就从西边出来了"。

条件句的原型 if p then q 可以推导出"因为 p 所以 q"这一形式，但有些条件句却无法作出相应的转换，徐盛桓（2004）认为这是因为条件句里的条件并不是真正的条件。他提出"逻辑—实据语用嬗变理论框架"解释这一现象，是有关的条件因为各种实据的影响而发生变化，因此主分句间的条件关系处于严格的逻辑关系和不同的实据关系的渐变连续统之中。

英语中，if 条件句有时可以和 when 引导的时间句互相转换。吴炳章（2005）从语境关联角度研究内涵逻辑中条件的意义，并基于内涵语义学理论对条件和时间的相似性关系做出解释。他从条件内容的客观性、说话者眼中条件的可实现性、条件具有一定的时间要求以及条件和结论的相关性四方面区分了真正的条件和非真正的条件。从语境与现实世界的关联角度比较时间句与条件句发现，时间的作用是形成时间框架或事件背景，而条件的作用则是设定前提从而形成推论的基础。

王春辉（2010a）研究了汉语条件句小句之间的语序。汉语条件句的条件小句前置于结果小句为优势语序，这也是人类语言的跨语言共性之一。作者认为，条件小句跨语言前置性倾向的真正动因并非其他，而是条件小句本身的对比性语义特征，而这种对比性又来自它的假设性。汉语中条件小句后置主要与两个因素有关：一是条件小句作为事后追补语而后置；二是条件小句为了维持篇章连贯性而后置。

姚双云（2012）从话语分析和言语互动的角度讨论条件句的会话功能。作者认为，条件句在自然口语中的核心功能是表达话语立场，说话人通常选择条件句来表达个人观点和组织话语结构。在表达立场的基础上，条件句又衍生出评价功能、劝进功能和话轮终结功能。结论句的主观化和主语的概指化是条件句实现其话语立场的两个主要语法手段。

王春辉（2010b）研究了汉语中的违实条件句问题。他认为，汉语条件句中有表达违实语义的词汇和语法形式，但是这些形式却无法构成违实范畴这一语法实体，因此汉语条件句不区分"假设性等级"。汉语的这一情形正符合Wierzbicka（1996，1997）提出的条件结构和违实结构都是"语义基式"的假设。

雍茜（2014）认为汉语虽然缺乏违实形态标记，但仍存在违实思维与违实句。作者认为，汉语属于过去时违实语言，但与其他此类语言不同，过去时在汉语中并未发展成为虚时态。由于汉语缺乏形式特征，过去时很难语法化为违实标记。

王春辉（2016）研究了汉语违实条件句的达成因素，主要包括百科知识、语境、标示过去时间的词语、否定以及结果小句的句尾助词"了"。其中，语境和否定是出现频率最高的两个因素，而百科知识和语境则是达成违实义的最可及因素。在绝大多数情况下，汉语条件句违实义的达成不是依靠某一个因素，而是几个因素的组合。组合的模式多种多样，它们共同构成了汉语条件句违实义达成的复合系统。

第三个研究视角是条件句的认知研究。徐李洁（2008）基于Traugott的主观化理论，建构了一个"四维连续统"的主观化分析模式，从逻辑、语义、句法和语用四个方面对if条件句的多义现象进行分析。她认为，主观性和主观化是句子结构形成和变化的一个重要原因。if 条件句作为复合句构式本身就具有主观性的因素，对它的选择表明说话人认定甲乙两种事物之间具有条件关系。说话人出于信息传达或情感表达的需要，可能会对已有的 if 条件句构式在典型结构的基础上进行改造。而条件句的典型结构是事理条件句——表达客观世界中具体事物之间的联系。连续统指主观化是一个从客观到主观的渐变过程，主体意识越重主观化程度越高，其句法上的偏离典型结构的程度越高。

熊学亮（2009）以莱克夫的辐射范畴理论为基础，通过对假言推理中前后件关系、推理展开方式以及逻辑规约度等要素的探讨，解释 if 条件句各类用法相互之间的派生关系以及其他的相关联系。他认为，if 条件句用法的派生主要产生在三个认知层面上，原型用法在三个维度上沿不同方向派生出各类变体用法，分别为：if 条件句的主从句关系维度上的派生方式；if 条件句对从句的真值假设维度上的原型派生方式；if 条件句在突显内容性质维度上的派生方式。文中通过对 if 条件句各类型用法的认知分析发现，虽然从原型派生出的变体用法较多，貌似杂乱无章，但任何一种都是有理可循的延伸使用，都可以在条件句的认知辐射范畴空间内找到自己的位置，以及与其他用法的若干联系。

孙亚（2013）基于心理空间——转喻推理模型对省略主句的条件句进行了研究。作者认为，"如果"作为空间建构语以现实空间为起点触发了假设空间，假设空间里根据因果转喻推理独立条件句可补足成完整条件句。假设空间里的主句已经存在于现实空间，成为衬托认知焦点信息 p 的背景部分，因而可被省略。在假设空间里实施言语行为是说话人的语用策略，假设空间与现实空间的距离可维护交际双方的面子，进而实现交际的和谐。

第四个研究视角是英汉条件句的对比研究。陈国华（1988）对比研究了英语和汉语中的假设类条件句。他指出，英语标记假设条件主要通过动词时态的后移，即表达现在和将来的假设条件要用过去时态，而表达过去的假设条件则要用过去完成时态。汉语动词本身是无标记形式，只能在一定范围内和一定条件下才起标记假设条件的作用，通常借助"了""早知道""要是""万一"等字词完成假设条件的有效标记。然而，英汉也都存在不带任何语法标记的假设条件句。英语中这类句子主要是修辞条件句和通过从句所给条件所含的最低限度的真理，汉语则是只要语境提供足够的暗示使受话人明白所给条件是假的，这种句子就可以成为假设条件句。因此，虽然汉语没有英语那样系统和丰富的标记假设条件的手段，但汉语依靠对话双方的语言解码，表达假设条件的形式更为灵活。

周静（2015）对比研究了英汉条件句的语法结构，也得出相似的结论，即英语条件句分句有时态后移的特点，汉语通常没有时态的区分；英语的条件句需要借助语境来区分真实或虚拟条件并以此确定语义，汉语则主要依靠个人经验或背景知识来辨别条件的真实与否。

关于表示假设，英语只有 if 条件句一种表达形式，对应的汉语既可以用"如果"也可以用"如果说"，而这两种有时可以互换，有时不行。徐李洁（2004）认为，一般而言汉语"如果"假设句相当于英语的真正条件句，"如果说"假设句同英语的非真正条件句很相似。因此，汉语条件句的表达比英语分的更详细，"如果"和"如果说"是不一样的；英语则不考虑这些差别，只有 if 一种表达形式。这是因为英语受西方形式逻辑的影响，研究思维形式的合理性，将正确的思维形式抽象为规则，而不关注思维的内容，反映在语言上就是模糊表达。现代汉语假设句受我国古代哲学家墨子等人和近现代"欧化"的影响，将充当事件本身的条件与充当"说法"的条件的表达做出精确分工，因而产生了"如果"和"如果说"之间的细微差异。

从以上分析可以看出，条件句的分类纷繁而各异，尚未达成统一的共识；对条件句的语义语用研究、认知研究和英汉条件句对比研究都取得了不少的成果，对今后条件句的研究具有重要的理论指导意义。但是把条件句和存在句结合起来的研究很少，我们可以从真实存在的角度研究存在句，也可以从虚拟存在的角度研究存在句，把存在句研究提升到复合句的层面。通过比较英汉语条件存在句的主从句之间的关系、语序、句法特征等方面总结异同，进而揭示不同民族背后的认知规律。

4.3　理论基础

4.3.1　范畴化的原型理论

"原型"范畴理论（prototype theory）的发展是在对经典范畴理论深刻反思的基础上形成的。经典范畴理论的假设是：必须满足某一个范畴的全部共同特征，每一个特征都是二元的（binary）（有或没有，没有中间状态），范畴中所有的成员地位平等，范畴与范畴之间的界限清楚。这样一来，范畴就是绝对的、离散的，是一种或全有或全无（all-or-nothing）的概念。在经典范畴理论的影响下，结构主义语言学研究，如索绪尔著名的多对二元对立概念、语义成分分析法、布拉格学派的音位学贡献、传统语法的词类划分等等，也都曾取得了很大的成绩。尽管如此，但近几十年的认知神经科学研究（Lashley 关于记忆的 mass action 理论、PDP 等）和认知心理学研究（模式识别的原型理论）都发现了许多经典范畴理论无法解释的现象。例如，Berlin & Kay（1969）对颜色词的研究中发现颜色的蕴涵等级（implicational hierarchy）、焦点色（focal colors）边界不确定；Rosch（1975）后来又对焦点色进行了实验研究，发现了焦点色的认知显著性（cognitive salience）。Labov（1973）对"杯子"和"碗"的实验研究也发现了原型和边界不明确的现象，Rosch 在关于"鸟"的实验研究中发现原型"知更鸟"具有十项鸟的普遍特性，而鸵鸟仅有三到四项。Rosch 称之为线索有效性（cue validity），原型特征显示出最大程度的线索有效性。在这些实证研究成果的基础上，认知心理学家和语言学家提出了范畴化的原型理论。

根据 Rosch 和 Lakoff 等人的观点，原型具有"表层"和"深层"两个含义："表层"含义是指范畴内的最佳成员或典型代表，"深层"含义则指范畴核心图式化的心理表征，或认知参照点（reference point），表层是深层的具体例证（instantiation）。认知语言学家总结了原型的主要特征：①范畴具有原型结构，最具代表性成员是原型的中心实体，其他所有成员围绕这个实体而组织；②原型范畴不能通过单一的一组必要特征来定义，因为不同的成员并不共享同样数量的特征；③原型范畴展示一个谱系结构，它们的原型语义结构采用一组丛生和重叠的意义形式；④原型范畴显示成员身份的等级，不是每一个成员都平等地代表范畴，成员的身份问题不是二元的（是或不是），而是一个分级的程度问题；⑤原型范畴的边界是模糊的，也就是说，一个范畴逐渐融合到另一个范畴之中。

原型的意义在于为人类认识世界提供简洁的认知框架，体现认知行为的经济原则。通过原型，人类可以用较少的认知成本获取较大的认知效益，灵活地反映现实，这是范畴形成的认知基础。原型理论对语言学研究具有重要影响。Lakoff（1987）研究了语言中的原型效果。他主要涉及了标记性（范畴内某种不对称的研究）（markedness）、句子成分（如主语是典型的施事者）、小句类型

（如基本小句句型 SVO 与其他句型的不对称）等语言现象，认为它们都存在着不对称（asymmetry），不对称就是原型效果的体现。其实语言领域的原型效果并不仅限于这些，孙亚（2002）认为，语音有原型音素；词汇和词缀有原型效果；所有语言中的 SVO 和 SOV 都是原型句序；实施构成性言语行为、信息性言语行为和义务性言语行为的原型语气分别是陈述语气、疑问语气和祈使语气，等等。

4.3.2 心理空间理论

根据 Evans（2006）的观点，心理空间（mental space）是包含具体信息的概念空间的不同区域，它是在被常规信息激活的语言、语用和文化策略的基础上建构的。其标志是说话或思考时在线建构的，而且还可以与其他认知实体，如语义框架（semantic frame）、理想认知模型（idealized cognitive model）或者域（domain）通过一个称为图式诱导的过程形成结构。因此，心理空间会产生一个独特的临时概念结构信息包，针对不断展开的话语目的而构建。心理空间的形成原则和心理空间之间建立的映射具有产生无限意义的潜能，包含成分、特征和关系中的一种或几种类型的信息。心理空间由空间建构词（space-builders）触发，始于基础空间（base space），一旦一个心理空间建立起来，它就会和语篇中建立的其他心理空间发生联系，形成一系列相连的心理空间格栅（lattice）。

Fauconnier 和 Turner（2002）在心理空间的基础上提出概念合成理论（Conceptual Blending Theory）。概念合成理论认为，意义建构涉及结构的合成，因而产生了大于其构成成分之和的效果。促成这种效果的机制被称为概念合成或整合，该机制被认为是广泛而又基本的认知操作，对于人类的思维方式，特别是思想和想象力非常重要。履行概念合成的能力可能是促进人类高级行为发展的核心机制，如仪式、艺术、工具的制造和使用以及语言发展等。

根据 Fauconnier 和 Turner（2002）的观点，合成就是一个卓越的压缩工具，把概念放在一个根植于人类的基本神经系统和共享社会经验的必需关系（vital relations）集合中，通过分割变得易于"人类尺度"所理解。必需关系包括因果关系、变化、时间、空间、身份、目的、表征、部分—整体和角色—语义值等。例如，你在商店看到一幅漂亮的油画，你想象着把它买回去放在你房间的观赏效果，这就是空间压缩；你事后想好了如何回答几年前别人对你的批评，这就是时间压缩。概念整合形成一个合成网络，包括四种情形：简单组合体网络（simplex networks）、镜像网络（mirror networks）、单范围网络（single-scope networks）和双范围网络（double-scope networks）。概念整合网络包括四个心理空间：类空间（generic input）、输入空间 1（input space 1）、输入空间 2（input space 2）和合成空间（blend space）。类空间提供共享结构，把两个输入空间的要素变成对应项，经过选择性投射、把外部空间关系压缩成内部空间关系，然后经过组合、完成和扩张，在合成空间产生一个具有创新意义的浮现结构（emergent structure）。浮现结构就是合成后的新意义。

4.3.3　主观性与主观化

根据 Langacker（1987，1991）的认知语法，对同一个场景可以有不同的识解。影响识解的参数有很多，如视角、详略度、注意、凸显等。很多学者（例如 Talmy，1978；Delancey，1981）已经注意到观察一个场景所采取的视角对语义和语法结构的重要性。主观性/客观性（subjectivity/objectivity）就是视角的两个不同维度。

主观性/客观性的概念依据指示表达式中言语情景成分的双重作用而定：它们既是述谓结构的来源，又是述谓结构的参与者。我们首先来看说话人和听话人作为述谓结构的来源时的作用。每一个语言表达式都在语义极运用特别的意象来建构一个感知场景。说话人通过选择适当的焦点场景，用具体方式建构起一个场景，从而在自己和所建构的场景之间建立一种识解关系（construal relationship）。根据视觉感知的原型模式，Langacker（1987，1991，2002）总结出两种典型的观察编排方式：最佳式（optimal viewing arrangement）和自我中心式（egocentric viewing arrangement）。在论述两者的区别时，Langacker 启用了"主观性"这一术语，他指出，这两种模式的区别在于概念主体是否也成为被感知的对象，在最佳式情形下，主体完全处于感知域之外，主体的注意力完全集中于客体，这时体现出最大程度的主观性（maximum subjectivity）。在自我中心模式情形下，概念主体自身也进入感知域，成为被感知的对象性客体，这时体现出最大程度的客观性。

"主观性"（subjectivity）是指语言的这样一种特性，即在话语中多多少少总是含有说话人"自我"的表现成分。也就是说，说话人在说出一段话的同时表明自己对这段话的立场、态度和感情，从而在话语中留下自我的印记（Lyons，1977：739）。"主观化"（subjectivization）则是指语言为表现这种主观性而采用相应的结构形式或经历相应的演变过程。为了阐释这个定义，他打了个比方：如果把戴着的眼镜拿下来放在手里作为观察的对象，眼镜的客观性就强；如果是戴着眼镜看东西，眼镜已成为观察主体的组成部分，眼镜的主观性就强。

语言的这种自我印记主要集中在三个方面：说话人的视角（perspectives）、说话人的情感（affect）和说话人的认识情态（epistemic modality）。视角往往与动词的体有关，情感往往与移情有关，认识情态主要跟情态动词和情态副词有关。除了情态动词，一些连词，特别是表示因果关系的连词也有客观描述和主观认识的区别（沈家煊，2001）。例如：

（313）小高回来了，因为他还爱小芳。

（314）小高还爱小芳，因为他回来了。

例句（313）是说明"小高还爱小芳"是"小高回来"的原因，这种因果关系是一种客观的因果关系。例句（314）不是表示"小高回来"是"小高还爱小芳"的原因，而是说话人根据自己的知识而做出的一种主观推定，即我推定"小高还爱小芳，因为我知道他回来了"。例句（314）的主观性强。

对客观情景的主观识解和所形成的概念表征受人的认知系统和认知能力的支配，因此，从本质上说，"主观性"是一个认知概念。但是仅仅认识到其认知本质是不够的，因为从另一角度来说，"主观性"还受语用因素的制约。认知系统和认知能力赋予概念主体多个识解方式或概念表征结构，构成潜在的认知资源；在特定的语境中，具体选用哪种方式、哪些结构去传达信息、构建话语，离不开语境、交际意图等语用因素的影响。它们共同促使说话人决定：是否突显自我成分，留下自我印记。从这个意义上说，主观性还是一个语用概念，与说话人对交际语境、社会文化知识的了解息息相关。

4.3.4　构式语法

构式语法（Construction Grammar）理论作为一种新的语言研究方法论，是上个世纪 80 年代后期逐渐兴起的。构式语法的主要代表 Goldberg，A. E. 现任普林斯顿大学语言学教授，她师从著名的认知语言学家 Lakoff 教授，于 1992 年获得加州大学伯克利分校语言学博士学位。

构式语法理论提出了这样一种思想：构式是语言系统中的基本单位，表示与人类经验有关的重要场景；语法有生成性，但不是转换的，一个个的语法格式即构式，并不是如生成语法学派所说的那样由生成规则的操作所产生的副现象，除包含在构式之内的组成成分以及它们之间的结构关系外，构式本身也具有意义，不同的构式有不同的构式意义，任何一个构式都是形式和意义的对应体，即假如说，C 是一个独立的构式，当且仅当 C 是一个形式（Fi）和意义（Si）的对应体，而无论是形式或意义的某些特征，都不能完全从 C 这个构式的组成成分或另外先前已有的构式推知。要对一个构式进行解读，仅仅对与构式有关的动词进行解读是远远不够的，需要参照与词条相连的框架语义知识（Goldberg，1995）。

构式是形式与意义的对应体，含义就是，凡是构式，无论简单或复杂，都有自己独立的形式、语义或功能。构式的特点就是它的形式、语义或功能的某些方面是不可预测的，即无法用常规的语法规则和意义形成规则来解释，如"let alone"。即便是按照语法常规组合起来的词汇或句子，如果它们的意义独立于组合成分的意义或不是它们意义的简单相加，同样也是构式，如"red tape""white elephant"等。构式语法认为，构式意义既是语义信息，也包含焦点、话题、语体风格等语用意义，所有这些与构式的关系都是约定俗成的，是构式本身所具有的表达功能。因此，即便是可用语法规则推理得出的句式，如果其语用意义特殊，也同样属于构式，如"What's the fly doing in my soup?"，表达了顾客的不满。

形式、语义和功能的不可预测性是判定构式的标准，后两者包括上述语用意义，三者的不可预测性标准可以分别适用，也可合并适用。也就是说，有的构式属于形式上的不可预测，有的属于意义上的不可预测，有的属于功能上的不可预测，还有的是兼有两种或两种以上的不可预测。因此，构式不仅仅是语言中不规则的习语，也包括抽象的句型，甚至词素和词。词素、词、复合词及全固定的习语叫作实体构式（substantive constructions），这些构式在词汇上是固定的，而半固定习语以下的构式都称为图式构式（schematic constructions）。从实体构式到抽象的图式构式构成了一个连续统。语言中各种规约化的"形式—意义/功能"对应体都是构式，构式存在于语言的各个层面。任何语言表达式，只要它的"形式—意义/功能"不能完全从其组成成分中推知出来，都可称之为构式。

　　构式的整体意义大于其组成成分意义之和。构式的意义不仅来自它的组成成分，还具有自己的意义。抽象的构式如句型，具有自己的配价即论元结构，构式的整体意义来自其原型的动词的意义，然而构式一旦形成，其整体意义会整合进入该构式的动词的配价和功能，使之与整体相适应（严辰松，2006）。例如：

　　（315）Mike sliced Mary a piece of pie.

　　（316）Mike sneezed the tissue off the table.

　　例句（315）中的"sliced"原本是二价动词，但这里却用作三价动词，表述了"给予"的意义，这一意义来自其原型动词"give"。例句（316）中的"sneezed"原本是一价动词，这里用作二价动词，表述"致使迁移"的意义，这一意义来自其原型动词"cause"。以上两例中的构式整合新进入动词的配价（论元结构），使之与构式的配价相适应，这就是为什么句子成立的原因。此外，构式还以原型构式为基础，通过隐喻和转喻机制，形成具有家族相似性的网络。

　　根据邓云华、石毓智（2007）的观点，构式语法具有自身的优势，例如进一步印证了认知语言学的基本原则：语法形式和意义之间存在着一一映射关系，不同的语法形式一定有不同的语义值；主张从大量的经验事实上归纳构式，概括其语义值，具有建立在经验事实上的直观性；不同使用频率的语言结构都得到了重视；符合儿童语言习得的过程，等等。但同时构式语法也有自己的局限性，例如对"构式"概念定义的不合理扩大，掩盖了词素和语法结构本质上极不相同的两类语言现象；尚未解决语法结构的多义性问题；确立语法结构的标准不明确等。

4.4　英语条件存在句研究

　　本部分主要从英语条件存在句的分类、语义特点、句法特点和语用特点四个方面对英语条件存在句进行研究。在语义特点部分要凸显从心里空间视角进行的认知语义分析。然后和汉语条件存在句进行对比研究，总结二者的相似性和差异性，并从认知角度进行解释。

4.4.1　英语条件存在句的分类

英语条件句的引导词一般是 if，其他还有 as long as、so long as、assuming that、given that、in case、on condition（that）、provided（that）、providing（that）、supposing（that）、unless 等。这些词都可以引导英语条件存在句，但最常用的还是引导词 if，本部分主要研究 if 引导的英语条件存在句。根据说话者的认识状态和条件存在句的语义特点，我们把英语条件存在句分为三类：真实条件存在句（real conditional existentials，RCE）、假设条件存在句（hypothetical conditional existentials，HCE）和违实条件存在句（counterfactual conditional existentials，CCE）。表示某种客体真实存在并可能导致某种结果的条件句称为真实条件存在句；假设某种客体存在并可能导致某种结果的条件句称为假设条件存在句；表示某种客体违实存在并可能导致某种结果的条件句称为违实条件存在句。例如：

（317）If there is a Will, the executor has the right to decide whether it will be a burial or a cremation, whether the Will expresses a particular wish or not. If there is no Will, the next of kin should decide.　　　　　　　　　　　　　　（BNC）

（318）If there are small children in the equation, there will need to be a flat, soft area where they can fall off swings and climbing frames.　　　　　　（BNC）

（319）Forward is the only way. If there was ever a time to change things radically that time has long passed. And I would not give another year of my life to a new version, he wrote.　　　　　　　　　　　　　　　　　　　　　（BNC）

例句（317）的从句表示如果有一个真实的客体"遗嘱"（Will）的存在，主句表示可能导致的后果，即执行者有权决定是土葬还是火化；如果没有一个真实的客体"遗嘱"（Will）的存在，主句表示另外一种可能导致的结果，即下一代的家属应该决定。该条件句表达的是客体的真实存在或不存在和可能导致的相应结果，是一个真实条件存在句。例句（318）的从句表达的是一个假设的存在客体"小孩"（small children），主句表示可能导致的结果，即需要一个柔软的开阔地以便于小孩子上下秋千和爬滑滑梯。该条件句表达的是假设客体的存在和可能导致的结果，是一个假设条件存在句。例句（319）的从句表示的是一个违实客体的"改变过去事物的时间"（a time to change things radically）的存在，主句表示的是可能导致的结果，即我不需要花一年时间改变生活的现状。该条件句表达的是一个违背现实的客体的存在和可能导致的结果，是一个违实条件存在句。

我们从大型英语语料库（BNC）中选取了 500 句英语条件存在句，分析三类条件存在句的占比（刘翠平，2019），结果如表 4 - 1：

表 4 - 1　三类英语条件存在句的百分比

类别	真实条件存在句	假设条件存在句	违实条件存在句
句子数	259	154	87
百分比	51.8%	30.8%	17.4%

从表 4 - 1 可看出，在这三类英语条件存在句中，真实条件存在句占比最高（51.8%），其次为假设条件存在句（30.8%），而违实条件存在句占比最低（17.4%）。

4.4.2　英语条件存在句的语义特点

英语条件存在句的语义关系包括四种：推断关系、序列关系、因果关系和言语行为关系。推断关系指根据从句 p 可推断出主句 q，p 是推论的基础，q 是推论。序列关系指根据时间关系序列，从句 p 发生在主句 q 之前，二者构成时间上的先后关系。因果关系指从句 p 是原因，主句 q 是结果，二者之间是因果关系。言语行为关系指从句 p 是言语行为发生的条件，q 是满足条件的言语行为。例如：

（320）If there is a line in the large window you're pregnant.

（321）If there were any snakes living down there, they would have been washed out to the ocean.

（322）If there were sexual activity, the risk of conception could not be avoided.

（323）Anyway, carry on and let me know if there are any real difficulties.

（COCA）

例句（320）是一个真实条件存在句，从句"如果窗口图形中有一条线"和主句"你就怀孕了"之间的语义关系是推断关系，从句 p 是推断的基础，主句 q 是推论。例句（321）是一个假设条件存在句，从句"如果有蛇生活在那儿"和主句"它们也被冲到大海里了"之间的语义关系是序列关系，从句 p 发生在前，主句 q 发生在后，二者形成时间上的序列关系。例句（322）也是一个假设条件存在句，从句"如果有性关系"和主句"怀孕的风险不可避免"之间的语义关系是因果关系，从句 p 是原因，主句 q 是结果，原因导致结果，二者形成因果关系。例句（323）是一个真实条件存在句，稍有不同的是从句的位置放在后面，主句的位置放在前面，作者强调主句的内容，即一个言语行为"告诉我"，从句"如果真有困难"是履行言语行为的条件，二者之间的关系是言语行为关系。再如：

（324）Now obviously if there were guns in the room, it elevates it to a criminal level.

（325）If there were scraps, the workers generally took them home, rather than throw them out.

（326）If there were no jobs for the illegal immigrants, they would not be flooding our country.

（327）If there were more than one procedures offered, let me tell you how to choose between or among them.   （COCA）

例句（324）是一个假设条件存在句，从句"如果房间里有枪"是主句"升级到刑事案件"的推断基础，主句是推论，从句和主句之间的语义关系是推断关系。例句（325）也是一个假设条件存在句，从句"如果有剩饭"发生在前，主句"工人们把剩饭带回家而不是倒掉"发生在后，从句和主句之间是时间序列语义关系。例句（326）是一个否定假设条件存在句，从句"非法移民找到工作"是主句"他们在我们国家泛滥"的原因，二者之间是因果语义关系。例句（327）也是一个假设条件存在句，从句"如果提供超过一个以上的程序"是主句"让我告诉你如何选择"的履行条件，主句是一个言语行为，二者之间是履行条件和言语行为之间的语义关系。

条件存在句从句和主句之间的语义关系如果从心理空间的角度来看是要素和关系从基础空间（base space）到扩展空间（extended space）的映射。这种认知分析可以揭示条件存在句语义理解的认知机制。福柯涅（Fauconnier, 1985, 2002）认为，当我们的思维和语篇展开的时候，我们不断地建构和调整心理空间。心理空间通过各种映射相互联系，特别是身份和类比映射。在神经层面，心理空间是激活的神经束集合，要素之间的联结对应于共同激活联结。心理空间可以通过多种源头建立，例如概念域，特别是关于我们生活经验的各种基本概念域，如买卖、饮食、休息等。一个心理空间可以建立在多个不同概念域的知识基础上，可以包括直接经验也可以包括间接经验。认知结构和概念联结的一个主要特征就是识别原则（Identification Principle）。根据该原则，一个描述或点名了一个心理空间要素的表达式可以通达位于另外一个心理空间的对应项。如果两个要素 a 和 b 被一个连接词语联结，那么要素 b 就可以通过点名、描述或指向其对应项 a。福柯涅（Fauconnier，1997）认为心理空间主要有两种方式联系在一起：一是心理空间格栅（mental space lattice）的顺序关系，二是联结不同心理空间要素的连接词语。语言结构可以通过各种方式在心理空间之间转移，主要方式包括：优化、通达、投射、匹配条件以及向上漂浮等。

下面，让我们从心理空间的角度来分析英语条件存在句语义理解的认知机制。例如：

（328）If there were no jobs for the illegal immigrants in our country，they would not be flooding our country.

例句（328）包括三个心理空间：基础心理空间、假设心理空间和可能心理空间。基础心理空间（base space）包含三个要素 a. jobs，b. illegal immigrants，c. our country，它们之间的关系是 a for b in c；假设心理空间（hypothetical space）也包括三个要素 a'. jobs，b'. illegal immigrants，c'. our country，这三个要素和基础空间的三个要素 a、b、c 因为映射而对应，它们之间的关系是 no a' for b' in c'；可能心理空间（possible space）包含两个要素 b". illegal immigrants，c". our country，这两个要素和假设空间的要素 b'、c' 因为映射而对应，它们之间的关系是 b" no flooding in c"。例句（328）中的 if 建立了一个假设心理空间，位于基础心理空间的要素 a、b、c 映射到假设心理空间，变成对应项 a'、b'、c'，假设心理空间提出一个满足条件 NOT BE（jobs，illegal immigrants），would 建立了一个扩展的可能心理空间，假设心理空间的要素 b'、c' 映射到可能心理空间，变成对应项 b"、c"，因为满足了假设心理空间的条件，所以就产生了一个结果 NOT FLOOD（illegal immigrants，our country）。正是因为要素在不同心理空间的映射，关系和结构在不同心理空间的转移，导致了条件存在句的正确语义理解。

这一理解过程的认知机制可以用图 4-1 表示：

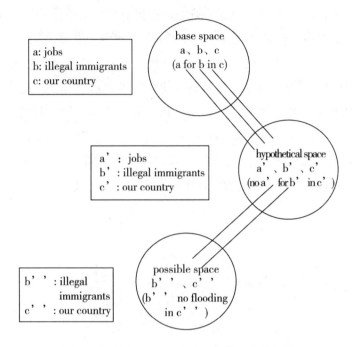

图 4-1 例句（328）句义理解的心理空间图

我们从心理空间的角度再分析一个稍微复杂的例句，例如：

（329）If there is a Will, the executor has the right to decide whether it will be a burial or a cremation, whether the Will expresses a particular wish or not. If there is no Will, the next of kin should decide.

例句（329）包含四个心理空间：基础心理空间（base space）、现实心理空间（real space）、假设心理空间（hypothetical space）和可能心理空间（possible space）。基础心理空间包含三个要素 a. executor, b. Will, c. burial or cremation, 它们之间的关系是 b expresses c；现实心理空间包含三个要素 a'. executor, b'. Will, c'. burial or cremation, 它们和基础心理空间的要素 a、b、c 映射而形成对应项，它们之间的关系是 a' decides c'；假设心理空间包含三个要素 a". executor, b". Will, c". burial or cremation, a" 从现实心理空间的 a', b" 从现实心理空间的 b', c" 从现实心理空间的 c' 映射而来，它们之间的关系是 no b"；可能心理空间包含两个要素 d. next of kin, c"'. burial or cremation, d 是新引入的要素，c"' 是从假设心理空间的 c" 映射而来，它们之间的关系是 d decides c"'。例句（329）

中的 if there is 建立一个真实心理空间，真实心理空间的要素 a'、b' 从基础心理空间的要素 a、b 映射而来，真实心理空间提出一个满足条件 BE（a Will），满足了该条件，剩余结构 HAS（executor、right）就转移到扩展空间，导致一种结果。第二个 if 建立一个假设心理空间，要素 a"、b"、c" 从真实心理空间的 a'、b'、c' 映射而来，提出一个满足条件 NOT BE（a Will），满足这一条件之后，剩余结构就从真实心理空间转移到扩展的可能心理空间，就导致另外一种结果 DECIDE（next of kin、burial or cremation），就引入一个新要素 d. next of kin，也是因为要素在不同心理空间的映射，关系和结构在不同心理空间的转移，导致句子意义的理解。这一理解过程的认知机制可以用图 4 -2 表示：

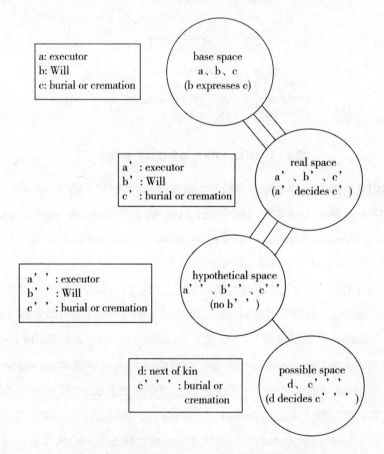

图 4 - 2 例句（329）句义理解的心理空间图

4.4.3 英语条件存在句的句法特点

完整的英语条件存在句一般由 if 条件从句和主句组成。英语条件存在句一般使用 if 引导可能和不可能的情景或者真实条件、想象条件、违实条件等，主句表示可能导致的结果。就句法特点而言，我们一般使用 there be 的一般现在时态，there is、there are 表示某人或某事物的真实存在，主句也使用一般现在时态或将来时态表示可能导致的结果。有时也使用一般现在时态表述假设条件存在句，不过这种假设是有能的。我们一般使用 there be 的一般过去时态，there was、there were 表示某人或某事物的假设存在（不太可能的）或违实存在，主句一般使用情态动词的过去式或过去将来时或情态动词的过去式加动词完成时态表示可能导致的结果。我们先看一个真实条件存在句的例子：

（330）If there are bits that you don't understand and you're having trouble, give me a phone, I think I put my phone number on the board.

例句（330）是一个真实条件存在句，从句与主句之间是言语行为关系。从句使用一般现在时态的 there are 表述真实条件，主句也使用一般现在时态的动词形式 give，主句是一个祈使句。真实条件存在句的主句可以是一个祈使句，也可以是一个陈述句或者疑问句。真实条件存在句的格式可以归纳为 if + there + be + 存在客体 + （修饰成分），名词短语 + be + 剩余成分，第一个 be 动词一般是 is 或者 are，第二个 be 动词一般是 is 或者 are 或者 will be，主从句的时态一般要一致。

让我们再看一个假设条件存在句的例子：

（331）After all, if there were no pain to reckless lenders, the reckless lending would return.

例句（331）是一个假设条件存在句，从句与主句之间的语义关系是因果关系。从句用一般过去时态 if there were 表示假设，主句用一般过去将来时 would return 表示可能导致的后果，从句和主句的时态一致。假设条件存在句的主句可以是一个陈述句，也可以是一个祈使句或疑问句，例如：

（332）If there were no prisons, well, where would robbers go?

例句（332）也是一个假设条件存在句，主句是一个特殊疑问句，从句用一般过去式，主句用一般过去将来时，二者时态一致。例句（332）采用的是从句加主句的一般语序。有时为了强调主句也可以把主句放在句首，从句放在句末，例如：

（333）What would happen to a building after 50 years if there were no more humans on earth?

例句（333）也是一个假设条件存在句，从句使用一般过去式，主句使用过去将来时，但采用的是主句加从句的语序，强调满足条件后可能导致的结果。

所以，假设条件存在句的格式可以归纳为：If there + be + 存在客体 + （修饰成分），名词短语 + be + 剩余成分，第一个 be 动词一般是 was 或 were，第二个 be 动词一般是情态动词的一般过去时加动词原形（would/should/might + 动词原形）。

下面我们再看一看违实条件存在句的例子：

（334）We need to have the deterrent effect this action would have. If there was any other way without keeping Mr. Gomorro in the cells we would have done so.

例句（334）是一个违实条件存在句，从句用一般过去时 if there was 表示与目前的事实相反，主句用情态动词的过去式加动词现在完成时 would have done 表示假设满足条件过去可能的选择。再如：

（334）If there were a bunch of other vendors on campus I think this bill would have succeeded.

例句（334）也是一个违实条件存在句，从句用一般过去时 if there were 表示与目前的事实相反，主句用情态动词的过去式加动词现在完成时 would have succeeded 表示假设满足条件后导致的结果。所以，违实条件存在句的格式可以归纳为：If there + be + 存在客体 + （修饰成分），名词短语 + be + 剩余成分，第一个 be 动词一般是 was 或 were，第二个 be 动词一般是情态动词的一般过去时加动词的完成时（would/should/might + have done）。

我们从美国当代英语语料库（COCA）中检索 if there be 的时态使用情况，结果如表 4 - 2：

表 4 - 2　COCA 语料库中 If there be 的时态使用情况表

时态	频数
If there is	18210
If there are	7759

时态	频数
If there was	10368
If there were	6581

从表4-2可看出，If there is 的使用频数最高，达18210次；其次是 If there was，使用频数第二，达10368次；If there are 使用频数第三，达7759次；If there were 使用频数最低，达6581次。If there is 和 If there are 的频数加起来达25969次，而 If there was 和 If there were 的频数加起来达16949次，这说明真实条件存在句的使用比违实条件存在句的使用要多。就存在动词的单复数形式而言，使用单数动词形式表达存在概念的存在句比使用复数动词形式的存在句要多，If there is 最多，If there was 其次，二者加起来达28578次；使用复数动词形式表达存在概念的句子中 If there are 比 If there were 多，二者加起来达14340次。

英语条件存在句标记假设条件主要通过动词时态的后移（backshift）来实现的。表达真实条件一般用现在时态，表达现在和将来的假设条件要用过去时形式，表达过去的假设条件要用过去完成态形式。除了时态标记外，还需要情态动词 will、may、can、shall 配合使用，表示假设和违实条件时，需要使用情态动词的过去式 would、might、could、should 与动词的适当形式如原形或完成时态配合。

4.4.4 英语条件存在句的语用特点

关于英语条件存在句的语用层面，我们主要分析焦点（focus）和语气（mood）。焦点是指一个句子中最为重要的信息，是与预设（presupposition）相对而言的，是说话人希望听话人格外注意的部分。从信息包装的角度看，说话人通常把上文已经交代过的已知信息用话题来包装，把比较重要的新传信息用焦点来包装。这是世界上不同语言的共性。但是，不同的语言可能采用不同的语法手段来表达不同种类的焦点。有的用重音来表示焦点，有的用焦点敏感算子如"只""是"来表示焦点，有的用语序来表示焦点。焦点既不是纯语用概念，也不是纯句法概念，焦点与句法、语用都有关系。在确定焦点的标记性时，句法起作用；在确定焦点的具体所在时，语用起作用。焦点总是对应于某个句法形式。Lambrecht（1994）将焦点分为两大类：宽域焦点（broad focus）和窄域焦点（narrow focus）。宽域焦点指的是由包含两个或两个以上的句法单位的形式充当的焦点，其中又可分为两类：句子焦点（sentence focus）和谓语焦点（predicate focus）。句子焦点以整个句子为焦点，句中不包含预设成分；谓语焦点以谓语为焦点，主语属于预设的部分。窄域焦点是指仅由一个句法单位充当的焦点，句子的其他部分都属于预设的范围。例如：

（335）银行的人怎么来了？

（336）小韩骗了银行的钱。（句子焦点）

（337）小韩干了什么？

（338）小韩骗了银行的钱。（谓语焦点）

（339）谁骗了银行的钱？

（340）小韩骗了银行的钱。（窄域焦点）

（341）小韩对银行做了什么？

（342）小韩骗了银行的钱。（窄域焦点）

英语条件存在句的焦点属于句子焦点。一般认为，在概念化过程中，从句中的事件往往是主句事件的起因或前提，即参照点，所以从句对应的是背景，主句对应的是焦点。认知语言学家 Talmy 对英语复合句中与时间顺序相关的复合句进行分析，总结出这类句子中的焦点与背景之间的关系以及焦点/背景的定位原则，最后提出了以下几个原则：顺序原则、因果原则、决定原则、替代原则、包含原则（李福印，2008）。

顺序原则：后发生的事件（焦点）+先发生的事件（背景）。例如：

（343）The conference began after the chair delivered opening remarks.

因果原则：结果事件（焦点）+原因事件（背景）。例如：

（344）She was late for the important meeting because her car was out of order on the way.

决定原则：具有依赖性的事件（焦点）+具有决定性的事件（背景）。例如：

（345）He had an nightmare when he was sleeping.

替代原则：不可预料但事实上发生的事件（焦点）+可预料但事实上并未发生的事件（背景）。例如：

（346）The student is playing rather than studying.

包含原则：时间范围小、被包含的事件（焦点）＋时间范围大、具有包含性的事件（背景）。例如：

（347）The young millionaire had two affairs when he was married.

根据顺序原则和因果原则，英语条件存在句一般是以表示结果的主句为焦点，表示前提的从句为背景。例如：

（348）If there were fewer teachers salaries would rise.　　　　（COCA）

例句（348）中的主句"salaries would rise"是句子的焦点，也是最重要的信息；从句"if there were fewer teachers"是背景，采用的是背景（从句）＋焦点（主句）的语序。

（349）And if there were fewer PSA tests and mammograms that misdiagnose, many people would be grateful.　　　　（COCA）

例句（349）中的后一部分主句也是句子的焦点，也是说话人希望听话人格外注意的重要信息；前面表示条件的从句是句子的背景，表示可能导致的结果的前提，采用的也是背景（从句）＋焦点（主句）的语序。这种语序也是英语条件存在句的一般无标记性语序。

事实上，英语条件存在句既可以以表示结果的主句为焦点，表示条件的从句为背景；又可以以表示条件的从句为焦点，表示结果的主句为背景。例如：

（350）It would be great if there were a precise formula for getting your art into galleries, museums and private collections.　　　　（COCA）

例句（350）主句在前，从句在后，这时 if 引导的从句变成了句子的焦点，主句变成了背景，从句的前提是说话者希望听话人格外注意的重要信息，采用的是主句（背景）＋从句（焦点）的语序，把从句放在了主句的常见位置，使其焦点化。这是英语条件存在句的标记性语序。

（351）I'd be surprised if there weren't rules against it.　　　　（COCA）

例句（351）类似于例句（350），也是主句在前，从句在后，if 引导的从句变成了句子的焦点，主句变成了背景，从句是重要信息，采用的是主句（背景）＋从句（焦点）的语序，通过主从句互换位置，把从句放在主句的位置，从句被焦点化，使其变成了标记性句式。

英语条件存在句焦点的双向性与我们认知视角的双向性密切相关。认知语言学在分析说话人的视角系统时认为，说话人的视角系统包括视点、观察方式和观察方向等概念。其中"视点和方向既包括具体的空间位置和方向，也包括抽象的时间中的位置和方向"（李福印，2008）。我们在概念化时间的时候如今天、昨天、明天，是基于不同的视角的。"今天"选择的视角是现在，"昨天"选择的视角是以"现在"为立足点，对过去的追溯；"明天"选择的视角是以"现在"为立足点，对未来的延伸。不同的语言表达式体现了不同的认知视角。当我们关注具有因果关系或先后发生顺序的事件时，如果我们向前看，关注的就是尚未发生未然事件，就是结果或后发生的事件，即结果为焦点，这是英语条件存在句的常见、无标记语序。如果我们向后看，向后推断，关注的就是已经发生的已然事件，就是结果发生的条件或先发生的事件，即条件为焦点，这是英语条件存在句的标记性语序。

英语条件存在句可以表达说话人对条件与结果之间关联的主观判断。这个判断或是以条件为焦点，或是以结果为焦点。句子焦点的确定，一方面可以通过句子的静态语义显示出来，另一方面可以在动态的语言使用过程中，靠语境和对话双方的视角来显示。英语条件存在句这种焦点双向性与视角系统的双向性密切相关，因为概念化过程中的视角系统具有很强的主观性，对于视点和观察方向的不同选择，直接导致英语条件存在句既可以强调条件又可以强调结果。

下面我们看一看英语条件存在句的语气。语气系统和情态系统相连。认知语法学家从共时和历时的角度研究情态意义的发展过程和情态词的认知特征，以及根情态和认识情态的语义问题。语义学家们从语义的角度分析可能、必然、义务和允许四种情态意义，语用学家们从动态角度利用语境解释情态的多义性。韩礼德（Halliday，2000：88）认为，情态是"介于肯定和否定之间的不确定"。语气是一种语法范畴，是通过语法形式表达的说话人针对句子命题的一种主观意识（贺阳，1992）。根据贺阳的观点，从语义上看，语气是对句中命题的再表述，表述的内容或是说话人表达命题的目的，或是说话人对命题的态度、评价等，或是与命题有关的情感；从形式上看，语气要通过语法形式来表现，这个语法形式必须是封闭的。

狭义的语气只有四种：陈述语气、疑问语气、祈使语气和感叹语气。广义的语气包括语气和口气。口气包括肯定、否定、迟疑、活泼等。英语条件存在句也具有陈述、疑问、祈使和感叹这四种语气，主要通过语法形式、助动词和句式来体现语气。

英语条件存在句由两部分构成：if 小句和主句，其中 if 小句也表示一种可能性，因为"if 小句建立了一个可能的世界"（Bybee，1994：208）。If 从句是主句真值的决定因素，因为它是可能导致主句结果的前提条件。英语条件存在句又可以分为真实条件存在句、假设条件存在句和违实条件存在句，不同类别的条件存在句其语气也不同。例如：

（352）If there are any errors while running the script, mark them out.

例句（352）是一个真实条件存在句，主句是一个祈使句，该例句表明的事实是这个主句在一个可能的世界为真，这个可能的世界就是在审稿的过程中发现错误。结合句式的标记 if 和主从句谓语的时态，从句和主句都是使用一般现在时态"are"和"mark"，该结论是从以往类似事件的经验中得出的，即审稿的过程中很可能会发现错误，那么就用记号标出来。因此，if 小句对本身和主句都隐含着很高的可能性。再如：

（353）If there was no medication, if there were no nurses, wouldn't people die a lot?
（COCA）

例句（353）是一个假设条件存在句，主句是一个反诘疑问句。反诘疑问句表明了说话者认为在这个从句表达的假设世界里，引发主句结果的可能性很大。结合句式标记 if 和主从句谓语的时态，从句和主句都是使用的一般过去时态"was""were""would"，表示从句是假设条件，这个假设的条件一旦满足，就很可能导致假设的结果。再如：

（354）If there were no prisons, well, where would the robbers go?

例句（354）也是一个假设条件存在句，主句是一个特殊疑问句，也是句子的焦点。特殊疑问句表明了说话者认为在这个从句表达的假设世界里，主句事实上表达了否定的含义，即"抢劫者"们将无处可去。根据句式的标记 if 和主从句谓语的时态，从句和主句都是使用的一般过去时态"were""would"，表示从句是假设条件，假设条件一旦满足，主句为真，抢劫犯们将无处安放。说话者更深的隐含语气就是不能满足假设条件，要防止主句假设的结果发生。再如：

（355）A mortgage will normally accept if there's no alternative.

例句（355）是一个真实条件存在句，主句是一个陈述句，不过放在了一般从句的位置，if 从句放在了一般主句的位置，if 条件句变成了句子核心，强调在没有其他选择的情况下，一般才会接受按揭贷款。该句的语气就是接受按揭贷款一定是在没有其他选择的条件下，在有其他选择的情况下，一般不接受按揭贷款。

所以，对于英语条件存在句的语用理解要结合句子的焦点来判断哪一部分是句子的重要信息，并根据语气即说话者对语句表达命题的情感和态度来正确理解句子意义。

4.5　汉语条件存在句研究

在考察完英语条件存在句之后，下面我们考察汉语条件存在句。本节主要从汉语条件存在句的分类、语义特点、句法特点和语用特点四个方面对汉语条件存在句进行研究。

4.5.1　汉语条件存在句的分类

汉语条件存在句根据条件小句表达的条件的真实性，也可以分为三类：真实条件存在句（开放条件存在句）、假设条件存在句（非事实条件存在句）和违实条件存在句（违反事实条件存在句）。真实条件存在句，又称开放条件存在句，条件从句表示的条件是真实的，可能导致的结果也是真实的。假设条件存在句，又称非事实条件存在句，条件从句表示的条件不是事实，是假设的条件，可能导致的结果也是假设的。违实条件存在句，又称违反事实条件存在句，从句表示的条件违反了事实，可能导致的结果也违反了事实。真实条件存在句的典型引导词是"如果"，"如果"同时是一个中性的引导词，还可以引导假设条件存在句和违实条件的存在句。引导假设条件存在句的引导词除"如果"外，还有"万一""假如""假若""假设"等。引导违实条件存在句的词除"如果"外，还有"要不是""若不是"等。例如：

（356）如果有一个重要人物反对或者从中作梗，你的提升很可能就会化为泡影。

（357）引线如果有一丁点错位，病人就会像猪一样被杀死或者电晕。

（358）我们是融了不少，但钱永远是不够的，最开始想如果有 1000 万多好啊，可以做很多事。

例句（356）是一个真实条件存在句，"如果"小句表示的条件是完全有可能发生的，它所导致的结果也是完全有可能发生的。例句（375）是一个假设条件存在句，"如果"小句表示的条件发生的可能性很低，它所导致的结果发生的可能性也很低。例句（358）是一个违实条件存在句，"如果"小句表示的条件违反了现在的事实，事实是我们目前没有这么多钱，它所导致的结果也与现在的事实不符，事实是许多事情我们目前没法做，因为没有这么多钱。

我们从北京大学汉语语料库 CCL 中挑选了 100 句汉语条件存在句，根据以上三类分类标准进行分类统计，结果发现假设条件存在句最多，占 50%；其次是真实条件存在句，占 39%；而违实条件存在句最少，占 11%（刘翠平，2019）。具体统计结果如表 4-3：

表 4-3　汉语三类条件存在句的分类百分比

类别	真实条件存在句	假设条件存在句	违实条件存在句
频数	39	50	11
百分比	39%	50%	11%

4.5.2　汉语条件存在句的语义特点

完整的汉语条件存在句包括条件小句和主句，二者之间的语义关系也包括四种：推断关系、序列关系、因果关系和言语行为关系。推断关系指根据条件小句 p 可推断出主句 q，p 是推论的基础，q 是推论。序列关系指根据时间关系序列，条件小句 p 发生在主句 q 之前，二者构成时间上的先后关系。因果关系指条件小句 p 是原因，主句 q 是结果，二者之间构成因果关系。言语行为关系指条件小句 p 是言语行为发生的条件，q 是满足条件的言语行为。例如：

（359）他走在人行道上，如果有一个漂亮姑娘擦身而过，他就会抹抹嘴巴大喊一句"雨子"。

（360）平心而论，我们家里如果有一个真正明白事理的人，大嫂或者不会落得那样的结果。

（361）如果有一块大石头挡路，骆驼商队就会绕过它。

（362）如果生活上有什么困难，尽管告诉我。　　　　　（BCC 语料库）

例句（359）是一个真实条件存在句，条件小句"如果有一个漂亮姑娘擦身而过"和主句"他就会抹抹嘴巴大喊一句'雨子'"之间是推断语义关系，条件小句 p 是推断的基础，主句 q 是推论。例句（360）是一个假设条件存在句，条件小句"我们家里如果有一个真正明白事理的人"和主句"大嫂或者不会落得那样的结果"之间的语义关系是序列关系，条件小句 p 发生在前，主句 q 发生在后，二者形成时间上的先后序列关系。例句（361）也是一个假设条件存在句，条件小句"如果有一块大石头挡路"和主句"骆驼商队就会绕过它"之间的语义关系是因果关系，条件小句 p 是原因，主句 q 是结果，二者之间形成因果关系。例句（362）是一个真实条件存在句，条件小句"如果生活上有什么困难"是履行言语行为的条件，主句是一个言语行为"尽管告诉我"，二者之间的关系是言语行为关系。

根据福柯涅（Fauconnier，1985，2002）的心理空间理论，当我们思维或展开语篇的时候，我们不断地建构和调整心理空间。汉语条件存在句条件小句和结果主句之间的语义关系如果从心理空间的角度来看也是要素和关系从基础空间（base space）到扩展空间（extended space）的映射和转移。一个心理空间可以建立在多个不同概念域的知识基础上，这些知识既包括直接经验又包括间接经验。认知结构和概念联结的一个主要特征就是识别原则（Identification Principle）。根据该原则，一个描述或点名了一个心理空间要素的表达式可以通达位于另外一个心理空间的对应项。如果两个要素 a 和 b 被一个连接词语联结，那么要素 b 就可以通过点名、描述或指向其对应项 a。这种认知分析可以揭示汉语条件存在句语义理解的认知机制。下面让我们从心理空间的角度来分析汉语条件存在句的语义理解的认知机制。例如：

（363）如果有一只旧鞋向马车后面掷过来，那可就不成体统了。

例句（363）包含三个心理空间：第一个是基础空间，包含要素 a. 旧鞋、b. 马车；第二个是假设空间，包含要素 a'. 旧鞋、b'. 马车，这两个要素是从基础空间的要素 a、b 映射而来的，还包含这两个要素之间的关系 a' 掷向 b'；第三个是扩展空间，包含要素 a". 旧鞋、b". 马车，这两个要素是从假设空间的要素 a' 和 b' 映射而来的，它们之间的关系 a' 掷向 b' 也转移到扩展空间，并导致了一种结果。具体来说，例句（361）中的"如果"建立一个假设心理空间，假设心理空间的要素 a'、b' 从基础心理空间的要素 a、b 映射而来，假设心理空间提出一个满足条件"掷（旧鞋，马车）"，满足了该条件，就导致一种结果"不成体统"。这一理解过程的认知机制可以用图4-3表示：

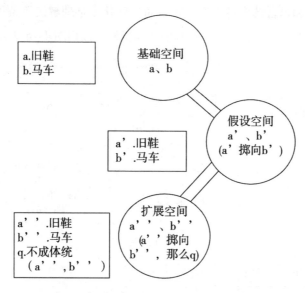

a.旧鞋
b.马车

基础空间
a、b

a'.旧鞋
b'.马车

假设空间
a'、b'
（a'掷向b'）

a''.旧鞋
b''.马车
q.不成体统
（a''，b''）

扩展空间
a''、b''
（a''掷向
b''，那么q）

图4-3 例句（363）句义理解的心理空间图

下面让我们看一个更复杂的例句：

（364）在八十年代，家里如果有一台彩色电视机就很了不起了，现在一台彩电还不如一条好烟值钱。

例句（364）包含四个心理空间：第一个是过去假设空间，包含要素 a. 家、b. 彩电和二者之间的关系：a 有 b；第二个是过去扩展空间，包含要素 a'. 家、b'. 彩电，这两个要素是从过去空间要素 a、b 映射而来，二者之间的关系也转移到扩展空间，就导致了一种结果 q1；第三个是现在空间，包含要素 a". 家、b". 彩电，这两个要素是从扩展空间要素 a'、b' 映射而来的，二者之间的关系也继续转移到现在空间；第四个是现在扩展空间，包含要素 a"'. 家、b"'. 彩电，它们是从现在空间的要素 a"、b" 映射而来的，二者之间的关系也继续转移到现在扩展空间，就导致了另外一种结果 q2。具体来说，在例句（364）中，空间建构词"在八十年代"，结合"如果"建构了过去假设空间，结合"就"建构了过去扩展空间，如果小句提出了一个满足条件"有（家，彩电）"，如果满足了这个条件，在过去扩展空间就产生了一种结果 q1：了不起（a'，b'）；空间建构词"现在"建构了现在空间和现在扩展空间，在现在空间里也提出了一个满足条件"有（家，彩电）"，如果满足了这个条件，在现在扩展空间里就会产生另外一种结果q2:不如值钱（b"'，c）。要素在心理空间之间的映射，要素之间的关系和语言结构在心理空间之间的转移，是理解汉语条件存在句句子意义认知机制的关键。这一理解过程的认知机制可以用图4-4表示：

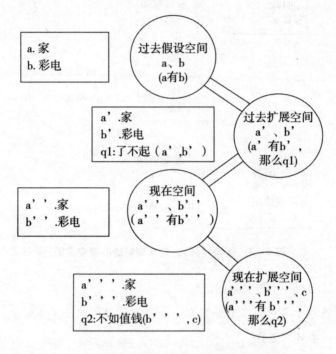

图4-4　例句（364）句义理解的心理空间图

4.5.3　汉语条件存在句的句法特点

汉语条件存在句可以分为真实条件存在句（开放条件存在句）、假设条件存在句（非事实条件存在句）和违实条件存在句（违反事实条件存在句）。汉语条件存在句最常用的、较正式的引导词是"如果"，一般和结果主句的连接词"那么""就""会""要"等连用。除了"如果"外，其他的引导词还包括"要是""假如""倘若""万一""要不是""只要"等。汉语条件存在句引导词大部分是中性的，既可以用于真实条件，也可用于假设条件。但是有一些引导词显然不是中性的，"要是""若是"一般表示真实条件，引导真实条件存在句；"万一"表示不是绝对没有可能，但是可能性极小，我们可以把它看成假设条件存在句引导词；同样，"要不是""若不是"具有明显的违实性，我们可以把它看成违实条件存在句的引导词。

大多数学者认为时态在汉语中不是一个语法范畴。词汇而非语法形式是汉语中时态表达的核心手段。汉语中的时态与条件存在句之间也没有英语中那样的密切关联，所以对汉语条件存在句的时态表现，我们主要看一看时间副词如"要"在结果小句中的使用，"又"和"再"在条件小句中的不同表现。

"要"作为现代汉语最典型的将来时标记，有一些使用上的特点，它往往表示将来时间发生的假设后果，其中的某一种情况就是一个假设事件的逻辑结果。例如：

（365）如果有一个爹爹在身旁的话，我也要紧紧地拉住他的手问他许多问题。

例句（365）是一个假设条件存在句，引导词"如果"和"要"搭配，结果小句中的"要"表示在假设条件下将要发生的事件，是导致将来结果的标记。再如：

（366）当然，如果有多位面试官，也要注意与其他面试官的眼神交流。

例句（366）也是一个假设条件存在句，结果小句中的"要"是导致将来结果的标记，表示在假设条件下将要发生的事件。

"又"和"再"作时间副词表示动作的重复或继续的，当用于汉语条件存在句的条件小句时，"又"只能出现在违实条件小句中，而"再"只能出现在违实条件小句之外的其他条件小句。例如：

（367）如果不是家里又有了第二个孩子，他们真不知道如何面对这件事情。

（368）如果不是手里又握着一个美国大学的录取通知书，他真不知道该如何选择。

例句（367）（368）都是违实条件存在句，时间副词"又"都出现在违反现在事实的条件小句中。例句（367）的实际情况是"家里现在有了第二个孩子"，否则"他们不知道如何面对这件事情"是预测的结果；例句（368）的实际情况是"他手里又握着了一个美国大学的录取通知书"，否则"他真不知道该如何选择"也是预测的结果。再如：

（369）如果家里再有孩子读书，负担之重可想而知。

（370）如果矿场再有几处塌方，他和那个安全员只好剃了光头去当犯人了。

例句（369）（370）都是假设条件存在句，"再"出现在假设条件小句中，实现的可能性不是一点儿没有，但是可能性不大，可以肯定的是，这两个句子都不是违实条件存在句。

时间副词"又"和"再"在汉语条件存在句中的用法限制与命题表达的事件类型有关。违实条件存在句否定的命题是已经发生的事件，与"又"的时态特征相符合；而其他类型的条件存在句如假设条件存在句则都是将来未发生的假想事件，与"再"的时态特征正好符合。

汉语标记假设条件的语法手段不像英语那样系统、单一，因此表达假设条件的形式就更为灵活。只要语境提供足够的暗示使受话人明白所给条件是假设的，句子本身有时可以没有任何上面我们指出的那些假设条件的形式。

汉语条件存在句在语法方面的另一个重要特点和语序有关。汉语条件存在句包括条件小句和结果小句两部分。汉语条件存在句的一般语序是条件小句在前，结果小句在后；但有时是结果小句在前，条件小句在后；甚至有时条件小句位于句子的中间。例如：

（371）如果不解决上述存在的不足和问题，中国特殊教育很难得到更大的发展。

（372）这个任务太大，任何人也不能担当，还是留给上帝独自担当吧，如果真有一个上帝的话。

（373）任何个体，如果没有间接经验，且不说发展，就连生存都不可能。

（CCL 语料库）

例句（371）是一个真实条件存在句，条件小句表示前提条件，放在句子的前面，结果小句表示可能导致的结果，放在句子的后边，强调结果。这是汉语条件存在句中最常见的语序，也是一种优势语序。但例句（372）的语序刚好相反，这是一个假设条件存在句，结果小句放在句子的前面，而条件小句则放在句子的后面，强调前提条件"如果真有一个上帝的话"。这是一种事后追补语（afterthoughts），强调补充的前提条件。另外一个可能的原因是前面的结果小句与前文保持着篇章的连续性。例句（373）的条件小句既没有放在句子的前面，也没有放在句子的后面，而是放在句子的中间，这是一个假设条件存在句，放在中间的条件小句补充说明前提条件，整个句子强调的是可能导致的结果。

和英语条件存在句相比，汉语条件存在句的语序更灵活，条件小句可以出现在三个位置，句子前面、句子后面和句子的中间；而英语条件存在句的条件小句一般出现在两个位置，要么出现在句子的前面，要么出现在句子的后面，很少出现在句子中间的位置。条件存在句在英汉两种语言中的优势位置都是条件小句在前，结果小句在后，是最常见的无标记语序。但有时为了表达的需要，也可以把二者的顺序颠倒，即结果小句在前，而条件小句在后。这种条件存在句句子的顺序是有标记的，不是优势语序。我们将在4.6节解释这种共同优势语序的原因。

4.5.4 汉语条件存在句的语用特点

关于汉语条件存在句的语用层面，我们主要分析焦点（focus）和语气（mood）。焦点是指一个句子中最为重要的信息，是说话人希望听话人格外注意的部分。从信息的角度讲，话题一般是旧信息，焦点是新信息。不同的语言可能采用不同的语法手段来表达不同种类的焦点。有的用重音来表示焦点，有的用焦点敏感算子如"只""是"来表示焦点，有的用语序来表示焦点。焦点与句法、语用都有关系，焦点总是对应于某个句法形式。Lambrecht（1994）将焦点分为宽域焦点和窄域焦点。宽域焦点指是由包含两个或两个以上的句法单位的形式充当的焦点，其中又可分为句子焦点和谓语焦点。句子焦点以整个句子为焦点，句中不包含预设成分；谓语焦点以谓语为焦点，主语属于预设的部分。窄域焦点是指仅由一个句法单位充当的焦点，句子的其他部分都属于预设范围。

汉语条件存在句的焦点属于句子焦点。在概念化过程中，从句表达的事件往往是主句表达事件的起因或前提即参照点，所以从句对应背景，主句对应焦点。认知语言学家Talmy对英语复合句中与时间顺序相关的复合句进行分析，总结出这类句子中的焦点与背景之间的关系以及焦点/背景的定位原则，最后提出了以下几个原则：顺序原则、因果原则、决定原则、替代原则、包含原则（李福印，2008）。

汉语条件存在句的条件小句与结果小句之间也是背景与焦点之间的关系，条件小句对应背景，结果小句对应焦点。确定二者之间关系的原则主要是因果原则和顺序原则。当条件小句表示原因，结果小句表示结果时，适用因果原则，一般语序是原因在前，结果在后，这时结果小句是句子的焦点。当条件小句表示发生在前面的事件或推理的前提，结果小句表示发生在后面的事件或推理的结论，适用顺序原则，一般的逻辑顺序是先发生的事件或前提在前，后发生的事件或推论在后，这时表示后发生事件或推论的小句是句子的焦点。例如：

（374）如果有沉淀产生，一定要水浴加热溶解，并混匀后才能使用。

（375）有人告诉我说，人体如果有一个部位受了伤残，其他部位便会得到加强。

（376）如果有其他的杂质原子或离子占据了这个空位，就会形成了替代式杂质。　　　　　　　　　　　　　　　　　　　　　　　（CCL 语料库）

例句（374）是一个真实条件存在句，条件小句和结果小句之间是因果关系，条件小句"如果有沉淀产生"是背景，结果小句"一定要水浴加热溶解，并混匀后才能使用"是句子的焦点。例句（375）也是一个真实条件存在句，条件小句和结果小句之间是顺序关系，条件小句"人体如果有一个部位受了伤残"表达的是先发生的事件，结果小句"其他部位便会得到加强"表达的是后发生的事件，条件小句是背景，结果小句是句子的焦点。例句（376）也是一个真实条件存在句，条件小句是推理的基础，结果小句是推理的结论，结果小句是句子的焦点，也是说话者希望听话者特别关注的信息。

以上例句都是条件小句在前，结果小句在后的常见的、无标记句序。此外，汉语条件存在句还有不同的语序，例如：

（377）校友也会及时把信息反馈到学校，公司内部如果有空缺的话。

（378）世界上没有包治百病的灵丹妙药，如果有，那就是自信。

（CCL 语料库）

例句（377）是一个真实条件存在句，与前面例句不同的是该例句的结果小句在前，条件小句在后，条件小句位于通常的焦点位置，强调前提条件"公司内部如果有空缺的话"，才可能导致结果产生，否则就不能导致可能的结果。和通常的汉语条件存在句的句序相比，这是一个特殊的、标记性的句序，主要目的是强调条件小句的前提条件。另外一个原因可能是前面的结果小句与前文保持着篇章的连续性。例句（378）是一个假设条件存在句，条件小句位于句子的中间，起着补充说明前提条件的作用，是句子的补充背景，结果小句"那就是自信"是句子的焦点。

所以汉语条件存在句的焦点一般是结果小句，条件小句是背景，句子的后边一般是焦点的位置，句子的前边一般是背景的位置。这时是无标记位置。有时为了强调条件的前提作用，会把条件小句放在句子的后面，即通常的焦点位置，这时条件变成了句子的焦点。这时是有标记位置。有时为了补充说明前提条件，把条件小句放在句子的中间，这时的条件小句是补充背景，但句子的焦点仍然是结果小句。

下面我们看一看汉语条件存在句的语气。广义的语气包括语气和口气。狭义的语气只有四种：陈述语气、疑问语气、祈使语气和感叹语气。口气包括肯定、否定、迟疑、活泼等。根据齐沪扬（2002）的观点，语气系统包括功能语气和意志语气两个方面。功能语气主要包括陈述、疑问、祈使和感叹语气四个方面，而意志语气主要包括可能语气、能愿语气、允许语气、料悟语气四个方面。语气的表达手段除了语法形式外，还可以使用语气词如啊、吗、呢、吧、嘿、的、了等，助动词如可以、能够、愿意、想、应该、会等，语气副词如难道、何尝、一定、必然、果然等，和叹词如啊、了等。

汉语条件存在句可以用于陈述、疑问、祈使和感叹四种语气，当用于这四种语气时是否都是允准的呢？让我们看看下面的例句：

（379）在清洗过的工件表面涂上渗透剂，如果有缺陷，它就会渗入缺陷中。

（380）这个地区如果有相当的农田林网和防风固沙林，风沙还会这么猖獗吗？

（381）农场如果有一半的面积能按试验区技术进行改造，其增产潜力是何等可观！

（382）如果有什么新情况，马上向他报告。　　　　　　（CCL语料库）

例句（379）是一个真实条件存在句，结果小句是一个陈述句，其中的助动词"会"表达了作者肯定的语气。例句（380）是一个假设条件存在句，结果小句是一个疑问句，借助于助动词"会"和语气词"吗"，表达了作者否定的语气。例句（381）也是一个假设条件存在句，结果小句是一个感叹句，借助于叹词"何等"，表达了作者肯定且赞叹的语气。例句（382）也是一个真实条件存在句，结果小句是一个祈使句，借助于时间副词"马上"，表达了作者不容怀疑的命令。从以上例句我们可以看出，陈述语气、疑问语气、感叹语气和祈使语气在汉语条件存在句中都是允准的，借助于助动词、副词以及语气组成，可以表达作者肯定或否定的语气。

但是汉语条件存在句对有的语气的使用则有所限制，如"只有""只要"类条件存在句不能使用祈使语气。"只要""只有"类条件存在句往往使用陈述语气，例如：

（383）有血友病的人，只要皮肤有轻微碰伤，或进行拔牙等小手术，都会导致难以制止的严重出血。

（384）只要手中有本地图，走到哪里都不会迷路。

（385）只有手中有粮，才能心中不慌。 （CCL 语料库）

例句（383）是"只要"引导的真实条件存在句，结果小句是陈述句，借助于助动词"会"，表达了作者肯定的语气。例句（384）也是"只要"引导的真实条件存在句，结果小句是陈述句，借助于助动词"不会"表达了作者否定的语气。例句（385）是"只有"引导的真实条件存在句，结果小句也是陈述句，借助于助动词"能"，表达了作者肯定的语气。以上三个"只要""只有"引导的条件存在句不能使用祈使语气。

4.6　英汉条件存在句的异同与认知解释

考察完英语条件存在句和汉语条件存在句以后，本部分我们总结英汉条件存在句的相同之处和差异性，并进行认知解释。作为两种语言中的相同构式——条件存在句，它们之间具有许多相同之处，这是语言的共性所决定的。英汉条件存在句的相同之处主要体现在以下六个方面：

从语义层面来看，英语条件存在句和汉语条件存在句有两条相同之处。首先，这两种条件存在句的条件小句与结果小句之间的语义关系相同，都包括四种语义关系：推断关系、序列关系、因果关系和言语行为关系。这是由这两种相同构式的语义要件和构式意义决定的。

英汉条件存在句都包括两个语义要件：条件小句和结果小句。该构式的构式意义，由某种条件导致某种可能的结果，结合认知逻辑，这两个语义要件之间的关系无外乎这么四种。这是人类的认知逻辑关于可能世界在语言中的反映。

其次，英汉条件存在句的条件小句中的存在客体前面都要使用不定冠词，不能使用定冠词。这是由英汉条件存在句的性质决定的，条件存在句也是一种存在句，英汉存在句的存在客体前面都要使用不定冠词，因为存在句的功能是引入一个新话题。不定冠词引导的名词是新话题、新信息，而定冠词引导的是旧信息。所以，英汉条件存在句的条件小句中的存在客体前面都要使用不定冠词。根据认知语法（Langacker，1987，1991），英语条件存在句的 there 和汉语条件存在句的处所都是一个搜索域（search domain），搜索域中存在某一类客体的许多例示（instance），但是说话者和听话者不能就某一类客体的某一个具体例示建立心理接触（mental contact），所以只能用不定冠词。

从语法层面来看，英语条件存在句和汉语条件存在句有三条相同之处。第一，就语序而言，英语条件存在句和汉语条件存在句的优势语序都是条件小句在前，结果小句在后。这是由人类背景—图形的认知规律决定的。条件小句是背景，结果小句是图形或焦点，就条件和结果而言，我们更关注结果，所以结果是图形或焦点。根据 Greenberg（1966）的观点，语序是平行于实际认知经验或知识顺序的，条件小句前置的倾向是对人们逻辑思维顺序的像似性（iconicity）的反映。Comrie（1986）也是用像似性来解释，不过不同于 Greenberg 提出的逻辑思维顺序像似性，他提出时间顺序像似性和因果顺序像似性。Comrie 认为条件句小句间的线性顺序反映了小句时间指示上的顺序，即条件小句的时间指示通常是在结果小句之前，所以他提出时间顺序上的像似性。除此之外，Comrie（1986）还提到因果顺序像似性。因为条件小句和结果小句之间存在着因果关系是条件存在句的典型特征之一，因此他认为条件小句前置于结果小句的语序，可能是对两小句之间原因在结果之前的关系的像似性反映。我们认为，顺序性和因果关系只是条件存在句前后小句之间的两种典型语义关系，还包括推理关系和言语行为关系，如果仅仅解释为时间顺序像似性或因果顺序像似性，只能涵盖两种语义关系，另外两种语义关系却没有涵盖，事实上这四种语义关系的共同点就是根据我们的认知经验和思维逻辑，条件小句（无论哪种语义关系）总是逻辑思维的前件，或发生在前或是原因或是推理、采取行动的前提，所以如果从像似性的角度来解释，应该是认知逻辑思维顺序的像似性更合适，因为这样就涵盖了英汉条件存在句前后小句之间的所有四种语义关系。

第二，英汉条件存在句除了条件小句在前、结果小句在后的优势语序外，还都有结果小句在前、条件小句在后的相反语序。这是由背景—图形选择的主观性造成的。一般把条件小句看作背景、结果小句看作图形，按照背景—图形的认知规律，形成优势语序。但是，根据表达的需要，作者可以发挥主观性，也可以把结果小句选作背景、把条件小句选作图形，这样就变成了结果小句在前、条件小句在后的语序。根据 Langacker（1987，1991）的认知语法，对同一个场景可以有不同的识解。影响识解的参数有很多，如视角、详略度、注意、凸显等。很多学者（例如 Talmy，1978；Langacker，1987）已经注意到观察一个场景所采取的视角对语义和语法结构的重要影响。主观性/客观性（subjectivity/objectivity）就是视角的两个不同维度。"主观性"是指语言的这样一种特性，即在话语中多多少少总是含有说话人"自我"的表现成分，从而在话语中留下自我的印记。语言的这种自我印记主要集中在说话人的视角（perspectives）、说话人的情感（affect）和说话人的认识情态（epistemic modality）三个方面。对客观情景的主观识解和所形成的概念表征受人的认知系统和认知能力的支配，因此，从本质上说，"主观性"是一个认知概念，但它还受到语用因素的制约。认知系统和认知能力赋予概念主体多个识解方式，构成潜在的认知资源。但是在特定的语境中，具体选用哪种方式、哪些结构去传达信息、构建话语，离不开语境、交际意图等语用因素的制约。选用条件小句作为图形，作者就是要强调条件的前提作用，语气的焦点就是没有这个条件小句表达的条件作为前提，就没有结果小句表达的导致的可能结果。抑或是为了强调结果小句与前文的连续性。所以，这种结果小句在前、条件小句在后的非优势语序是语言识解的主观性引起的，是基于具体交际意图，在特定语境留下自我印记的语言表达方式。改变语序就是留下自我印记即体现主观性的手段。

第三，英汉条件存在句都需要构式标记和情态动词的搭配使用。英语的需要构式标记 if...（then）... 和情态动词 can、may、will、shall 以及它们的过去式 could、might、would、should 等搭配使用；汉语的需要构式标记"如果……（就/那么/便）"和情态动词可（以）、能（够）、愿意、想、应该、会等搭配使用，表达特定的构式意义：某处虚拟存在某一客体和可能导致的结果，以及说话者本人对这一结果的认识情态。这是由这一构式意义的共性决定的。不同的情态动词反映了说话者对结果认识情态的差异，也是语言主观性的体现。英汉语使用者在使用这一构式时都涉及了识解的主观性。

从语用层面来看，英汉条件存在句都有陈述、疑问、感叹和祈使四种语气，一般都把结果小句作为句子的焦点。语气和助动词及其他词类结合表达肯定、否定或迟疑等意涵。从语用功能来讲，英汉真实、假设和违实条件存在句都可以引入一个话题。真实条件存在句一般用作软化口吻或引出对照，通常用在杂志、学术以及实用语篇中。假设条件存在句提出未来事件的可能性并基于假设进行推理，可用于多种场合的假设情形。违实条件存在句常常用于劝告或建议，通常在小说中使用。这是由这一构式的语义、语法和语用特点决定的，是语言的共性之一。

英汉条件存在句除了在语义、语法和语用三个方面存在的六条相同之处之外，它们也有一些差异性，差异性主要表现在两个方面：

第一，英汉条件存在句在标记条件实现的差异性方面，采取的语言手段不同。英语是典型的通过时态来表示不同类型条件句的语言，即用现在时表示真实条件句，而用过去时或过去完成时表示非真实条件句。语气往往与时态相结合来表示条件句现实性上的差异。英语条件存在句具有时态的后移性，也就是说条件小句的时态一般要和结果小句的时态一致。而汉语往往使用词汇手段来表示条件句现实性的差异，如使用语气助词"了"表示完成，语气词"呢""吧"表示假设语气，另外还有"……的话""啊"等助词也可以用于条件表达。汉语还可以通过语境来判断条件句现实性的差异。汉语条件存在句没有时态的后移性。这和英汉两种语言所属的语言类型有关，英语属于曲折语言，用曲折变化手段也即词的内部形态变化来表示语法关系，例如时态；而汉语属于典型的孤立语，这类语言的特点在于一般不是通过词形变化，即词的内部形态变化，又称作曲折变化来表达语法的作用，而是通过独立的虚词和固定的词序来表达语法意义，而且一般缺乏多数的格变化，但是却有丰富的意境变化。

第二，汉语条件存在句的语序比英语条件存在句的语序更灵活。英语条件存在句的一般语序是条件小句在前，结果小句在后；也有少量的结果小句在前，条件小句在后的例子。汉语条件存在句的一般语序也是条件小句在前，结果小句在后；也有少量结果小句在前，条件小句在后的例子；但是，汉语的条件小句有时还位于句子的中间，所以汉语条件存在句的条件小句具有前、后、中三种位置，而英语的只有前或后两种位置。这是英汉语言中词类的概念化方式差异造成的，特别是和存在动词的概念化方式差异有关。英汉语词类的概念化方式存在差异，概念化不仅包括词汇意义还包括副语义特征如方向、程度、详细度等，例如当概念化"拿"这个动作时，汉语的方向并没有包括在内，即方向是不固定的，要想表述具体的方向，还要加上趋向动词"来"或"走"，就变成了"拿来""拿走"。而英语的"take"一词，不仅包括"拿"的词汇意义还包括拿走的方向，英语的"bring"一词也是如此，包括"拿"的词汇意义和拿来的方向，所以 take 是"拿走"，bring 是"拿来"，汉语需要两个语码，而英语只需要一个语码。这就是英汉动词概念化方式的差异。英汉其他词类在概念化方式上也存在差异，例如介词，汉语的介词"在"概念化时方位是不固定的，想要表示具体位置，还要加上方位名词"里边""上边"，而英语的介词"in""on"概念化时位置和方位都是固定的，所以汉语要用介词加上方位名词，才等于英语的单个介词，in 是"在……里面"，on 是"在……上面"，汉语需要三个语码，而英语只需要一个语码。这是英汉介词概念化方式的差异。英汉存在动词概念化方式也存在差异，汉语存在动词，如"有"等，概念化时方向不固定，存在客体可以位于存在动词的右向或左向，视表达的需要而定；而英语的存在动词"there be"概念化时方向固定，存在客体一直位于存在动词的右边，只能是右向的。所以汉语条件存在句的条件小句的语序更灵活，而英语的往往位于句首。所以，我们认为，这是语言概念化方式差异在语码化和结构化方面的表现。

4.7　小结

本章主要对比研究了英汉条件存在句。首先，详细系统地考察了英语条件存在句的分类，然后分析了英语条件存在句的语义特点、语法特点以及语用特点。然后，系统地考察了汉语条件存在句的分类、分析了汉语条件存在句的语义特点、语法特点以及语用特点。接下来总结了英汉语条件存在句的相同之处和差异性，并进行了认知解释。英汉条件存在句都可分为三类：真实条件存在句、假设条件存在句和违实条件存在句。英汉条件存在句条件小句与结果小句之间有四种语义关系：推断关系、序列关系、因果关系和言语行为关系。条件小句和结果小句都可以建立不同的心理空间，要素在心理空间之间的映射，要素之间的关系和语言结构在心理空间之间的转移，是理解英汉语条件存在句句子意义认知机制的关键。英语条件存在句使用时态表示条件现实性的差异，具有时态后移性。汉语条件存在句使用词汇手段表示条件现实性的差异，没有时态后移性。英汉条件存在句的优势语序都是条件小句在前，结果小句在后，结果小句往往是句子的焦点。英汉条件存在句都有四种语气陈述、疑问、祈使和感叹，结合词汇和语法手段表示肯定或否定等语气意涵。英汉条件存在句在语义层面有两点相同之处，在语法层面有三点相同之处，在语用层面有一点相同之处，总共有六点相同之处，这是语言的共性；同时在语法方面还有两点差异性。最后，使用不同的认知语言学理论对英汉条件存在句的异同进行了详细的解释。

第 5 章

隐现句的认知研究

5.1　引言

　　存现句是表示什么地方存在、出现或消失了什么人或什么事物的句式。存现句包括存在句和隐现句。存在句是表示什么地方存在什么人或事物的句子，而隐现句是表示什么地方出现或消失了什么人或事物的句子。典型的隐现句以"处所词语＋动词语＋名词语"为一般结构式。这里的名词语指出现或消失的人或事物。隐现句在意义上可以表示出现、消失和变化等。例如："店里来了客人""身上出疹子了""村里死了一位老人""衣服掉了一个扣子""他脸变了态度"，等等。第一和第二个例句表示人或事物的出现，第三和第四个例句表示人或事物的消失，第五个例句表示事物的变化。隐现句的三个部分都有自己的语言特点，我们将在正文中详细分析这三部分的语言特点。隐现句的许多特点，如句子语序、名词语绝大部分都是无定的以及名词语前一般使用数量修饰语等都有认知动因，在分析完隐现句三部分的语言特点后，我们将分析这些特点后面隐藏的认知规律，揭示语言本质，以加深对隐现句的认识。

5.2　文献综述

　　关于存现句的结构特点，朱德熙（1982：114）认为"存现宾语表示存在、出现或消失的事物。此类宾语出现在以下两类句式：A 黑板上写着字；B 对面来了一个人。这两类句式的主语都是处所词或处所词组，宾语都是无定的。"他同时指出，A组和B组也有区别：A组表示存在，B组表示出现或消失；A组的动词都是表示状态的，B组动词都是表示出现或消失的；A组动词带后缀"着"，B组动词带后缀"了"或带宾语。

李临定（1986）首先按照结构标准，把隐现句分成了六个类型，包括：①名处＋动＋名施；②名时＋动＋名施；③名时＋［名处］＋助动＋动＋名施；④名处＋动＋名处＋名施；⑤名＋动＋名施；⑥［名处］＋动＋名施＋动；其中第一种是最常见的。然后，他又按中段动词的情况，将隐现句进一步分为"来"类、"动＋来"类、"出现"类、"长"类、"去"类、"走"类等六类。李临定认为，"来"和以"来"为第二成分的复合词，如来、上来、下来、进来、出来、回来、过来、起来，等等，可以统称为"来"类词，以"来"类词为动词性成分构成的隐现句就是"来"类隐现句。他以中段动词为标准，对隐现句进行了进一步的划分。

陈建民（1986：79）把"存现句"称为"存现宾语句"。他认为，这类句子前面都是表示处所的词语，处所词后面是动词，通常带体标记"着"或"了"，动词后面的名词语（含数量词）一般表示无定。根据动词的语义性质，可分为两类：存在句，其结构式为"Y＋V＋着＋NP"；隐现句，其结构式为"Y＋V＋趋向成分＋NP"。关于存在句，陈建民认为，有静态存在句，也有动态存在句；表示处所的词语位于动词之前，都是确指的。他指出，存现句动词后面的NP如属施事词语，大多数表示无定，即使个别表示有定，也要加上意义较虚的"一个"或"个"，以模糊有定的性质。

宋玉柱（1987）指出，隐现句的结构和存在句基本相同，一般也都是由三段组成，即处所词语/时间词语＋动词结构＋名词结构，抽象为公式，可写作：NPL/NPt＋VP＋NP，依次为A，B，C三段。A段一般是表处所的词语，最常见的是方位词组，有时隐现句可以没有A段；B段是动词结构，基本上有两种形式：动词＋"了"，动词＋补语；C段是名词性结构，表示出现或消失的人或东西，最常见的、大量出现的是数量名结构。

崔建新（1987）把隐现句表征为NL1＋V＋DV1＋N，其中NL1是表示方位或处所的词或词组，V代表动词，DV1代表趋向动词，N代表名词性成分。他把隐现句的动词分成三类：①表出现或消失的瞬时性动词，动词后须有"了"，如出现、爆发、添、死、掉、少等；②表趋向的动词，动词后可附着"了"，也可没有，如进来、出来、下来、上来等；③动作性动词，它必须和趋向动词相结合构成述补结构，才能充当隐现句的述语，如跑来、送来、传来、露出、吐出、流出、扬起、驶过、飞出来、流下等。隐现句中包含的动词的类要比存在句广泛得多，这里的第一类、第二类动词是根本不可能在存在句中出现的，共同的只有在第三类动词出现，但存在句在动词后加"着"，而隐现句在动词后加"了"或不带，这种试加词的方法可以把二者区分开来。

谭景春（1996）探讨了一种表破损义的隐现句。这种句型与隐现句的特点基本一致，结构上也是由"处所词/方位词组＋动词＋数量名词组"组成，但表示的是某个物体上出现了某种破损的痕迹，例如，"脸上划了个口子""鞋底磨了个大窟窿"等。他把它称为破损隐现句。破损隐现句的 A 段是处所词或方位词组，能够进入破损隐现句的动词与一般隐现句的 B 段动词不同：进入破损隐现句的动词大部分是及物的，少数是不及物的；而一般隐现句的 B 段动词都是不及物动词；破损隐现句的 B 段动词大部分是非自主动词。C 段是 B 段动词的宾语，绝大部分是动词造成的结果，少部分是动词的受事，C 段必须是数量名词组。

邢福义（2002：178）指出："存在句通常叫作存现句，是说明人或事物的存在、出现或消失的句式。其基本格式为：某处存在着（出现了/消失了）某人某物。"他认为，存现句的基本特点表现在三个方面：①主语的方所性；②动词的存现性；③宾语的施事性和不确指性；或者二性兼而有之，或者必须具有其中一性，如"大树下蹲着一个人"（二性）、"墙上贴着一幅画"（一性）。关于存现宾语的不确指性，邢福义指出了一个特例"车上跳下来周恩来同志和王若飞同志"（方纪《挥手之间》），他认为这是一个结构趋简的凝缩说法，由"车上跳下两个人，这两个人就是周恩来同志和王若飞同志"凝缩而成。

古川裕（2001）提出一条"显著性原则"假说来解释隐现句名词前面为什么要使用数量词定语。根据他的"显著性原则"假说，在人的认知结构上"凸出来"的事物因为很显眼，所以很容易被人们看作是有界的个体事物。在语法结构上，这种有界事物需要有数量词定语来修饰，要以显眼的形式即有标记的数量名词组来表达。与此相反，在认知结构上不显眼的事物很容易被人们看作无界事物，可以用不显眼的形式即无标记的光杆形式来表现。隐现句的处所是背景，出现或消失的名词是图形，是凸显的事物，是有界的个体，要用有标记的形式即数量词定语来修饰。汉语双宾语句的宾语也是如此，而否定句、疑问句、祈使句和条件句等句子里的宾语都没有所指事物，一般都以无标记的光杆形式出现，排斥数量词的修饰。

周芳、刘富华（2002）从句法、语义、语用三个方面分析了汉语隐现句的三个组成部分及其相互关系。他们把隐现句分为 A、B、C 三段，A 段是时地词语，B 段是动词，C 段是名词语。他们指出，A 段多是表时间或处所的词语，其中最常见的是方位词组；B 段动词从语义上看，大都具有隐现义或趋向义，从句法上看，大都是单向动词；C 段的名词性词语是隐现句的语义重心，是作者要传达给读者的信息焦点。从语用上看，隐现句具有明显的"话题—说明"结构。

宣恒大（2011）对现代汉语隐现句进行了全面的考察分析，特别是对汉语隐现句的范围、语序、篇章功能、历时演变诸方面进行了较深入的探讨，并对隐现句的界定、隐现句中出现句和消失句的使用频率不对称做出了自己的解释。他从构式语法出发，将隐现句看作一个构式，探讨句式义、句式的原型特征及其引申机制，在整体的背景下考察构式各部分对整体意义形成的贡献以及与整体意义的互动和谐。

从以上文献可以看出，此前的有关隐现句的研究成果主要分布在隐现句的定义、分类、结构、结构中 A、B、C 三段的描述等，对现代汉语隐现句的研究具有重要的理论指导意义，令人深受启发，特别是对隐现句语言事实的分类描写，全面系统翔实。但是也存在一些不足，对语言规律的解释不足，特别是对语言表达式背后的认知规律的解释很少。所以，本研究希望基于大型语料库的语料，结合认知语言学等理论，对语言表达式背后的认知动因进行挖掘，增强解释力。

5.3 理论基础

根据兰盖克（Langacker，1987）的认知语法，图形/背景组织是认知运作的一个有效的基本特征。根据认知语法假设，概念结构中普遍使用的图形/背景组织对语义和语法结构的分析十分重要。从印象上看，一个场景的图形（figure）就是从其剩余部分即背景（ground）中凸显出来的次结构，作为组织场景的中心实体，在该场景所提供的背景下予以凸显。图形/背景组织一般不是由一个特定场景自主决定的，选取不同的图形来构建同一场景也是完全有可能的。但是，一个具体图形选择的自然性和可能性会受到各种因素的影响。一般来讲，一个相对紧密的、运动的、与周围环境形成鲜明对比的区域很可能被选择为图形。移动是一个高影响因素。如果可能将场景中的某个实体识解为相对于其他实体而变化位置，那么这一实体通常被选择为图形，并被解释为在其他实体所组成的背景中移动。图形/背景组合很容易与比较事件中的目标和标准的不对称性联系起来，具体地讲，我们很容易把标准当作参照背景，把目标分析成一种局部图形。图形/背景组织这一基本认知运作规律对于语言结构如介词短语、单句的主语和宾语，甚至复合句如条件句都有解释力。

下面我们看一看不定冠词认知解释的理论基础。Langacker（1991：103）认为，不定冠词的实质就是不能提供足够的信息在听话者和一个具有独特决定性（uniquely determined）特征的、来自事物类 T 的例示 t_i 之间建立心理接触（mental contact）。什么叫心理接触？Langacker（1991：91）指出："一个人在他目前的心理状态下，把某个例示 t_i 挑选出来，使它处于个体的清醒意识状态，那么这个人就和这个例示 t_i 建立了心理接触。当说话者 S 和听话者 H 都和例示 t_i 建立了心理接触，那么完全的指称协调（full coordination of reference）就达到了。"简单地讲，心理接触就是在说话者当前的心理状态中被挑选出来处于个体清醒意识状态的客体。心理接触是很容易实现的，因为它涉及的客体不需要真实，也不需要知道关于客体的具体信息，也就是说仅仅意识到那个客体就够了。

一般认为，不定冠词 a 一般具有具体（specific）和非具体（non-specific）两种解读。

认知语法认为，不定冠词的具体和非具体的两种用法都能建立指称对象（Langacker，1991：104）。Langacker 引用 Hawkins（1978）的观点，即不定冠词和定冠词在"独特性"（uniqueness）方面形成对照：不定冠词意味着名词短语本身不足以在听话者和该事物类的一个具有独特性决定特征的例示之间建立心理接触。例如，甲和乙两个人在修理一辆轿车，地上有许多扳手，这时候甲对乙说："Hand me a wrench!" 这个句子当然没有问题，但乙听了以后很难决定该递给他哪个扳手，因为由即时的物理情景所决定的当前话语空间中有许多扳手的例示（multiple instances）。但如果甲说："Hand me the wrench!"，如果手头只有一个扳手的话，这个例句就不成问题，听话者很清楚动作的对象，因为出现的是一个独特性的例示。以上的分析说明不定冠词 a 勾画了一个具体事物，并显示出名词短语的确在听话者和事物类 T 的一个例示 t_i 之间建立了心理接触，但是名词短语本身不能使例示 t_i 的选择相对于当前话语空间具有独特性。也就是说听话者和一个例示 t_i 有了心理接触，但是名词短本身并不能提供独特性的信息使说话者作出一个具体的选择，换而言之，不能使心理接触进一步具体化，因为缺乏独特性信息。因此，不定冠词的意义就是在听话者和事物类的一个例示 t_i 之间建立了心理接触，但这种心理接触仅仅局限于知道它是一个子空间的要素而已（如扳手是愿望空间的要素）。为了一个具体的即时目的"突然出现"（conjured up），因缺乏独特性信息，听话者并不能和一个具体的例示 t_i 建立心理接触。正是基于听话者只知道任意例示 t_i 是子心理空间的要素，无法具体化这一点，我们把不定冠词的认知实质归纳为"泛心理接触"。这就是我们将要用来解释隐现句中无定现象的认知语法理论基础。

　　关于隐现句名词需要数量修饰词这一现象的认知解释的理论基础是古川裕（2001）提出的"显著性原则"（saliency principle）假说。根据古川裕的观点，在人的认知结构上"凸出来"的事物，因为很显眼（salient），所以很容易被人们认作是"有界的个体事物"，在语法结构上这种有界事物要用数量词定语来加以修饰，要以"显眼的形式"，即有标记的形式（marked form），数量名词组来表达。与此相反，在认知结构上"不显眼的事物"很容易被看作无界的事物，可以用不显眼的形式（即无标记的光杆形式）来表达。这个假说的理论背景是，语言结构是人的认知结构（经验结构）的模型，换而言之，语言结构的某种特点是相应的认知结构或经验结构的特点的具体表现。根据这个看法，古川裕主张：认知上凸出来、很显眼的外界事物，需要用显眼的有标记形式来表达。所以，事物的"显著性"就是促动名词"有标性"的主要认知动因。他用结果宾语、双宾语和隐现句宾语证明了这一假说的解释力。

　　为了解释隐现句中动词的单一性，我们需要构式语法（construction grammar）作为理论基础，特别是构式语法中提到的构式压制（construction coercion）现象。Harris & Taylor（1997）指出，自古以来很多学者就将构式视为有意义的形式。既然构式和词汇都有意义，那么这两者之间有何关系？Goldberg（1995：2）指出，动词语构式之间存在着互动的关系。根据王寅（2009）的观点，这种互动体现在角色和意义两个方面。角色互动包括语义连贯、对应两项原则和构式压制。动词和构式的角色互动之后，有两种结果：要么正常，要么异常。在正常的情况下，两者的角色完全一致并互相融合，就能生成完全可接受的句子；在异常的情况下，两者的角色不一致，想生成合乎要求的句子，构式就会出现压制现象，迫使动词增加或减少角色。因此，整个句子的意义不仅是由于其中的词语通过组合获得的，"摸不着"的构式也做出了一定的、甚至很重要的贡献。这种贡献就体现在构式压制上，即构式可迫使主要动词改变论元结构和意义为整个句子增添一些额外的意义。到底什么叫构式压制？不同的学者给出了不同的解释：

构式对词项施压使其产生跟系统相关联的意义（Goldberg，1995）。

压制是指为了消除语义冲突或修补错误匹配而对构成成分进行重新解释的机制（DeSwart，1998）。

如果一个词项在语义上跟它所出现的形态句法环境不相容，那么该词项的意义就应当适应包含它的结构的意义（Michaelis，2004）。

句子的意义来自构式义和词汇义的相互作用。如果构式义与词汇义一致，则两种意义互相加强。如果两种意义相互冲突，则会出现两种结果，一种是句子在概念上不合格，另一种是构式义或词汇义占优先地位，从而消除冲突。这种意义冲突的消除被称为"压制"（李勇忠，2004）。

压制是指句法结构中出现不是所期望、默认或一致的词项，从而调整词项意义的情况（董成如、杨才元，2009）。

当动词义与构式义不完全一致或相冲突时，构式常会迫使动词改变其论元结构（增加或减少动词的论元数量）和语义特征（王寅，2011）。

所谓构式压制，指的是这样的现象：在词项进入构式的过程中，如果词项的功能及意义跟构式的原型功能及意义不相吻合，那么构式就会通过调整词项所能凸显的侧面来使构式和词项两相契合（施春宏，2012）。

构式为交际提供概念框架或有待填入词项内容的图式性结构，而词项为交际提供概念内容（Talmy，2000）。

构式的意义是基本的，构式决定词项准入的条件、方式、所表达的内容和所起的作用。只有在构式中才能分析和确定词项所要表达的具体概念。构式与词项的关系是大整体与小整体的关系。小整体必须与大整体和谐一致，服从大整体的组织、安排。所以，构式对词项的压制遵循这样的一致原则：构式挑选并凸显词项与构式相兼容和谐的意义，而抑制其他与构式相冲突的意义，从而使词项与构式在意义上保持一致（董成如、杨才元，2009）。

相同的词语若用于不同的句法环境中，以不同的方式组合起来，其整个词组和分句的意义也可能是不同的。王寅（2009）使用了一个隐喻来形容词汇与构式间的关系，犹如液体和容器间的关系。当我们把液体装进一个特定的容器时，液体就被"压制"成瓶子的形状。同样，当我们把词汇放到某特定的构式之中时，词汇必然在一定程度上受到构式整体的影响。例如，汉语的"程度副词＋形容词"构式，如"很贵""很时髦""挺洋气"等，表示事物的属性程度。但有时名词也能进入这个构式，如"很郊区"。这时，构式便选择并凸显名词的一种属性意义，抑制其指称意义，以达到协调一致。"很郊区"构式将"郊区"压制为具备偏远、交通不便、不发达属性的程度，而不是表示某一个特定的地区。在这个例子中，构式选择并凸显了具备多维意义的名词的属性意义，但同时压制了名词重要的指称意义，以达到与构式题元结构的和谐。

5.4　隐现句的处所词语

隐现句是说明人或事物出现或消失的句式，其基本结构为：处所词语＋动词语＋名词语。在意义上，隐现句可以表示"出现""消失""变化"三种意义。例如：

（386）脸上长了不少小痘。

（387）脸上出现了喜悦的神情。

（388）脸上掉了不少肉。

（389）脸上早褪尽了先前喜悦的痕迹。

（390）他脸上变了颜色。

（391）他脸变了态度。

以上这六个例句都是隐现句。例句（386）（387）表示事物"出现"的意义，例句（388）（389）表示事物"消失"的意义，例句（390）（391）表示事物"变化"的意义。

本节我们主要探讨隐现句结构的第一部分，处所词语。处所词语有五种情况，第一种情况是处所词语可以由单独的处所词充当，例如：

（392）分局来了一位警督。

（393）果然，今年春天广州开中篇小说评奖会，云南来了位作家。

例句（392）中的"分局"是一个单独的处所词，例句（393）中的"云南"也是一个单独的处所词，两个隐现句都成立。

第二，更多的情况下，隐现句的处所词语是由方位词组充当的，例如：

（394）竹篱茅屋旁边闪出一支猩红的花来。　　　　　　（杨朔《茶花赋》）

（395）一个多星期以后，瓶子里出现了气泡，……。　　　　　　　　（王蒙）

（396）山脚下突然钻出六个人来。

（397）屋顶上又漫起一片蓝色的炊烟。

例句（394）的处所词语"竹篱茅屋旁边"由处所名词"竹篱茅屋"加上复合方位词"旁边"构成一个方位词组，例句（395）的处所词语是由处所名词"瓶子"加上单音方位词"里"构成一个方位词组，同样，例句（396）的方位词组是由处所名词"山脚"和单音方位词"下"组成，例句（397）的方位词组是由处所名词"屋顶"和单音方位词"上"组成，这些方位词组充当了隐现句的处所成分，四个句子都成立。事实上，我们从北京大学 CCL 语料库随意选择了五十个隐现句，这种由方位词组和复合方位词充当处所词语的句子占了近 60%。

第三种情况，隐现句处所词语的位置有时可以是时间词语。这一点与存在句不同，存在句的 A 段很少出现时间词语，一般都是处所词语。这与两种句式的表达功能有关，存在句的表达功能主要是说明某处存在某人或某事，一般只涉及存在客体的处所和状态；而隐现句的表达功能主要是说明某处出现或消失了某人或某物，不仅涉及处所，而且涉及时间，关注某人或某物是什么时候出现或消失的。这种表达功能的不同也体现在关注焦点的差异，可以用疑问句及其回答进行验证。例如，存在句"墙上挂着一幅画"，用疑问句提问"哪里挂着一幅画？"，回答"墙上"。针对处所的提问句子和回答都成立。但如果针对时间提问，"什么时候挂着一幅画？"，就不太好回答，这说明时间不是存在句的焦点。如果是隐现句"脸上出了疹子"，用疑问句针对处所提问"哪里出了疹子?"，回答"脸上"，疑问句和回答都成立；再针对时间提问"什么时候出的疹子?"，回答"昨天晚上"，句子和回答都成立。这说明隐现句关注的焦点既包括处所又包括时间。让我们看看时间词语出现在句首的隐现句的例子：

（398）中秋节前来了个老道，不要米，不要钱，只问有小孩没有? （老舍）

（399）六爷，今儿晌午来了广帮子人，说是工作队。

例句（398）没有处所词语，只有时间词语"中秋节前"，例句（399）也没有处所词语，只有时间词语"今儿晌午"，这两个隐现句都成立。

第四种情况，有时，时间词语和处所词语同时出现在隐现句的句首，例如：

（400）2001 年冬天，我国出现了历史罕见的"暖冬"现象。

（401）19 世纪末，美国出现了以杜威为倡导者和主要代表的实用主义教育流派。

（402）日头快当顶的时候，马路上开来了几辆小汽车，一到我家门口就停了下来。

（403）4 月 6 日一早，县政府大门外开来了十几辆汽车，国民党警备营的士兵分立在大门两旁……。　　　　　　　　　　　　　（均来自 CCL 语料库）

在例句（400）（401）（402）（403）的句首都出现了时间词语和处所词语，四个隐现句都很和谐，准确描述了事物出现的时间和地点。

最后一种情况，就是隐现句的处所词语省略，动词和隐现的人或事物保留，例如：

（404）随着声音，走出一个七八岁的小男孩。

（405）果然不到半夜，就又回来了几十个八路军战士。

（406）不想过午忽然刮起一种阵风。　　　　　　　　　　　　　（杨朔）

例句（404）（405）都省略了处所词语，但是这种省略借助于语境可以回溯，在语境的帮助下读者可以找到隐含的处所词语。例句（406）也省略了处所词语，但它描述的是一种自然现象的出现，作者和读者都熟知的现象，如有必要可以补出，如"不想过午（天上）忽然刮起一种阵风"，不影响对句子的理解。以上是隐现句句首的处所词语的五种情况，下面我们看一看隐现句的中间部分动词的特点。

5.5   隐现句的动词

  动词是隐现句的结构核心，起着连接句首和句尾成分的作用，说明处所（或时间）与人或事物之间的关系。隐现句动词具有自己的特点，第一，隐现句的动词一般是瞬时性动词，一般要与体态助词"了"连用，描述隐现或消失的人或事物，描写已然事件。瞬时性动词包括单音节或双音节动词，根据意义，可表示"出现"如"出现、发生、增加、来、生、添、加、长、磨"等；可表示"消失"如"消失、减少、剥落、隐去、死、丢、掉、少"等；还可表示"变化"如"变、换"等。请看下面的例句：

  （407）在北平的街上，增加了短腿的男女，……。　　　　　（老舍）

  （408）家里来了我的几位老朋友，我母亲正在给他们倒茶。

  （409）窗外的山墙上剥落了一块灰皮。　　　　　　　　（《小说选刊》）

  （410）抽屉里少了东西。

  （411）新郎的脸上变了态度。

  （412）新娘子身上换了衣服。

  以上例句（407）~（412）中的动词都是瞬时性动词，都和体态助词"了"搭配使用，表示已经发生的事件。例句（407）（408）表示"出现"意义，前一个是双音节动词"增加"，后一个是单音节动词"来"。例句（409）（410）表示"消失"意义，（409）使用了双音节动词"剥落"，（410）使用了单音节动词"少"。例句（411）（412）表示"变化"意义，这两个例句都使用了单音节动词，前一个是"变"，后一个是"换"。从以上例句可以看出，能否进入隐现句，动词的意义和论元结构是关键，而与动词的音节关系不大。

  从事件是否完成的角度来看，隐现句一般都描述已然事件，某处已经出现或消失了什么人或事物，和体态助词"了"连用，但有时隐现句还可以描述未然事件。崔建新（1987）也持类似的观点，他认为隐现句中动词前边还可以出现某些助动词，如"会、能、要"，但此时的句义所表达的是现实中尚未出现的事情，只是有出现的可能。例如：

  （413）慢慢地，血液循环的速度增加了，他身上会忽然出点汗。

  　　　　　　　　　　　　　　　　　　　　　　　　（CCL 语料库）

（414）他的洼脸上好像要滴下水来。　　　　　　　　　　　　　　（老舍）

（415）往后他会长得很健壮，身上会泛出热乎乎的男人味。（CCL 语料库）

（416）但也有人穿上合成纤维内衣后，身上会发痒，甚至生疹子，这是一种过敏现象。　　　　　　　　　　　　　　　　　　　　　　（CCL 语料库）

例句（413）中的助动词"会"，例句（414）中的助动词"要"，例句（415）中的助动词"会"，例句（416）中的助动词"会"都表示根据经验预测将要发生的事情，是一种预测的可能性，此时隐现句的功能是描述未然事件。不过，这种功能的隐现句数量较少。

第二，隐现句的动词多半是表趋向义（也含隐现义）的复合动词，这些复合动词依然是描述已然事件。单音节或双音节动词和表示趋向的动词"出""来""起""过"（重读，趋向动词）等构成复合动词，出现在隐现句中。其中，与"出"结合而成的复合动词最多，双音节动词如"闪现、呈现、显现、浮现、散发、滋生、孕育、放射"等，单音节动词如"走、跳、跑、冒、露、吐、射、开、显、发、流、传、放、闪"等。请看以下例句：

（417）立时，彩色电脑屏幕上闪现出那位熟悉的、形态可掬的"康师傅"图像。

（418）东西半球呈现出不同的进化状态，东半球始于家畜的饲养，西半球始于种植玉米和灌溉植物……。

（419）潘荣马上换了一副嘴脸，他的嘴角浮现出一丝冷笑。

（420）那天，还从芝加哥开来了一列火车，拖有 17 节载满听众的车厢。

　　　　　　　　　　　　　　　　　　　　　　　　　　　（均来自 CCL 语料库）

（421）电子锁显出"通过"字样，无声无息地打开了。　　（BCC 语料库）

（422）阿加莎微微一笑，锐利眼中射出一道异样光彩。　　（BCC 语料库）

例句（417）（418）（419）的动词都是由双音节动词加上趋向动词"出"构成的复合动词，例句（420）（421）（422）的动词则是单音节词加上"来""出"构成的复合动词，都描述了已然发生的事件。

就语义内容而言，进入隐现句的动词必须具有隐现性或趋向性。例如：

（423）网络上现在出现了很多由一些志同道合的人组织起来的黑客组织。

　　　　　　　　　　　　　　　　　　　　　　　　　　　　（CCL 语料库）

（424）但追着追着，鹿却不见了，闪现在眼前的是一座发金光的寺庙。

　　　　　　　　　　　　　　　　　　　　　　　　　　　　（CCL 语料库）

（425）由于不断步行，皮鞋掉了跟，鞋头断了线，碰上好心人指点才找到好心的鞋匠……。　　　　　　　　　　　　　　　　（CCL语料库）

（426）脚上磨掉了好大一层皮，洁白的棉袜被鲜血染红。

（427）隔壁院里传来一阵急促的脚步声。

（428）蚊帐里飞进来一只蚊子。

例句（423）中的"出现"、例句（424）中的"闪现"描述出现了的人或者事物，例句（425）中的"掉""断"、例句（426）中的"磨掉"描述消失了的事物，例句（427）中的"传来"、例句（428）中的"飞进来"都和趋向动词"来"结合，表示动作的趋向性，都描述出现了的事物。无论隐现性还是趋向性，这两性是隐现句动词最重要的语义内容。

然而，这不是全部。除了隐现性和趋向性（崔建新，1987），我们认为，隐现句的动词还可以具有变化性，例如：

（429）母亲听见她数落儿子，脸上变了色。

（430）他的腿软了，脸上变了颜色，可是还勉强地笑。

（431）他绝望地问，脸上变得毫无血色。

（432）琪尔可除了鞋子之外，身上变得和刚生下来时一样一丝不挂，呆呆地站在会场的正中央。

（433）过了一会儿，她又爬上来，身上换了一套天蓝色的运动装。

（434）他的头发还是湿的，身上换了一件农场工人穿的粗布衬衫。

（均来自BCC语料库）

例句（429）～（434）都描述了某处所事物的变化，都是和谐的隐现句，这说明隐现句的动词就语义内容而言完全可以表示变化性，人体部位是常见的这一类处所，如"脸上""身上""头上""脚上"等，动词往往用"变""换"等。所以，隐现句的动词可以表达三种语义内容：隐现性、趋向性和变化性，而不仅仅是前两种。

就隐现句动词的语法功能而言，必须是单向动词，即动词前不能出现施事主体，施事主体只能出现在动词后作名词宾语。如果一个动词是及物动词如"栽"，我们可以说"他栽树"，这时的"栽"是及物动词，前有施事主体"他"，后有受事宾语"树"，因此，"栽"是双向动词。但是出现在隐现句中，只能出现动词后的名词性成分，动词前不能再补出一个施事主体，只能是处所类表达式，这样它就变成单向动词了。例如：

（435）公园里栽上了许多树。

（436）建筑物的墙根处栽上了一些具有吸附、攀缘性质的植物……

（BCC 语料库）

（437）小屋的西南角栽上了一排望日莲，叫它们站在河流的旁边，辗转思念着远方的行人。

（BCC 语料库）

例句（435）～（437）的动词"栽上"，尽管是双向动词，但是在这些例子中都以单向动词身份进入，前面没有施事主体，只有处所词语，后有名词性成分作宾语，所以都是单向动词。

此外，隐现句的动词绝大多数都是非自主动词，整个句子表示的是一种无意的结果或事件，往往会有偶然性和不可预测性，即使有些是自主动词，如"来""跑"等，但进入隐现句后体现的是一种非自主用法，加上"主动""有意"句子一般不成立，而加上"突然""居然"，一般情况下，句子依然成立。例如：

（438）店里来客人了。

　　　　店里突然来客人了。

　　　　*店里主动来客人了。

（439）小李出疹子了。

　　　　小李突然出疹子了。

　　　　*小李主动出疹子了。

隐现句的动词为什么必须是单向动词、且大多数都是非自主动词？以往的研究成果对此没有解释。我们认为，隐现句就是一个构式，这个构式具有自己的构式意义，构式意义是基本的，它对进入其中的动词有压制作用，特别是压制动词的论元结构，压制了不协调的方面如动词前的施事主体语义角色、语义自主特性，保持了协调的方面如动词的后的名词性成分作宾语。构式对动词的压制是隐现句动词必须是单向动词、且大多数都是非自主动词的原因。我们将在本章 5.7 节"隐现构式对动词论元的压制"详细解释这一构式和压制情况。

有时，隐现句和存在句都使用同样的动词，但存在句描写一个存在客体的状态，往往和"着"搭配，而隐现句往往和"了"或趋向动词搭配，动词后面的搭配成分可以帮助区分存在句和隐现句。请看下面的例句：

（440）其实，杨绵绵并不"绵"，在她身上闪现着细致而顽强的进取精神。

（CCL 语料库）

（441）我把玩着师母递给我的一罐饮料，脑海中不断闪现出那位中年人掩饰不住的神秘暗示。 （CCL 语料库）

（442）一片一尺见方的石上，黑底白字清晰地呈现着"中国"二字。

（BCC 语料库）

（443）自然植被迅速得到恢复，局部地区呈现了"风吹草低见牛羊"的景象。 （BCC 语料库）

例句（440）和（441）都使用了动词"闪现"，但在例句（440）中是和体态助词"着"搭配，表示正在进行，描述的是存在客体的状态，是一个存在句；而在例句（441）中是和趋向动词"出"搭配，描述已经出现的事物，是一个隐现句。同样，例句（442）和（443）都使用了动词"呈现"，在例句（442）中和"着"连用，描述存在客体的状态，是一个存在句；在例句（443）中和"了"连用，"了"是一个完成体态助词，描述已经出现的事物，是一个隐现句。

隐现句中间的动词部分非常重要，起着连接句首的处所词语和句尾的名词性成分的关键作用，是不能省略的。如果省略中间的动词，可能会改变句式的性质。例如：

（444）地上死一个人，天上就多了一个星星。 （《小说选刊》）

例句（444）是一个典型的并列隐现句，前后两个小句都各是一个隐现句。如果省略中间的动词，就变成了如下例句：

（445）地上一个人，天上一个星星。

例句（445）是一个定心谓语存在句，不再是隐现句了。

所以，概括而言，隐现句的动词就过程而言往往是瞬时性动词，表示出现或消失意义；就词素而言多半是与趋向动词结合的复合动词，表趋向义（也含隐现义），一般和体态助词"了"搭配使用。语义内容上具有隐现性、趋向性和变化性三性。语法功能上，隐现句动词都是单向动词、且多数都是非自主动词。有时同一动词既可以进入存在句，又可以进入隐现句，这时同一动词后面的附着成分可以帮助区分存在句和隐现句，如果是"V＋着"就是存在句，如果是"V＋了"或"V＋趋向动词"就是隐现句。隐现句的中间动词起着关键的桥梁作用，不能省略，否则就改变了句式的性质。下面，让我们看一看隐现句的第三部分，名词性成分的特点。

5.6　隐现句的名词语

隐现句的第三部分，名词语或名词性成分也具有自己的特点。隐现句的名词语大多数是非定指的，请看下列例句：

（446）从前面来了卖梨的。

（447）房间里少了东西。

（448）旅店里来客人了。

（449）院子里种了许多瓜果。

（450）正说着话，前面来了一群人。

（451）前方，从人民大会堂两侧开来了几部敞篷车，上面站了戴黄色、白色旅游帽的人……

例句（446）中的"卖梨的"、例句（447）中的"东西"、例句（448）中的"客人"都是光杆名词，前面没有任何修饰成分，泛指某一类人或事物，都是非定指名词性成分。例句（449）中的名词"瓜果"前面使用了形容词"许多"，描写数量，仍然是一个非定指的名词短语。例句（450）和（451）中的名词语都是数量名结构"一群人""几部敞篷车"，表示泛指，非定指。这和隐现句句式的功能有关，隐现句描述某处出现或消失的人或事物，是首次出现的新信息。

隐现句的名词语绝大多数都是非定指的，但在少数情况下也并不排斥有定性的名词语。请看下列例句：

（452）一九一九年，北京爆发了"五四"运动。

（453）三月里来三月三，陕北出了个刘志丹。

例句（452）中的"'五四'运动"、例句（453）中的"刘志丹"都是有定指的名词语，虽然对于作者来说它们有具体所指，但是对于读者来说，它们仍然是新信息，信息的内容对于读者是未知的，因此句子也成立。

描写语言事实是必要的，但还要解释语言现象背后的认知动因。隐现句名词语的非定指现象，根据认知语法（Langacker，1987，1991），主要认知动因是心理空间中的泛心理接触（mental contact）引起的。我们将在本章的5.8节详细解释隐现句名词语的非定指认知动因。

隐现句的名词语最常见的是数量名结构，即在隐现客体前面加上数量词，构成数量名短语。请看下列例句：

（454）潘荣马上换了另一副嘴脸，他的嘴角浮现出一丝冷笑。

（BCC 语料库）

（455）白虎眼中射出两道冷光，脸上毫无笑意。　（BCC 语料库）

（456）另一方面，也从伏牛山一带来了几支精兵，从渑池以西也来了一支精兵。　（CCL 语料库）

（457）一会儿，车站外开来了两辆军用卡车，车上满载着军用品……

（CCL 语料库）

（458）郜家宝扭头看了看，后面来了一大群人，"咱们快点走吧！"。

（CCL 语料库）

（459）想赚钱的男人，身上会散发出一种说不出的吸引力，他们充满活力、热心、勇敢、谦虚。　（CCL 语料库）

以上例句中都是数量词修饰隐现客体，构成数量名短语，例句（454）中的"一丝"、例句（455）中的"两道"、例句（456）中的"几支""一支"、例句（457）中的"两辆"、例句（458）中的"一群"、例句（459）中的"一种"，都是数量词，修饰各自的隐现名词，句子很和谐。

对于有些隐现句，如果名词语前没有数量词，该句子的可接受性明显减弱，例如：

（460）前面来了一个警察。

（461）＊前面来了警察。

（462）教室里跑了一个学生。

（463）＊教室里跑了学生。

我们比较例句（460）和（461），例句（461）中的数量词"一个"被去掉了，句子的可接受性明显降低。同样，例句（462）成立，例句（463）的可接受性明显降低。但是，对于有些隐现句，如果去掉名词前的数量词，句子仍然可以接受，例如：

（464）潘荣马上换了另一副嘴脸，他的嘴角浮现出一丝冷笑。

（BCC 语料库）

（465）潘荣马上换了另一副嘴脸，他的嘴角浮现出冷笑。

（466）白虎眼中射出两道冷光，脸上毫无笑意。 （BCC 语料库）

（467）白虎眼中射出冷光，脸上毫无笑意。

比较例句（464）和（465），例句（464）有数量词"一丝"，句子成立；例句（465）去掉了数量词"一丝"，句子仍然可接受。同样，比较例句（466）和（467），例句（467）去掉了数量词"两道"，句子仍然可以接受。

为什么有的隐现句名词语去掉数量词其可接收性明显降低，而有的隐现句仍然可以接受呢？仔细观察，我们发现例句（461）和例句（463）的名词是有界的独立个体名词，而例句（465）和（467）的名词是无界的物质名词，有界的名词具有凸显性，需要用有标记的数量词修饰，而无界的名词不凸显，不需要用有标记的数量词修饰。所以，去掉名词前的数量修饰词是否影响句子的可接受性取决于该名词是有界的还是无界的，如果是有界名词，去掉后句子的可接受性减弱，如果是无界名词，去掉后句子的可接受性不受影响。我们将在本章的 5.8 节采用"显著性原则"假说（古川裕，2001）解释隐现句的数量名结构的认知动因。

除了光杆名词、数量名结构，隐现句的名词语位置还可以出现定名结构，即有不同定语修饰的隐现名词。请看下列例句：

（468）在悠扬的乐曲中，长卷上浮现出 2000 多年前丝绸之路的商队和地图。

（BCC 语料库）

（469）司马懿瞥了他一眼，脸上浮现出一丝让人难以觉察的诡秘的笑容。

（BCC 语料库）

（470）他傲然的嘴角挂着冷笑，眼中射出不可一世的神情来。

（BCC 语料库）

（471）他早就注意到丘小晚身上换了套清爽的孕妇装。 （BCC 语料库）

（472）半小时之后，从青岛警备司令部开来了四辆坐有卫兵的装甲车，一辆吉普车……

（CCL 语料库）

（473）突然，有一天，珍姨家门前开来了一辆农用汽车，从车上跳下一个穿牛仔服的女青年……

（CCL 语料库）

例句（468）～（473）的隐现客体都是定名结构，有的例句如（469）甚至有两个定语的，这些都是很和谐的隐现句。

我们从 CCL 语料库中随机选取了 50 句隐现句，考察了名词语的分类分布情况，结果如表 5-1：

表 5-1　语料库隐现句名词语的分类分布一览表（CCL 语料库 50 句）

种类	频数	百分比
数量名结构	26	52%
定名结构	17	34%
光杆名词	6	12%
有定名词	1	2%

从表 5-1 可看出，在这 50 句从 CCL 语料库挑选的隐现句中，名词语共有四类：数量名结构、定名结构、光杆名词和有定名词。其中，数量名结构最多，达 26 句，占 52%；其次是定名结构，达 17 句，占 34%；位于第三位的是光杆名词，有 6 句，占 12%；位于最后一位的是有定名词，仅有 1 句，占 2%。所以，在隐现句的名词语位置上，数量名结构最常见，有定名词最少，但也存在。例如，在这 50 句中有定名词的一个例子是"离头一批人不远，后面来了邵家宝和王均化，一个十八，一个十九，两个团员"。定名结构和光杆名词位居中间位置。

隐现句因为句子表达功能的特殊性，以第三部分表出现或消失的人或事物为句子的语义重心，因为它提供了更有注意价值的人或事物，超过了处所词语和动词的注意价值。隐现句的名词语是认知的焦点，也是语义的重心。

5.7　隐现构式对动词论元的压制

前面我们提到隐现句动词具有单向性、非自主性的特点。此前的研究成果一般都阐述了这些特点，但没有解释原因。我们在这一部分将从构式语法的角度对此问题进行解释。结合此前的理论基础，我们知道构式对动词有压制作用。Goldberg（1995：2）指出，动词和构式之间存在着互动的关系。构式对词项施压使其产生跟系统相关联的意义。压制是指为了消除语义冲突或修补错误匹配而对构成成分进行重新解释的机制（DeSwart，1998）。如果一个词项在语义上跟它所出现的形态句法环境不相容，那么该词项的意义就应当适应包含它的结构的意义（Michaelis，2004）。根据王寅（2009）的观点，这种互动体现在角色和意义两个方面。

当动词义与构式义不完全一致或相冲突时，构式常会迫使动词改变其论元结构（增加或减少动词的论元数量）和语义特征（王寅，2011）。构式对词项的压制遵循这样的一致原则：构式挑选并凸显词项与构式相兼容和谐的意义，而抑制其他与构式相冲突的意义，从而使词项与构式在意义上保持一致（董成如、杨才元，2009）。

隐现句就是一个构式。每一个构式都具有自己的构式义。隐现构式义就是：某处出现或消失了某人或某事物。隐现构式对进入其中的词项有准入条件。准入条件体现在语义限制和语法选择两方面。语义限制和语法选择就是构式对词项压制的结果。语义的限制主要体现在对动词论元结构和语义特征的限制上，不论是及物动词还是不及物动词，在论元结构方面都要剪切施事语义角色，语义特征上抑制动作性和中间阶段，保留位移性、体验性和结果阶段。语法结构选择处所词语（或时间词语）＋动词＋名词语结构，体态助词选择"了"连用。这样，隐现构式就有了自己的组成部分，每一部分都有语义、语法构成要素。根据构式语法，每一个构式都是形式—意义的匹配对，隐现构式要素如下表 5 – 2：

表 5 – 2　隐现构式

形式	处所词语	动词	名词语
意义：某处出现或消失的某人或某事物	语义：出现/消失/变化的处所 语法：N/NP，主语	语义：出现/消失/变化 单向性 非自主性 体态助词"了" 语法：V_t/V_i，谓语	语义：出现/消失/变化的人或事物 语法：N/NP，宾语

隐现构式的构式义是基本的，对隐现句中出现的及物动词和不及物动词都有压制作用。我们先看一看隐现构式对进入其中的不及物动词的压制。从论元角度看，当不及物动词的参与者既包含施事又包含移动者（mover）、体验者（experiencer）客体时，隐现构式可抑制施事而凸显客体，即将施事剪切，而将

客体前景化。例如，"来、走、跑、掠、冒、飘、升、钻、闪、飞、爬、游"等不及物动词的语义角色既包含施事者，又包括移动者。隐现构式可抑制这些动词的施事，而突出它们的移动者角色，使这一部分不及物动词的论元结构与隐现构式的论元要求相一致。例如，"来"的参与者既涉及促使某人来或自己决定来的施事语义角色，又包含来的状态，即移动者角色。在"我来了"例句中，"来"凸显的是施事角色，但在例句"前面来了一位警官"中，凸显的是事件的结果阶段或持续状态，即移动者角色出现了或正在出现，施事性被削弱了。当动词的参与者既包括施事，又包含体验者语义角色时，隐现构式抑制施事角色，只凸显体验者角色。例如，"地板上睡了一个人"，动词"睡"抑制了施事角色，只凸显体验者，"睡了一个人"。"了"字隐现句抑制出现类动词执行动作的施事性意义，而凸显实体所表现的动作结果，例如，"前面开来了一辆军用卡车"。

存现句也必须对非宾格动词进行压制，即突出处所使处所比客体更凸显，这样才能满足存现句论元结构的要求（董成如、杨才元，2009）。

隐现构式只有两个论元，处所和客体，而且处所比客体更凸显，因此隐现构式的论元结构可表征为［location + verb + theme］。隐现句的不及物动词往往有受事，没有施事，但可包含处所，可表征为［verb + theme + location］。因此，隐现构式只需要凸显不及物动词的处所，并移到动词的前面，便得到了与隐现构式相一致的论元结构［location + verb + theme］。隐现构式挑选并凸显词项与构式相兼容和谐的意义如处所、动词和受事角色，而抑制其与构式相冲突的意义如施事角色，这就是隐现构式对不及物动词的压制。

下面，让我们再看一看隐现构式对及物动词的压制情况。根据宋玉柱（2007）的观点，不及物动词、及物动词和不及物和及物两用的动词都可进入隐现句。一般认为是及物的动词，如摆、扔、托、种、栽等。隐现构式义是基本语义要求。构式对词项具有统制力，决定词项准入的内容与方式。当及物动词以包括施事在内的整体形式出现在隐现句中时，隐现构式凸显动词的处所和受事而剪切施事，从而满足隐现构式的论元要求。例如，"院子里种了许多瓜果"，不是凸显谁、什么时候种的瓜果，而是凸显说话时刻"院子里"出现了"瓜果"，并且是通过"种"的方式出现的。及物动词描述一个参与者对另一个参与者的各种作用，其题元包括施事、受事、有时也含处所，而且进入存现句的动词必须含有处所（陆俭明，2003）。因此，及物动词的论元结构可以表征为 [agent + verb + patient + location]。隐现构式对动词论元结构进行压制，凸显处所，这时论元结构可表征为 [location + agent + verb + patient]；然后剪切施事，这时论元结构可表征为 [location + verb + patient]，这里的"patient"（受事）也是"theme"（客体）的一种，受事宾语。这样就得到了与隐现构式论元结构相一致的结构，动词单向，且非自主。这就是隐现构式对进入其中的及物动词的压制情况。

总之，隐现句就是一个构式，构式都具有自己的构式义。隐现构式义是基本语义要求。构式对词项具有统制力，对于进入其中的不及物和及物动词都有压制作用。对于不及物动词，隐现构式在语义角色方面抑制其施事而凸显位移者、体验者等客体，意义上是抑制施事性的动作意义而凸显客体在某处的隐现（出现或消失的）的状态。当及物动词出现在隐现构式时，隐现构式在语义角色方面剪切其施事，而凸显处所和受事。从意义上看，隐现构式抑制执行动作的施事性意义，而凸显实体出现和消失的状态。

5.8　隐现句的认知解释

我们在前面的文献综述部分提到，此前对隐现句研究的一个不足就是解释不够，特别是对语言现象背后的认知动因的解释就更少。所以，我们在这一部分专门解释隐现句的三个重要问题，语序问题、无定名词语问题和数量名结构问题。关于动词的单向性问题，我们已经在 5.7 节专门解释过了。这样，关于隐现句的四个重要问题都可以找到其认知解释，这也是我们研究本章的一个重要目的。下面，我们对语序问题、无定名词语问题和数量名结构问题进行认知解释。让我们先看一看隐现句的语序问题。

隐现句的语序是处所词语 + 动词 + 名词语，可以用符号表征为 N_1（处所）+ V + N_2（人或事物）。其中，N_1 是事件 [V + N_2（人或事物）] 发生的背景，句末的 N_2（人或事物）是宾语名词，传递句中最重要的信息，是句子焦点，也是认知焦点，是图形。隐现句的语序事实上体现的是基本的人类认知规律，背景—图形结构。根据兰盖克（Langacker，1999）的处所原则（Locational

Principle），存现句是表示某处出现、存在或消失某实体的构式，反映人们先认识处所，然后认识处所上的存现物。隐现句语序是人们先看见处所（也是一种参照物），然后看见存现客体（也是目的物）这种认知规律的反映，例如，"那屋顶忽然渗出一片淡蓝色的浓烟"。这个句子语序背后的根本认知动因就是背景—图形结构在起作用。背景、图形的选择是有依据的。一般来讲，一个相对紧密的、运动的、与周围环境形成鲜明对比的区域很可能被选择为图形，特别是移动的物体往往被选为图形。一个松散的、不动的、与周围环境区别不大的区域往往被选择为背景。如果可能将场景中的某个实体识解为相对于其他实体而变化位置，那么这一实体通常被选择为图形，并被解释为在其他实体所组成的背景中移动。隐现句的句末名词往往是运动的客体，因此被选为图形；句首的处所名词不动、与周围环境区别不大，往往被选为背景，所以隐现句的语序反映的就是人类认知普遍存在的背景—图形结构。换句话说，隐现句的语序是由人类的认知规律决定的，不是由语法决定的，语言只是人类认知规律的模型。

　　下面我们看一看隐现句无定名词语的问题。出现在隐现句句末的名词语一般都是非定指的。造成这一语言现象的深层次原因和认知的心理空间（mental space）以及心理接触（mental contact）有关。

　　我们在理论基础部分谈到，根据 Evans（2006）的观点，心理空间（mental space）是包含具体信息的概念空间的不同区域，它是在被常规信息激活的语言、语用和文化策略的基础上建构的。其标志是说话或思考时在线建构的，而且还可以与其他认知实体，如语义框架（semantic frame）、理想认知模型（idealized cognitive model）或者域（domain）通过一个称为图式诱导的过程形成结构。因此，心理空间会产生一个独特的临时概念结构信息包，针对不断展开的话语目的而构建。心理空间的形成原则和心理空间之间建立的映射具有产生无限意义的潜能，包含成分、特征和关系中的一种或几种类型的信息。心理空间由空间建构词（space-builders）触发，始于基础空间（base space），一旦一个心理空间建立起来，它就会和语篇中建立的其他心理空间发生联系，形成一系列相连的心理空间格栅（lattice）。

　　什么是心理接触？Langacker（1991：91）指出："一个人在他目前的心理状态下，把某个例示 t_i 挑选出来，使它处于个体的清醒意识状态，那么这个人就和这个例示 t_i 建立了心理接触。当说话者 S 和听话者 H 都和例示 t_i 建立了心理接触，那么完全的指称协调（full coordination of reference）就达到了。"简单地讲，心理接触就是在说话者当前的心理状态中被挑选出来处于个体清醒意识状态的客体。心理接触是很容易实现的，因为它涉及的客体不需要真实，也不需要知道关于客体的具体信息，也就是说仅仅意识到那个客体就够了。

隐现句的功能就是介绍一个出现或消失的人或事物，对于读者来说是新信息，一般都是不确指的。"C 段介绍的出现或消失的人或事物，一般是上文中没有出现过的；同时它处于宾语的位置上，最常见的表现方式又是数量名结构，因此，一般都带有不确指性。"（宋玉柱，2007：92）例如，"村子里来了个医生"，"个医生"是一类事物中的任何一个例示，不确指，这样名词短语在听话者和事物类 T 的一个例示 t_i 之间建立了心理接触，但是名词短语本身不能使例示 t_i 的选择相对于当前话语空间具有独特性。也就是说听话者和一个例示 t_i 有了心理接触，但是名词短语本身并不能提供独特性的信息使说话者作出一个具体的选择，换而言之，不能使心理接触进一步具体化，因为缺乏独特性信息。量词"个"的意义就是在听话者和事物类的一个例示 t_i 之间建立了心理接触，但这种心理接触仅仅局限于知道它是一个子空间的要素而已（如医生是现实空间的要素）。只是为了一个具体的即时目的"突然出现"，因为缺乏独特性信息，听话者并不能和一个具体的例示 t_i 建立心理接触（不知道具体是哪位医生）。正是基于听话者只知道任意例示 t_i 是子心理空间的要素，无法具体化这一点，我们把数量词的认知实质归纳为"泛心理接触"。"泛心理接触"只是和一个事物类 T 的任何一个或几个例示 t_i 建立心理接触，即清醒地意识到一个或几个客体的存在，但是因为缺乏独特性，不能和任何一个具体的例示 t_i 建立独特性心理接触，即不能确指客体。又如，"远远地来了一个人，走近了才认得是小福"，"一个人"是数量名结构，泛指任何一个人，不确指；读完了第二个小句，这个人才确指，是"小福"，因为它是一个专有名词。所以，第一小句的数量词"一个"只提供一般性线索，听话者只能和该类事物的任何一个例示 t_i 建立泛心理接触；第二小句的专有名词"小福"提供了独特性的信息，听话者和一个具体例示 t_i 建立了独特性心理接触，确指这个具体的人。所以，根据认知语法（Langacker，1987，1991），隐现句名词语的非确指性主要认知动因是心理空间中的泛心理接触引起的。

接下来，我们看一看隐现句名词语的数量名结构问题，主要探讨使用数量词修饰出现或消失的人或事物的认知动因。我们在理论基础部分提到古川裕（2001）提出的"显著性原则"假说。这个假说是在赞同认知语言学的理论背景下提出的。根据认知语言学语言观，语言结构是人的认知结构（经验结构）的模型，换而言之，语言结构的某种特点是相应的认知结构或经验结构的特点的具体表现。

根据古川裕的观点，在人的认知结构上"凸出来"的事物，因为很显眼（salient），所以很容易被人们认作是"有界的个体事物"，在语法结构上这种有界事物要用数量词定语来加以修饰，要以"显眼的形式"，即有标记的形式（marked form），数量名词组来表达。与此相反，在认知结构上边界不显眼的事物很容易被看作"无界的事物"，可以用不显眼的形式（即无标记的光杆形式）来表达。例如，"海面上冒出一轮红太阳"，其中"红太阳"是有界的事物，边界轮廓清晰，属于显眼（凸显）的事物，需要用有标记的方式来修饰，"一轮"数量词属于有标记的显眼修饰词，因此，"一轮红太阳"是用有标记的语码来修饰凸显的有界个体事物，达到了认知凸显上的一致。再如，"沿河道的草地在月光下冒出水汽"，其中"水汽"是不显眼的无界的事物，边界轮廓不清晰，可以用不显眼的方式，即无标记的光杆形式来修饰，所以，"水汽"前面没有任何修饰词。使用无标记的光杆形式修饰无界的事物，达到了认知不凸显的一致。再譬如，"车窗外闪过一垛垛如山的木材"，"木材"是有界的名词，需要用显眼的数量词"一垛垛"修饰；"眼睛里闪过喜悦而调皮的光彩"，"光彩"是无界的名词，只需要用不显眼的光杆名词形式，当然这里有两个定语修饰，但是没有数量词修饰。

还有另外一种情况，因为语言识解的主观性，还可以把无界名词看成有界名词，因为物质名词虽然没有边界，但是有内部性质的一致性，这时识解者关注的焦点是物质内部的一致性，而不是外部轮廓。这事实上是物理空间（physical space）认知域和品质空间（quality space）认知域的视角转换造成的，也就是说无界名词因其同质性（homogeneity）也可以看成有界名词，这种视角的转换是语言识解主观性的体现。例如，"湖面上升起一团团的水汽"，"水汽"是无界名词，因为其内部的同质性，可以看成有界名词，进行有界化"一团团"，这就解释了为什么有些无界名词前面也有数量词出现。再如"前面出现了白色的沙滩"，"沙滩"本身是一个无界名词，只需要用不显眼的光杆名词形式。但是，因为识解的主观性，我们也可以关注其内部的同质性，把它看作一个整体，进行有界化，如"车窗外闪过一片片的沙滩"，这里的"沙滩"虽然是无界名词，但是因为其内部的同质性被赋予了边界，即有界化了"一片片"。这就是隐现句数量名结构的认知动因。

以上是对隐现句的语序、名词语的不确指性以及数量名结构三个重要问题的认知解释，它们是隐藏在这些语言现象背后的认知动因。对人类语言背后的认知规律的认识是语言本质的一部分。对语言的研究不能仅仅停留在对语言现象的描写上，还要进一步揭示语言表达式背后的认知规律，既包括共性的认知规律，也包括不同语言使用者的认知方式差异。只有把人类的语言能力作为人类普遍认知能力的一部分，才有可能一步步地揭示人类语言的本质。

5.9　小结

本章我们主要研究了隐现句的处所词语、动词、名词语三个部分的主要特点，并对隐现句的语序、动词的单向性、名词语的不确指性以及位于句末的数量名结构进行了认知解释。

隐现句的处所名词可以是单独的处所词，更多的是方位词组，有时也可以是时间词语，或者处所词语和时间词语同时出现，有时处所词语可以省略，这时处所往往是语境隐含的或者是大家熟悉的自然现象。隐现句的动词起着连接句首和句尾成分的作用，说明处所（或时间）与人或物之间的关系。隐现句动词一般是瞬时性动词，单音节或双音节，一般与体态助词"了"连用，表示出现或消失的人或事物；进入隐现句的动词还可以是表趋向义的复合动词，与"出"结合的动词最多，还可以是 V + 来、V + 起、V + 过（重读）等。就语义内容而言，进入隐现句的动词必须具有隐现性、趋向性和变化性。我们认为，除了隐现性和趋向性，进入隐现句的动词也可以是表示变化的人或事物，如动词"变""换"等。例如，"脸上变了颜色""身上换了衣服"，这两个表示变化的句子也是隐现句。就论元结构而言，隐现句的动词必须是单向动词、非自主动词，没有施事语义角色，动作的意愿性减弱。隐现句的动词不可省略，否则句子的性质就会改变。隐现句的名词语可以是光杆名词，更多的是数量名结构，还可以是定名结构，有时也不排斥确指的名词语。隐现句因句子表达功能的特殊性，决定了句末的 C 段，即出现或消失的人或事物是语义的重心，也是认知的焦点。

隐现句的句末名词往往是运动的客体，因此被选为图形；句首的处所名词不动、与周围环境区别不大，往往被选为背景，所以隐现句的语序反映的就是人类认知普遍存在的背景—图形结构。根据兰盖克（Langacker，1999）的处所原则（Locational Principle），存现句是表示某处出现、存在或消失某实体的构式，反映人们先认识处所，然后认识处所上的存现物。隐现句语序是人们先看见处所（也是一种参照物），然后看见存现客体（也是目的物）这种认知规律的反映。

根据认知语法（Langacker，1987，1991），隐现句名词语的非确指性主要的认知动因是心理空间中的泛心理接触引起的。名词短语在听话者和事物类 T 的一个例示 t_i 之间建立了心理接触，但是名词短语本身不能使例示 t_i 的选择相对于当前话语空间具有独特性。但这种心理接触仅仅局限于知道它是一个子空间的要素而已，因为缺乏独特性信息，听话者并不能和一个具体的例示 t_i 建立独特性心理接触。正是基于听话者只知道任意例示 t_i 是子心理空间的要素，只能和事物类的任何一个例示 t_i 建立泛心理接触，即清醒地意识到一个或几个客体的存在，但不能确指事物。

根据古川裕（2001）提出的"显著性原则"假说，在人的认知结构上"凸出来"的事物，因为很显眼，所以很容易被人们认作是"有界的个体事物"，在语法结构上这种有界事物要用"显眼的形式"，即有标记的形式数量词定语来加以修饰。与此相反，在认知结构上边界不显眼的事物很容易被看作"无界的事物"，可以用不显眼的形式（即无标记的光杆形式）来修饰，这样就达到了认知凸显的一致（数量名结构）或不凸显的一致（光杆名词语）。第三种情况就是因为语言识解的主观性，我们有时可以把无界名词看成有界名词，这时关注的焦点是其内部的同质性，把它看成一个整体，对无界名词有界化，所以有些无界名词前面也可以用数量词修饰。这事实上是物理空间认知域和品质空间认知域的视角转换造成的。

对语言的研究不能仅仅停留在对语言现象的描写上，还要进一步揭示语言表达式背后的认知规律，既包括共性的认知规律，也包括不同语言使用者的认知方式的差异。只有这样才有可能一步步地揭示人类语言的本质。

第6章

存在义名谓句的认知研究

6.1 引言

汉语有存在义的名谓句，包括定心（名）谓语存在句和名词谓语存在句（宋玉柱，2007）。它们之所以被称为存在义名谓句，是因为它们都是用名词作谓语的存在句。定心谓语存在句就是由定语及其中心语组成的偏正词组充当谓语的存在句，由处所词语＋定心词组构成，如"山下一片好风光"。名词谓语存在句是由名词充当谓语的存在句，前后两项都是名词，前项名词作主语，表示处所；后项名词作谓语，如"满地烟头"，这时处所词语前往往有"满""遍""通"等表示周遍性的定语修饰成分。这两种句式的共同特点是没有动词，只有处所词语和名词，但两者之间也有一些区别。定心谓语句是由名词性偏正词语充当谓语的，而名词谓语句是由名词或名词性联合词组充当谓语的。名词谓语句的处所词都具有周遍性的特点，常见的定语是"满"等，如"满屋子烟气"。定心谓语句的处所词没有这个特点。定心谓语句的谓语一般都带有数量词定语，如"一片"等，例如"山下一片绿油油的稻田"。

名词谓语句又称为体词谓语句。朱德熙（1984）将实词分为谓词和体词，前者包括动词和形容词，其短语的主要功能是充当谓语，但也可充当主语和宾语；体词包括数量词和名词，其短语的主要功能是充当主语和宾语，但不能充当谓语。但是汉语中也有体词充当谓语的情况，如"桌子上一大堆吃剩的花生壳""他老婆上海人"。这种句子国外一般称为名词性谓语句（nominal predicate）（Chao，1968），国内一部分学者称之为体词谓语句（朱德熙，1984；张伯江、方梅，1996），另外一部分学者称之为名词性谓语句（王珏，2001；邵敬敏，2007）。无论名称如何，其实质都是指向体词（即数量词和名词）作谓语这一语言现象。存在义名谓句属于体词谓语句的一部分。把存在义名谓句置于体词谓语句的宽视域下来考察，能得出关于这一类句式的规律性认识，解释也具有更强的外推效度。所以，下面的文献综述从体词谓语句入手，逐步聚焦于存在义名谓句。但是，本章的研究焦点依然是存在义名谓句，即定心谓语存在句和名词谓语存在句，但是希望我们的认知解释也同样适用于其他体词（名词）谓语句。

6.2　文献综述

虽然体词谓语或名词性谓语是 20 世纪 50 年代以后出现的术语，但是名词作谓语这一语言现象很早就引起了语言学家的关注（吕叔湘，1942）。后来的很多学者（黄伯荣、廖序东，1997；陈昌来，2000；齐沪扬，2000；刘月华等，2001；邢福义、汪国胜，2003；邵敬敏，2007）在编写汉语语法书的时候也都设专门小节单独讨论名词短语作谓语的情形。

从术语源头来看，赵元任（1952）提出了"体词谓语"，丁声树（1961）正式提出了"体词谓语句"这一术语。从概念界定来看，语法小组（1952）首次定义了"体词谓语句"："拿体词作谓语的句子，叫作体词谓语句"，并界定了"体词"的范围，包括名词、代词（一部分）、数词、量词的总称。朱德熙（1982）介绍的名词谓语类型包括名词、时间词、名词性偏正结构、数量词和数量名结构。刘月华等（1983：418）对"名词谓语句"给出了一个比较全面的定义："名词谓语句是体词性词语即名词、名词短语、代词、数词、数量词短语和'的'字短语作谓语的句子。"

下面我们从三个不同的视角：体词谓语句的结构、体词谓语句的语义以及体词谓语句的认知考察三个方面来综述体词谓语句目前的研究情况。

首先，我们看一看有关体词谓语句结构的研究情况。目前，对体词谓语句结构的研究一般都关注谓语的结构，也有部分成果关注主语的结构问题。朱德熙（1982）介绍了三种可以充当名词谓语的结构：名词、时间词；名词性偏正结构；数量词和数量名结构。刘月华等（1983）认为，名词谓语句的谓语大部分都是名词词组，单个名词谓语较少；名词谓语句一般都可以变成"是"字句；名词谓语句一般没有否定式；名词谓语一般不带状语或补语。叶长荫（1987）探讨了可以充当名词谓语的十种结构：名词、形容词＋名词、数量词＋名词、名词＋名词、代词＋名词、数量词、副词＋体词、副词＋体词＋语气词、"的"字结构、体词性联合结构。房玉清（1992）探讨了可以充当名词谓语的六种结构：名词、附加式名词短语、数量名词短语、偏正式名词短语、联合式名词短语、主谓式名词短语。石定栩（2009）认为体词谓语可以分为两大类，一类是保持了体词的地位，但实际上只是动词性谓语的一部分，本身并不具有谓语的地位。另一类是由发生了质变的体词构成，作为其核心的成分已经不再是体词，而是或表示性质，已经成为形容词，或表示动作，已经变成了动词。

陈建民（1986）探讨了体词谓语句主语的三种结构：主语是名词的名词谓语句如"小伙子大骨架"，主语是动词的名词谓语句如"参加志愿者活动三天"，主语是小句的名词谓语句如"老爷子藏这些东西已经好多年了"。王珏（2001）列举了"名词＋名词"句子中第一个名词的九种形式：人名、名、形名、副名、数量名、方位名、"的"字短语、处所名、时间词。

宋玉柱（1982）认为定心谓语存在句不是一种省略句，是一种独立的句式。它的谓语总是由定心结构组成的，故可称之为"定心谓语存在句"。定心谓语存在句和存在句中的"有"字句、"是"字句有一定的联系，但它们不是同一种句式。不仅因为定心谓语存在句没有动词出现，而"有"字句和"是"字句都有动词出现，更重要的是这三种句式在语法意义上也有区别："有"字句在一定程度上带有叙述作用，"是"字句带有一定的判断意味，而定心谓语句则表示一种描写，常出现在文学作品的描写段落中。

宋玉柱（1988）认为，像"满身烂泥"这样的结构是主谓结构，而非偏正结构；它是一种存在句，其间关系是一种主谓关系，而非偏正关系。由于这类存在句中的谓语都是由名词（有的可以是名词词组）充当的，所以这类句式可以命名为"名词谓语存在句"。名词谓语存在句是存在句中结构最简单的一种。它只有前后两项，两项都是名词。前一项名词作主语，表示处所。从语义上看，它有一个明显的特点，就是带有周遍性。它一般是由处所词加上表"全部"义的定语来构成。定语最常见的是"满"，或其他词。后一项名词作谓语，表示上述处所存在的人或事物，例如"满屋子灰洞洞的烟""满脸的汗水"等等。

　　其次，我们看一看有关体词谓语句语义的研究情况。目前的体词谓语句的语义研究都是围绕作谓语的名词性成分的语义类型和体词谓语是否具有谓词性展开的。关于体词的谓语性问题，龙果夫（1958）认为，汉语里有若干名词性词组能够不用系词而独立地作谓语，这样它就"接近"了谓词的范畴；而关于数量名结构，龙果夫肯定地认为它具有"谓语性"。朱德熙（1982）指出，数量词和数量名结构是体词性成分，同时又有谓词性，可以自由地作谓语。叶长荫（1987）认为，汉语体词谓语句的确不是"是"的省略，而是体词所具有的一种特殊的表述功能。丁雪欢（1994）也认可体词谓语句的 NP2（即主语后的体词性成分）的谓语性，因为它能受副词修饰，在表意功能上相当于已经添加了某动词的动词性词语，同时又经常具有时间、数量和程度等方面变化的述谓语特征。宋玉柱（1982）认为定心谓语存在句不是一种省略句，是一种独立的句式。它的谓语总是由定心结构组成的，故可称之为"定心谓语存在句"。杜瑞银（1982）认为，像"门前一株枣树"这样的句型不是省略句，而是一个独立的句型。例如，"（她一手提着竹篮）内中一个破碗，（空的）"这句话中，说"内中有一个破碗"固然可以，说"内中是一个破碗""内中放（装、扔、扣）着一个破碗"难道不行吗？与其说这类句子是省略了一个"有"字，不如说隐含了一个"存在"的意思。因此，他认为这类句子不是省略句，而是独立的定名谓语存在句，属于一种名词作谓语的存在句。宋玉柱（1988）也认为，像"满脸汗水"这样的结构是主谓结构，而非偏正结构；它是一种存在句，其间关系是一种主谓关系，而非偏正关系。由于这类存在句中的谓语都是由名词（有的可以是名词词组）充当的，所以这类句式可以命名为"名词谓语存在句"。

　　马庆株（1991：82）深入研究了体词和体词结构的谓词性，他认为是顺序义使这些体词和体词结构有了谓词性，并且把有谓词性的名词的范围推广到了数量（名）以外的其他有顺序义的名词。他指出，"从表达功能上看，现代汉语多数名词只有指称作用，而有顺序义的体词和体词性结构，不仅有指称作用，而且有陈述作用，因而可以作谓语，有谓词性。"马庆株的这一结论对体词谓语句的研究产生了重要的影响。

另一方面，也有学者反对体词具有谓语性的观点。黎锦熙、刘世儒（1957）认为，在现代汉语里判断句用"是"是常规，不用是特例。因此，判断句如不用"是"字，我们没有理由不把它看成省略，那么也没有必要另立一个"体词谓语"的名称。刘世儒（1963）在他的语法书中列举了可以作谓语的很多种词语，包括名词活用为动词作谓语，却没有提到名词作谓语的情况。由此可见，他不承认体词的谓语性。

关于作谓语名词的语义类型和语义关系，目前也有部分研究成果。赵元任（1980）认为，名词谓语句的谓语具有三种功能：代表主语所属的一个类，唤起对某件事存在或程度的注意，名词谓语表示一个过程或事件的情形。叶长荫（1987）列举了多种多样的名词谓语语义功能，如表判断、描写、强调、分配计算，等等。周日安（1994）认为体词谓语句的主谓关系主要有六种：同一关系、相属关系、空间关系、时间关系、比分关系和量化关系。丁雪欢（1994）认为，名词谓语句多是以主语所指为话题的说明句或描写句，作谓语的名词有八种语义类型：表人种、民族；表人物出身、成分、职称、籍贯等；表人物处所或工作单位；表年龄；表人物外貌特征；表人物性格、品质；表人际关系；表人物姓名。彭利贞（2000）认为，作谓语的名词性成分的"推移义"、"关系义"和"对比义"等语义特征是生成名词谓语句时必须满足的语义特征。吴正基（2003）认为，能做体词谓语句谓语的体词的顺序义是以数量特征为前提的，体词谓语句中的性质形容词也可以理解为模糊计量。

最后，我们看一看体词谓语句的认知研究情况。邓思颖（2002）接受了马庆株（1991）具有顺序义的体词和体词结构具有谓词性的观点，他继续深入探讨了两个问题：①为什么相对时间词不能作谓语？②为什么无顺序义的时间词不能作谓语？他认为，原因是汉语名词谓语实际上受制于指示限制，具有指示作用的时间词不能作谓语。他还进一步指出，凡是有定的成分都不能作谓语。这就可以解释为什么"这个月二月"可接受，而"﹡二月这个月"不可接受。项开喜（2001）认为，汉语中的一些名词性短语由于某种范畴性语义特征的作用出现谓词化倾向，因而具有陈述功能。作者认为，体词谓语句的语义是有等级的，体词谓语句的语义等级可以分为六级。他还根据典型范畴理论提出：不同范畴的体词性成分有不同等级的功能价值（即指称功能和陈述功能），二者是相对的，也就是说，指称功能越大则陈述功能越小，陈述功能越大则指称功越能小。项开喜列举了若干对范畴的体词性成分在功能价值上的等级关系：定指成分 > 非定指成分，周遍义成分 > 非周遍义成分，相对时间词 > 绝对时间词，属概念 > 种概念，整体范畴 > 部分范畴，实体义 > 引申义。例如，定指成分的指称功能大，而陈述功能小，所以定指成分不能作谓语；非定指成分则相反。整体范畴的指称功能大，而陈述功能小，部分范畴则相反，所以我们可以说"一只手五根手指头"，而不能说"＊五根手指头一只手"。刘顺（2003）借用有界和无界理论和名词配价理论探讨了名词谓语句的自足问题。他认为，在许多情况下，是名词的有界或无界性质影响了句子的自足与否。当有界名词在名词谓语句中充当主语时，也要求充当谓语的名词性成分也是有界名词；有界成分不能与无界成分匹配。

　　高航（2008）在认知语法框架内研究了名词谓语问题。他认为，谓语名词呈现出动态性，这一性质是主观化和心理扫描的结果。概念化主体在一个抽象路径（即量级上）进行心理扫描，而扫描的终点是主语名词短语所凸画的事物在该路径上的位置。小句的可接受程度与量级的凸显程度存在直接的相关。庞加光（2013）从构式视角探讨了名词谓语问题。他认为名词谓语是名词成分在构式网络下的重新范畴化。这些名词成分的概念结构通过显影化调节（侧画调节）转化为具备特征描写功能的关系成分，从而被形容词谓语句和特征句范畴化。魏在江（2017）从语法转喻的视角研究了体词谓语句。他认为，语法转喻改变了体词谓语句整个句法结构的语法属性，同时改变了整个结构的语义指向。他指出，语法转喻是此类结构产生的重要认知动因。高航（2020）在激进构式语法框架内考察了 17 种语言，发现名词谓语句的允准程度主要取决于三个因素：小句情景植入的策略、不同词类充当谓语的标记性等级、同位语构式和定中构式等相似结构的制约。

　　从以上文献可以看出，以往的研究已经对体词（名词）谓语句现象进行了一定程度的探索，已经观察并描写了关于体词谓语句的许多翔实的语言事实，在很多方面都取得了很有价值的成果，具有重要的理论指导意义。但是认知语言学范式的研究成果还比较少，比较零散，观点不一致，对体词谓语句背后的概念结构的认知解释还需要更多的研究。

6.3 理论基础

让我们先看一看主观性（subjectivity）和主观化（subjectivisation）。欧美语言学家如 Benvenstein、Lyons、Lakoff、Langacker、Traugott 等很早就开始关注语言中的主观性。例如，Lyons 在语义的范畴内讨论了语言的主观性，Langacker 以共时的角度、从认知切入探究了语言的主观性，并将其纳入颇有影响的认知语法理论体系，Traugott 则以历时的视角，通过考证语义变化过程观察语义变化的主观化倾向。到 20 世纪 90 年代初形成一个高潮，其标志是 1992 年在剑桥大学召开的专题研讨会以及 1995 年出版的这次会议的论文集《主观性与主观化——语言学视角》。近些年来，语言学家开始关注语言的"主观性"和"主观化"，这与近年来语言学"人文主义"的复苏，特别是功能语言学、语用学和认知语言学的兴起有关，使长期以来占主导地位的结构语言学派和形式语言学派所主张的"科学主义"受到挑战。认知语言学派强调，语言不仅仅要客观地表达命题式的思想，还要表达言语的主体即说话人的观点、感情和态度（沈家煊，2001）。

沈家煊先生率先向国内介绍了语言的主观性与主观化。语言的主观性是指语言的这样一种特性，即在话语中多多少少总是包含有说话人"自我"的表现成分，也就是说，说话人在说出一段话的同时，也表明了自己对这段话的立场、态度和感情，从而在话语中留下自我的印记（沈家煊，2001）。

Lyons（1977：739）指出："主观性的标记是这样一种设置，说话人在说一段话的同时，也表明了他对所说的话的评论和态度。"自然语言用其结构及一般运作模式，提供给言语行为者表达自身及他自己的态度、信念的一种方式。Lyons 讨论最为详尽的是情态动词的主观特征，他注意到了情态动词表达说话人的情感或态度。例如：

You must be very careful.（Lyons，1982：109）

a. It is obvious from evidence that you are very careful.

b. I conclude that you are very careful.

解读（a）源于客观事实，具有很强的客观性；解读（b）则源于说话人，具有很强的主观性。这种区别在语言上分别体现为无人称代词 it 和 I conclude。

根据 Langacker（1987，1991）的认知语法，对同一个场景可以有不同的识解。影响识解的参数有很多，如视角、详略度、注意、凸显等。主观性/客观性（subjectivity/objectivity）就是视角的两个不同维度。

根据视觉感知的原型模式，Langacker（1987，1991，2002）总结出两种典型的观察编排方式：最佳式（optimal viewing arrangement）和自我中心式（egocentric viewing arrangement）。在论述两者的区别时，Langacker 启用了"主观性"这一术语，他指出，这两种模式的区别在于概念主体是否也成为被感知的对象，在最佳式情形下，主体完全处于感知域之外，主体的注意力完全集中于客体，这时体现出最大程度的主观性（maximum subjectivity）。在自我中心模式情形下，概念主体自身也进入感知域，成为被感知的对象性客体，这时体现出最大程度的客观性。

"主观化"（subjectivisation）则是指语言为表现这种主观性而采用相应的结构形式或经历相应的演变过程。为了阐释这个定义，他打了个比方：如果把戴着的眼镜拿下来放在手里作为观察的对象，眼镜的客观性就强；如果是戴着眼镜看东西，眼镜已成为观察主体的组成部分，眼镜的主观性就强。

Traugott（1995）对语言主观性的研究是历时的，并将语言的主观性研究融进了他的语法化理论。语法化是一个词语从词汇词素变为语法词素的过程，在这个过程中概念意义弱化甚至消失，最终成为一个抽象的语法标记。语法化是一个单向过程，在这一过程中，词语的意义有从表达命题到表达情感转变的趋势，也就是说，该词的表意功能减弱，表情功能加强，并且和态度、情感、立场更加相关。这种态度、情感和立场都源于说话人，因而具有主观性。

主观性和说话人密切相关，主观性就是说话人作为主体言语时留下的自我印记。这些印记无所不在，但归纳起来大体表现为以下三个方面：①说话人的视角；②说话人的情感；③说话人的认识。话语的主观性现象和语言结构中的"自我"内涵，表明语言具有非命题性特征的一面，这种特征在话语中无处不在。正是人类的这种认知能力把语言和外部世界联系起来，成为二者连接的纽带（吴一安，2003）。

史密斯（Smith，2003）认为，在主观性的研究领域主要有三个传统领域：①指示语和它的语言表达法；②实证，指信息的来源和信息的可靠性，或指情态表达法；③主观性表达心理内容和个人的视角。言语中的交际动词、表示方向和方位的介词短语、指示状语（deictic adverbials）、各类表述词语（epithets）、评价性动词或副词、信息来源及其可靠度的副词、形容词和动词、时和体等都能体现说话人的主观认识。

下面我们看一看心理扫描（mental scanning）。对一个复杂场景的概念化过程，有必要区分两种认知加工模式：整体扫描（summary scanning）和序列扫描（sequential scanning）（Langacker, 1987）。概念化一个事件包括一系列代表性状态，如一个物体落到水平面上这样一个图式概念。概念化这样一个简单的图式概念也需要一系列复杂的认知事件。这些事件至少包括以下几点：①一组扫描事件，把最上面的那个物体识别为一个不同于背景的单个实体，这实际上是一组比较行为；②相同的一组扫描事件，把下面的那个结构看作一个不同的实体；③两个实体的比较，根据两个实体所处的相对位置对其进行识别。比较过程无处不在，无数连续的比较事件发生在所有认知域和所有活跃的认知层面。这些事件同时发生，几乎是平行进行的，只有通过实体之间的协同激活才能体验为一个连贯的完型。我们把这种认知加工模式叫作整体扫描。整体扫描的各个方面共同存在，同时可及。这里的扫描与注意没有任何直接关系。扫描是一个认知加工类型，发生在各种认知域中，具有无意识性，并不需要聚光灯或特别注意。另外一种认知加工模式叫作序列扫描。序列扫描涉及从一种构型到另一种构型的系列转化。每一个构型可作为一个比较事件的标准，以识别它和下一个构型之间的差异。因为这些场景是被依次观察到的，识别差异就相当于识别变化。与整体扫描不同，各个分离状态既不共存，也不同现，而是按照顺序依次扫描。如果用一个隐喻来表示二者的区别，那就是看照片和看电影之间的区别，整体扫描是看照片，序列扫描就是把照片按顺序串起来看，即看电影。我们的心智灵活性能够将认知加工时间和客观时间概念区分开来，因此我们完全能够对不随时间变化的情景进行序列扫描，例如"This road winds through the mountains"（这条路在群山中蜿蜒而行），对动词"wind"就是一个序列扫描的识解。

接下来我们看一看情景植入。Langacker（1991）在总结前人不足的基础上，在《认知语法基础》（第二卷）一书中提出了情景植入这一概念（grounding）。情景植入指的是事件进入某个特定的场景中。根据 Langacker 的观点，情景植入就是使用一定的情景植入元素把名词指涉（designate）的事物或小句指涉的事件放置（situate）于语言使用者（言谈双方）的知识和经验当中。

在情景植入中，Langacker 提到了几个关键因素，包括言语事件、言语事件的参与者（即说话人和听话人）以及直接环境。情景植入元素的主要任务就是把言语事件、事件参与者和环境联系在一起，即把场景与人的认知联系在一起。究竟什么是情景植入元素？名词词组中经常出现的冠词 a、an、the，指示代词 this、that、these、those 和某些数量词都是名词词组的情景植入元素；而对于小句，时态标记，如 - s，ed，ing 等屈折标志，和情态动词就是情景植入的元素。情景植入的手段有几种，可以通过添加冠词和指示代词，能让一个非具体的事件具体化，如 cat，可以有很多的可能性，添加定冠词 the 后，就能具体到哪只猫。还可以通过动词时态的屈折变化和使用情态动词，使得小句与当前的具体情境相结合。这样，言语事件的参与者通过情景植入元素来判断事件发生的具体情形，从而实现有效的交际目的。

Taylor（2002）在其《认知语法》一书中也谈到了情景植入（grounding），情景（ground）就是言语事件的语境，包括言语事件的参与者、时间、地点、情景语境、先前的话语、言语行为参与者共享的背景知识等诸如此类的信息。情景植入就是把客体"定位"于语境的过程（Grounding is a process that 'locates' an entity with respect to the ground）。他转述 Langacker 的观点，情景植入使言语行为参与者和指涉客体建立心理接触（mental contact）。例如，情景植入一个限定名词"the house"，被情景植入的名词指涉一个例示，这个例示是在一个恰当的域中被概念化的，这个例示是被说话者和听话者同时识别的，说话者和听话者都被定位于一个语境之内。用传统术语"指称"（reference）来理解情景植入可能会有帮助，一个说话者用情景植入的名词"指代"（refer to）一个指涉的例示。情景植入的名词短语侧画的是心理空间中的一个客体，这个客体可能是外部世界的，也可能是虚幻的、想象的或假设的心理空间的客体。他提到了几种情景植入的方式：例证（instantiation）、具体化（specification）、限定词和数量词（determiners and quantifiers）等。

6.4　定心谓语存在句

定心谓语存在句、名词谓语存在句、"有"字句、"是"字句和"着"字句都表示人或事物的存在，统称为存在句。所谓定心谓语存在句，就是由定语及其中心语组成的偏正词组充当谓语的存在句。定心谓语存在句在表示存在事物的名词前面必须有数量修饰词，这一点是与"有"字句及其他存在句的显著区别。例如，我们可以说"桌子上有花瓶""桌子上摆着花瓶"，但是不能说"＊桌子上花瓶"，而只能说"桌子上一只花瓶"或"桌子上许多花瓶"。这个例句显示并不是所有的"有"字句都可以去掉"有"而转换成定心谓语存在句。这说明定心谓语存在句是一个独立的句式。宋玉柱（1982）和杜瑞银（1982）都认为，定心谓语存在句是一种独立的句式，尽管名称稍有不同，宋玉柱称之为"定心谓语存在句"，而杜瑞银称之为"定名谓语存在句"，但都是指"山下一片月光"这一种句式。杜瑞银（1982：12）指出："我们认为，这种句子是一个独立句型，'省略说'是不恰当的。"宋玉柱（1982：29）指出："'省略说'似乎不易站得住。因此，我们认为这是一种独立的句式。"

后三种句式中都有动词，属于动词存在句；前两种句式中没有动词，只有名词作谓语，属于名词谓语存在句。从谓语对主语的作用来看，存在句的谓语对于主语（处所）都有一种描写作用，即使出现动词，也不是叙述行为动作的，而是动词与存在客体一起整体描写一个场景。但是，由于各个句式的形式不同，所使用的动词不同，表意作用和主谓语关系也有一定的差别。

"着"字存在句使用了动词，除了表示人或事物的存在外，还可生动地表现其存在的方式和状态。例如：

（474）门后斜挂着一把宝剑。

"是"字存在句使用判断动词"是"，把处所和存在客体联系起来，给句子附加上了周遍性和判断意义。例如：

（475）左右两边是两个石板横栏，左写"龙蟠"，右写"虎踞"。

（CCL语料库）

"有"字存在句没有以上两种句式的附加意义，单纯表示客体的存在，但有时在动词前面可以有表示时间的副词，在动词后面可以用时态助词"了""过"，这说明"有"字存在句还保留了一定的叙述性。例如：

（476）西墙上有跑马、佛像等古拙的刻饰。（CCL 语料库）

（477）道场上已经有打过了的秸秆。

（478）屋顶上有了雪。

定心谓语存在句的作用既不在于叙述，也不在于判断，而是表示一种描写。定心谓语存在句明显的形式特点就是表示处所的词语和表示存在客体的词语之间没有动词，全句只有两个名词性词语。下面，我们分别考察一下这两部分的结构特点。

第一部分是表示处所的名词，可以充当这一部分的词语是方位词，其中的名词一般不带修饰成分。请看下面的例句：

（479）中间一条宽阔的马路。

（480）窗前一个小花园。

（481）屋外一片月光。

（482）前边两面悬崖峭壁，中间一条狭长的江面。

（483）远处山谷里一片青青的森林。

例句（479）~（481）中的"中间""窗前""屋外"都是方位词，再加上一个数量词修饰的偏正词组构成定心谓语存在句。例句（482）（483）和前面三个例句稍有不同，句首名词是两个合成方位词组"前边两面""远处山谷里"。句首成分有时还可以是介词结构、动宾结构。例如：

（484）靠窗一个大炕，炕上有毛毡、炕桌、油灯。　（CCL 语料库）

（485）靠门儿一张长板凳。　（CCL 语料库）

（486）绕着湖一团花簇锦绣。

（487）进院两棵枣树。

例句（484）和（485）的句首方位成分是介词结构"靠窗"和"靠门"，而例句（486）和（487）的句首方位成分是两个动宾结构"绕着湖"和"进院"。但是由介词"在"组成的介词短语不能出现在定心谓语存在句的句首，这是它与"着"字存在句的不同之处。这也证明了处所词语是全句的主语，不是状语。例如：

（488）＊在山下一片好风光。

（489）＊在窗外一片黄昏景色。

（490）＊在天地间一片寂静。

例句（488）～（490）因为在方位词语前面加了一个介词"在"，都不成立；如果都去掉介词"在"，三个句子都成立，都是定心谓语存在句。

第二部分是定心谓语存在句的谓语，一般是由定语和中心语组成的偏正词组充当的，其中重要的是数量词结构。充当谓语的名词有几种情况，要么是可数的具体名词，要么是不可数的具体名词或抽象名词。谓语如果是可数的具体名词，其前的数量词是任意的，例如：

（491）门边一张长木凳。

（492）窗前两张木桌。

（493）桌旁三把旧椅。

（494）靠墙一张木板床，床旁两张单人沙发，沙发上几摞书。

（CCL 语料库）

例句（491）～（494）中的存在客体都是可数的具体名词，它们前面的数量词也是任意的"一张""两张""三把""几摞"，等等。谓语如果是不可数的具体名词或抽象名词，其前的数量词一般是"一＋量词"结构，常见的这类量词有"片""层""团""派""摊""阵"等。例如：

（495）雪地里一摊血迹。

（496）楼道里一团漆黑。

（497）草地上一层霜。

（498）农村里一派祥和的景象。

（499）车厢里一片寂静。

（500）眼前一阵眩晕。

例句（495）（496）（497）的谓语是由不可数的具体名词充当的，"血迹""漆黑""霜"都是具体名词但是不可数；例句（498）（499）（500）的谓语是由不可数的抽象名词充当的，"景象""寂静""眩晕"都是不可数的抽象名词。

定心谓语存在句句型较简单，它没有叙述性，只是从肯定方面（它没有否定形式）用存在客体描写处所，是一种描写句。充当谓语的名词类别不同，其描写的效果也不同。如果谓语是由形容词转化来的临时名词充当的（杜瑞银，1982：15），描写性最强，这时可以把数量词换成副词，变成形容词谓语句。例如，"车厢里一片寂静"可以变成"车厢里很寂静""车厢里非常寂静"，句子描写作用最强。如果充当谓语的是可数的具体名词，描写性最弱，例如，"门旁一条长板凳"，可以加上"有"，甚至有一些叙述的意味。如果谓语是不可数的抽象名词，表示风光、神色、气氛、气味等抽象客体的，描写作用也很明显，介于二者之间，例如，"窗外一片深秋景色"。定心谓语存在句整体仍然是一种描写句，尽管描写作用因充当谓语的名词种类不同而有程度差异。

6.5　名词谓语存在句

除了定心谓语存在句外，还有一种特殊的存在句，名词也可以作谓语。这种结构由两个名词组成，第一个名词表示处所，含有周遍义，第二个单独名词作谓语，例如，"满嘴酒气""遍地烟头"，这种特殊结构被称为名词谓语存在句（宋玉柱，1988）。这种结构不是名词性偏正词组，而是主谓词组，有三个原因。

首先，因为名词或名词性词组不能作补语，而这种结构可以作补语。例如：

（501）她干了一辈子农活，累得浑身毛病。

（502）他洗了许多衣服，洗得满头大汗。　　　　　　（胡裕树《现代汉语》）

（503）他长得满脸孩子气。

例句（501）中的"浑身毛病"、例句（502）中的"满头大汗"、例句（503）中的"满脸孩子气"，都是由具有周遍义的处所名词加上单独名词构成，分别作动词"累""洗""长"的补语。

其次，这种结构前面可以出现副词，而副词往往修饰动词性成分，很少修饰名词性成分。例如：

（504）春天了，可是这儿仍然满地积雪。

（505）胖大姐真能说，随机应变，还满嘴新词儿。　　　　（杨志杰《选拔》）

例句（504）中的副词"仍然"修饰"满地积雪"，例句（505）中的副词"还"修饰"满嘴新词儿"，这两个结构在这里作谓语，起描写作用。

最后，从变换的角度看，这种结构可以变成"是"字存在句。请看下面的例句：

（506）a. 满身白灰。

　　　　b. 满身是白灰。

（507）a. 满身羊膻味。

　　　　b. 满身是羊膻味。

（508）a. 遍地烟头。

　　　　b. 遍地是烟头。

（509）a. 满脸孩子气。

　　　　b. 满脸是孩子气。

例句（506）～（509）证明这种结构是主谓结构，不是名词性偏正结构。名词性偏正结构不能进行这种"是"字句的变换，例如，"全连战士"，不能说"＊全连是战士"；"全校学生"，不能说"＊全校是学生"。所以，基于以上三点理由，我们认为这种结构是一种特殊的存在句，叫作名词谓语存在句。宋玉柱（1988：88）指出："由于上述存在句中的谓语都是名词（有的可以是名词词组），所以此类句式可以命名为：名词谓语存在句。"

下面我们看一看名词谓语存在句的结构特点。名词谓语存在句的第一部分是处所名词，一般要带有具有周遍义的修饰词，如"满""浑""遍""漫"等。例如：

（510）满屋子热腾腾香油白面的气味。　　　　　　　（CCL 语料库）

（511）阳春三月，鲁西平原，久旱无雨，遍地黄沙。　（CCL 语料库）

（512）内蒙古资源极为丰富，俗称"东林西铁，南粮北牧，遍地煤炭。"

　　　　　　　　　　　　　　　　　　　　　　　　　（CCL 语料库）

（513）烟雨朦胧中，群山起伏，遍地红壤。　　　　　（CCL 语料库）

（514）良久，良久，清梦醒来时，却又是满耳蝉声。　（CCL 语料库）

（515）六名施工者腾空摔入残墟中，浑身血迹斑斑，惨不忍睹。

　　　　　　　　　　　　　　　　　　　　　　　　　（CCL 语料库）

例句（510）的处所词是"满屋子"，"满"修饰"屋子"；例句（511）（512）（513）的处所词都是"遍地"，"遍"修饰"地"；例句（514）的处所词是"满耳"，"满"修饰"耳"；例句（515）的处所词是"浑身"，"浑"修饰"身"，语义上都带有周遍性的特点，都表示处所。这些名词谓语存在句都起着描写的作用。

有时，名词谓语存在句第一部分的处所词语还可以是合成方位词组，例如：

（516）大树下遍地干草枯叶，好像平时很少有人扫过。　　　（CCL 语料库）

（517）锅炉周围遍地油污，难以插足。　　　　　　　　　　（CCL 语料库）

（518）厕所外面遍地污秽，令人作呕。　　　　　　　　　　（CCL 语料库）

例句（516）中的"大树下"和"遍地"、例句（517）中的"锅炉周围"和"遍地"、例句（518）中的"厕所外面"和"遍地"，都是由两个处所词语构成一个合成方位词组，和它们的第二个名词"干草枯叶""油污""污秽"形成名词谓语存在句，起着描写作用。

名词谓语存在句的第二部分是名词谓语，一般由单个名词构成，请看下面的例句：

（519）乘风破凉赴西沙，遍地珊瑚满岛花。　　　　　　　　（CCL 语料库）

（520）遍地耗子洞。　　　　　　　　　　　　　　　　　　（CCL 语料库）

（521）满屋子笑声，满屋子欢愉。　　　　　　　　　　　　（CCL 语料库）

（522）黄色代表北部萨赫勒地区，那里地处撒哈拉沙漠以南，干旱少雨，遍地黄沙。　　　　　　　　　　　　　　　　　　　　　　　（CCL 语料库）

（523）为她及其随行人员办理受审关押手续，搞得那位院长面红耳赤，浑身大汗淋漓，手足无措。　　　　　　　　　　　　　　　　　（CCL 语料库）

（524）一夜里，满耳朵机车响。　　　　　　　　　　　　　（CCL 语料库）

（525）高山石头多，出门就爬坡，遍地石旮旯，一看就发愁。

（CCL 语料库）

充当名词谓语的还可以是定心词组，请看下面的例句：

（526）满山黑石头，遍地黄土岗。

（527）满眼扭曲的面孔、暴怒的目光。

（528）满屋子松香的气味。

（529）满屋子白蒙蒙的烟气。

（530）满屋子呛人的烟。

充当名词谓语的还可以是并列名词词组，甚至有时是三项或超过三项的名词并列，请看下面的例句：

（531）徜徉昆山街头，满耳闽南语和带着浓重"台湾腔"的普通话。

（CCL 语料库）

(532) 满屋子笑声、掌声、喝彩声。 （CCL 语料库）

(533) 满屋子的绿军装、绿军帽和红袖章。 （CCL 语料库）

(534) 满眼烟酒果盘二郎腿，满耳嬉笑吵闹下流语。 （CCL 语料库）

(535) 满耳叫声、喊声、骂声和小孩的哭声。 （CCL 语料库）

名词谓语存在句中充当谓语的名词一般不带数量定语，但也不是绝对的。宋玉柱（1988：89）指出："作谓语的名词绝不带数量定语"。这话有点儿绝对，事实上我们在 CCL 语料库中的确发现了少量带有数量定语的名词作谓语。例如：

(536) 满耳一片轰隆声，像有万千狮虎怒吼着围逼过来。 （CCL 语料库）

(537) 因为胖，很爱出汗，衣服总是潮乎乎的，浑身一股馊味儿。

（CCL 语料库）

例句（536）中的名词"轰隆声"作谓语，前面就有数量词"一片"；例句（537）中的名词"馊味"作谓语，前面也有数量词"一股"。所以说，名词谓语存在句中充当谓语的名词一般不带数量定语，但有时也可以带数量词定语，如例句（536）和（537）。

名词谓语存在句一般单独出现，独立成句，起描写作用，但也可以作句子成分。名词谓语存在句可以作谓语、宾语、定语和补语。请看下面的例句：

(538) 一个人如果内心成天装满了阴谋、贪欲和愚痴，那即使他满身名牌，坐拥万顷，重权在握，又能得到谁的真心爱戴和尊重呢。 （CCL 语料库）

(539) 夜幕降临，正当全家焦急万分的时候，他满身尘土拖着疲惫的步子回来了。 （CCL 语料库）

(540) 直到天将破晓，他带着满身泥水，又风尘仆仆地赶往别的抢险地段。

（CCL 语料库）

(541) 他拖着疲惫的身体与满身伤痕，步履蹒跚地下塔。 （CCL 语料库）

(542) 他看到的却是个满身土气没有女人味的"土妞"。 （CCL 语料库）

(543) 在储藏屋的婴儿脖颈处，竟会跳出三只满身鲜血的老鼠来。

（CCL 语料库）

(544) 10 年下来，她由一位亭亭玉立的漂亮少女，变得满身伤病，30 岁的年纪，额头上已爬上了几道浅浅的皱纹，而且至今孑然一身。 （CCL 语料库）

(545) 可是他们仍然按规定着装，不少人捂得满身痱子，有的两腿捂起了痱子，仍坚持着装整齐。

（CCL 语料库）

在例句（538）和（539）中，"满身名牌"和"满身尘土"作谓语；在例句（540）和（541）中，"满身泥水"和"满身伤痕"作宾语；在例句（542）和（543）中，"满身土气"和"满身鲜血"作定语；在例句（544）和（545）中，"满身伤病"和"满身痱子"作补语。

宋玉柱（1988：90）指出："没有发现名词谓语存在结构充当主语和状语的例句。"事实上，名词谓语存在句也可以作状语，我们在CCL语料库中发现了作状语的例子，例如：

（546）一群农家妇女满身油污地挑运原油往土锅炉里装。　　（CCL语料库）

（547）闽西山路遥遥，又碰上台风，当他们满身泥水地赶到武平时，乡亲们眼湿了，心热了。　　（CCL语料库）

（548）她学的是当时国内最尖端的计算机，现在只能满身油渍地和工人们一起修理卡车。　　（CCL语料库）

（549）曹恒成家中，并请来技术员帮助老曹解决问题，直到晚上八点多钟，才满身汗水地回到李长珍家吃饭。　　（CCL语料库）

例句（546）中的"满身油污"修饰动词"挑运"；例句（547）中的"满身泥水"修饰动词"赶到"；例句（548）中的"满身油渍"修饰动词"修理"；例句（549）中的"满身汗水"修饰动词"回到"，都作状语。这说明名词谓语存在句也可以作状语修饰动词，起描写作用。

至于主语，我们在CCL语料库中也发现了少量名词谓语存在句作主语的例子，这时名词前面往往有"的"。例如：

（550）那种令空气即刻一变，满身埃尘顿被掀扫的感觉，实在宝贵。

（CCL语料库）

（551）三株古柏，如盖的绿荫，满身的树瘤和苔藓，正是沧桑岁月的守望者。　　（CCL语料库）

（552）它被摔倒划伤的腿上和满身的泥水的确证明了她的泼辣和坚强。

（CCL语料库）

例句（550）中的"满身埃尘"，作主语；例句（551）中的"满身的树瘤和苔藓"作主语；例句（552）中的"满身的泥水"也作主语。这说明名词谓语存在句在句子中也可以作主语，但数量不多。

所以，名词谓语存在句除单独出现，独立成句外，在句子中还可以作谓语、宾语、定语、补语，甚至还可以作状语和主语。作状语和主语是我们在语料库中的新发现。无论单独成句还是作为句子成分，名词谓语存在句都起着描写的作用。

以上是对定心谓语存在句和名词谓语存在句结构特点的考察，下面我们对这两种存在义的名谓句进行认知解释。

6.6 存在义名谓句的认知解释

我们把定心谓语存在句和名词谓语存在句都纳入一个框架存在义名谓句进行认知解释，因为二者都是名词作谓语的存在句。国内对名词谓语句的认知研究很少，高航（2008）从认知语法的角度研究了名词谓语句，认为谓语名词呈现出动态性，这一性质是主观化和心理扫描的结果。概念化主体在一个抽象路径（即量级）上进行心理扫描，而扫描的终点是主语名词短语所侧画的事物在该路径上的位置。小句的可接受程度与量级的凸显程度存在直接的相关。这一成果研究了多种名词谓语句，虽然没有专门研究存在义名谓句，但是对于名词谓语存在句的研究很有启发。帖伊、覃修桂（2019）以体认语言学为指导，建立了一个 FRG 分析模型来解释汉语名词谓语句。作者认为，［（NP1）NP2］构式中的 NP1 与 NP2 呈现三种不同类型的概念联结关系，概念化者在从 NP1 向 NP2 的序列式扫描中，依据 NP1 与 NP2 间的概念联结关系对小句指称作出认识控制，实现小句标示类型范畴的实例化。名词谓语句作为以［（NP1）NP2］结构独立成句的表达式，其生成的认知动因是概念关系的呼应性与语义推理的顺应性。这一研究成果也肯定了心理扫描的作用，认为名词谓语句的生成认知动因是概念关系的呼应性和语义推理的顺应性，有其合理性和启发性，但这一结论显得有点过于宽泛，其他句式也存在类似的认知操作，名词谓语句的呼应有前提条件吗？如何呼应？

我们尝试在认知语法（Langacker，1987，1991）的框架内对存在义名谓句（定心谓语存在句和名词谓语存在句）提供一个基于一般认知能力的解释。存在义名谓句是主观化（subjectivisation）、情景植入（grounding）和心理扫描（mental scanning）作用的结果。无论是定心谓语存在句还是名词谓语存在句，名词在充当谓语时表现出动态性质，这一动态性质来自概念化主体在一个量级（scale）上进行的顺序心理扫描，扫描的终点是主语名词短语侧画的事物在该量级上所处的位置。

按照认知语法的语义观，一个语言表达式的意义不仅和它的概念内容有关，而且还和它的识解（construal）方式有关。视角影响识解，而主观化和心理扫描都是与视角有关的重要因素。在语言识解中存在着客观运动（objective motion）和主观运动（subjective motion）。对于概念化主体而言，物理运动处于注意力的焦点，对它的识解是客观的，因此物理运动在认知语法中被称作客观运动。主观运动在认知语法中指概念化主体对一个事物进行心理扫描来概念化，而该事物的位置保持不变。概念化主体没有意识到自己是在一个路径上运动，在这一过程中自己的角色是主观的。主观运动能够解释句子之间的语义差别。例如：

(553) The fence goes down to the hill.

(554) The fence goes up from the hill.

例句（553）和（554）描写的是同一个场景，射体（fence）和界标（hill）的位置没有变化，但因为心理扫描的路径不同，两句的语义有差别，例句（553）采取的是从上往下的心理扫描路径，而例句（554）采取的是从下往上的心理扫描路径，所以形成了两个不同的识解。由于每一个心理接触都发生在处理时间中的不同点上，由此产生一个激活顺序，我们所感知的方向性就来源于这一顺序。但是，这种运动只是主观的，是主观识解的体现。主观化的本质就是对于一个实体从相对客观的识解转变为一个更主观的识解，如同从客观运动转变到主观运动。

心理扫描属于一种普遍存在的一般认知能力。在心理上沿着一个路径对一个实体进行扫描，从而建立关于该实体的完整概念化，这一主观运动是人们在生活实践中关于运动体验的产物。如同运动体验一样，心理扫描也和运动的路径和方向关系密切。心理扫描不仅在处理与物理运动存在联系的虚拟运动句中起作用，而且在处理与物理运动没有联系的虚拟运动句中也起作用。

情景植入（grounding）指的是事件进入某个特定的场景中。根据 Langacker 的观点，情景植入就是使用一定的情景植入元素把名词指涉（designate）的事物或小句指涉的事件放置（situate）于语言使用者（交谈双方）的知识和经验当中。在情景植入中，有几个关键因素，包括言语事件、言语事件的参与者

（即说话人和听话人）以及直接环境。情景植入元素的主要任务就是把言语事件、事件参与者和环境联系在一起，即把场景与人的认知联系在一起。

名词词组中经常出现的冠词、指示代词和某些数量词都是名词词组的情景植入元素。情景植入使言语行为参与者和指涉客体建立心理接触。

按照认知语法的观点，小句侧画过程。如果名词谓语侧画过程，其过程性质即动态性是从何而来呢？这一性质来自概念化主体在量级（即抽象路径）上的心理扫描（即主观运动）。汉语中充当谓语的名词必须与量级有关，表示量级上一个点（高航，2008）。依据 FRG 模型，本研究认为整个句子的时间性来自于从 NP1 到 NP2 的顺序扫描。在"［（NP1）NP2］"结构中，NP1 与 NP2 具有概念参照点的关系，NP1 为 NP2 提供心理通道，由 NP1 到 NP2 的过程是被顺序扫描的，这使 NP2 具备了关系侧面，整个小句也具有了时间性关系（帖伊、覃修桂，2019）。

这两个研究结论都认可了顺序心理扫描是名词产生动态性的原因，但还有一些差异，究竟是在 NP2 的量级上进行的顺序心理扫描，还是从 NP1 到 NP2 的顺序心理扫描，意见不一致。

我们先解释定心谓语存在句。定心谓语存在句的结构是处所词加上定心存在客体，这里的数量词定语很重要。例如：

（555）山脚下一排别墅。

例句（555）中，数量词"一排"非常重要，它具有两个重要作用，一是情景植入，把存在客体"别墅"这个类名词植入到说话人和听话人的意识中，建立心理接触，变成一个例名词；二是在一个量级上（一幢、一排、一片）赋予顺序义，概念化者在一个量级上进行顺序性心理扫描，赋予名词"别墅"动态性。这就解释了为什么名词"别墅"可以作谓语，关键是数量词定语提供了一个量级，被植入情景的客体在这个量级上被顺序性心理扫描，名词由此获得了谓词性。

在这个心理扫描的过程中，心理扫描的终点相对于起点一定是事实上可及的客体，否则句子不成立。这事实上涉及存在义名谓句的一条重要的语义规则。请看下列例句：

（556）＊山脚下一群蚂蚁。

例句（556）最多是一个可能句，但不是一个现实句。处所加上定心名词，数量词"一群"修饰名词"蚂蚁"，构成存在义名词谓语句，虽然满足了语法形式的要求，但是语法还受到语义的限制，如果不能满足语义的要求，句子依然不能成立。因为这里心理扫描的路径是从山顶到山脚，起点是山顶，而终点是存在客体"山脚下的蚂蚁"，但是站在山顶上肉眼无法看到位于山脚的蚂蚁，存在客体事实上是不可及的，因此句子不成立。这就揭示了存在义名谓句的一条重要语义规则，心理扫描的终点相对于起点一定是事实上可及的客体，要具有心理真实性，否则句子不成立。所以，心理真实性原则是存在义名谓句的一条重要语义规则，是解释语义限制的认知动因。我们再比较下面的一组例句：

（557）＊山脚下一堆细菌。

（558）显微镜下一堆细菌。

例句（557）也是一个定心谓语存在句，处所词加上定心名词，数量词"一堆"修饰名词"细菌"，虽然符合语法要求，但是句子不成立。因为，这里涉及一个心理扫描过程，心理扫描的路径是从山顶到山脚，起点是"山顶"，终点是"山脚下的细菌"，相对于起点，终点事实上是不可及的，不具备心理真实性，所以句子不成立。相反，例句（558）则是和谐的定心谓语存在句，因为这里的心理扫描路径是从"显微镜"到"显微镜下的细菌"，起点是显微镜，终点是显微镜下的细菌，相对于起点而言，终点事实上是可及的客体，具有心理真实性，所以句子成立。类似的例句还有：

（559）＊房顶上一枚硬币。

（560）房顶上一只小鸟。

例句（559）不成立，例句（560）成立，原因同上。定心谓语存在句的语义心理真实性原则，是由该句式的描写功能决定的。定心谓语存在句主语用于描写，这种概念化是基于真实的体验，语言是人体与外界互动体验的反映，生活经验是概念知识的一部分，所以语言也受到背后认知规律的制约。我们再看下面的一组例句：

（561）＊山脚下稻田。

（562）山脚下一片稻田。

例句（561）尽管从心理扫描的起点到终点客体事实上是可及的，遵循了语义的心理真实性原则，但句子仍然不成立。相反，例句（562）成立。比较这两个例句，例句（561）没有数量词，只有名词，而例句（562）多了数量词"一片"。所以，定心谓语存在句中的数量词很重要，因为它涉及另外一条重要的语义规则，量级上的顺序性心理扫描，可以称为心理扫描的顺序性原则。数量词"一片"起着情景植入和赋予量级的双重作用。通过情景植入，类名词"稻田"变成了名词"稻田"的一个例示"一片稻田"，而且，"一片"赋予了名词"稻田"一个量级（一块、一片、一望无际），概念化者在这个量级上进行顺序性心理扫描，赋予名词动态性，这就说明心理扫描的顺序性原则是定心谓语存在句的另一个重要的语义原则。再看下面一组例句：

（563）＊靠窗木桌。

（564）靠窗一张大木桌。

例句（563）遵循了心理真实性原则，心理扫描的终点相对于起点是事实上可及的客体，但因为缺少数量词，没有情景植入，没有量级进行顺序性心理扫描，句子不成立。相反，例句（564）有数量词"一张"，还有形容词"大"修饰名词"木桌"，数量词"一张"情景植入名词，把类名词变成了例名词；量级有两个来源，一是来源于数量词（一张、两张、三张等），另一个来源于形容词"大"（大、中、小），概念化者在量级上进行顺序性心理扫描，赋予名词动态性，句子成立。所以，定心谓语存在句在语义上要满足两个原则，心理真实性原则和顺序性心理扫描原则，这是概念化者在理解描写场景时启动的心理扫描过程决定的，二者缺一不可。这种心理扫描过程是我们在理解语言时下意识的、瞬间启动的、持续时间很短的一个认知过程。

数量词在定心谓语存在句中很重要，具有两个功能，一是情景植入，即把名词带入到一个情景中，使其由一个类名词变成了一个例名词；另一个功能是赋予名词一个量级，使概念化者能够在这个量级上进行顺序性心理扫描。那么，修饰词的量级从何而来？其认知基础是什么？

根据 Vyvyan Evans（2009）的词汇概念和认知模型理论（LCCM Theory），词汇概念和意义之间有一个基本区别，词汇概念是约定俗成地与语言形式联系在一起的语义单位，是语言使用者个体心智语法整体的构成部分；而意义是情景用法事件（situated usage-events）的特征，而不是单独的词或语言形式的特征。因此，意义被看成不是语言本身的功能，而是产生于语言使用。词汇项为概念提供可及点，凭借此可及点通达概念，而概念和认知模型（cognitive model）相连，而认知模型又和百科知识相连。意义建构是通过概念整合而来的，概念整合过程涉及词汇概念选择和融合（整合和诠释）。我们认为，量级来自概念通达的认知模型及其网络。根据 LCCM 理论，由词汇项提供可及点通达的概念认知模型及其相关概念知识都是有等级的，概念认知模型都是按照等级储存在大脑中。这个等级是按照联系的牢固程度（entrenchment）区分的，越牢固的联系等级越高，越容易激活；不常用的联系，概念认知模型的等级就低，不易激活。联系的牢固程度和使用的频率成正比，使用频率越高，联系的牢固度就越强。这样，概念认知模型及其相关概念知识就按照一定的顺序（联系的牢固程度）被储存在概念化者的脑海中，是个体心智语法的构成部分。概念认知模型及其相关概念知识的等级就赋予被情景植入的名词一个量级，即在某一个维度上（如数量、颜色、形状、性质、功能等）联系牢固程度的差异所导致的激活顺序的差异。名词被情景植入就是被带入了一个认知模型网络并被激活，该名词是按照联系的强弱先后顺序被激活的，体现了心理扫描的动态性。这就是定心谓语存在句中数量词量级的源头和认知基础。

我们再看一个例句：

（565）窗外一片美丽的秋色。

例句（565）也是一个和谐的定心谓语存在句，处所词"窗外"加上定心名词"一片美丽的秋色"，数量词"一片"和形容词"美丽"修饰名词"秋色"。心理扫描的路径是从屋里到屋外，心理扫描的终点是窗外的秋色，终点相对于扫描的起点屋里是事实上可及的客体，符合心理真实性原则。修饰词"一片"情景植入名词"秋色"，把类名词变成例名词，赋予名词量级（一抹、一地、一派、满眼）；量级的另一个来源是形容词"美丽"（萧条、金灿灿、清凉爽人、浓艳），概念化者在量级上进行顺序性心理扫描，赋予名词动态性。这就是定心谓语存在句的认知解释，在这个解释中有两个重要的认知语义规则，即心理真实性和心理扫描的顺序性。

下面我们看一看名词谓语存在句。这种结构由两个名词组成，第一个名词表示处所，含有周遍义，往往有修饰词"满""浑""遍"等修饰处所；第二个单独名词作谓语。例如：

（566）＊满身细菌。

（567）满身泥巴。

例句（566）最多算是一个可能句，不是现实句。第一个部分是处所词"满

身"，含有周遍义，第二部分是单独名词"细菌"，符合名词谓语存在句的语法
要求，但是违背了语义规则，句子不成立。这个句子涉及一个心理扫描过程，
对于描写句总是有一个潜在的心理扫描起点。这里扫描的起点是旁边的概念化
者，终点是身体上的细菌，相对于扫描的起点，终点即身体上的细菌事实上不
可及，违背了心理真实性原则，故句子不和谐。相反，例句（567）成立。它也
是一个名词谓语存在句，第一部分是处所词"满身"，含有周遍义，第二部分是
单独名词"泥巴"，符合名词谓语存在句的语法要求，心理扫描的终点即身体上
的泥巴相对于扫描的起点即旁边的概念化者是事实上可及的客体，遵循了心理
真实性原则。其次，修饰词"满"很重要，它具有两个功能。一是情景植入，
即限定处所范围，从而限定名词范围，把类名词"泥巴"变成了例名词"身体
上的泥巴"；二是在一个量级上启动顺序心理扫描，这个量级一般是数量级（个
体、部分、整体）和相关事件量级如清洗步骤等，顺序心理扫描赋予名词动态
性，名词可以作谓语，也遵循了上文讨论过的第二个语义原则即心理扫描的顺
序性。

请看下面的例句：

（568）满脑子怪想法。

（569）满身酒气。

例句（568）和（569）都是名词谓语存在句，都成立。这两个句子都遵循
了心理真实性语义原则，但是在遵循的方式上稍有不同。心理扫描的终点对于
心理扫描的起点都是可及的，在例句（568）中，这种可及是通过语言交流达到
的，旁边的概念化者通过语言交流了解了参与者脑海中的怪想法；而在例句
（569）中，这种可及是通过嗅觉器官闻到的，前面的例句中很多是看到的，所
以这种"事实上可及"有不同的渠道，不管是哪一种渠道，一定要具有心理真实
性。因为只有具备了心理真实性，才能达到描写的句式功能。这两个句子中的修
饰词"满"一方面起着情景植入的作用，通过限制范围，把类名词变成例名词，
纳入言语事件参与者的意识中；另一方面又在一个量级上启动顺序性心理扫描，
赋予名词动态性。也就是说，这两个句子都遵循了心理扫描的顺序性原则。

所以，心理真实性原则和心理扫描的顺序性原则不仅适用于定心谓语存在
句，而且也适用于名词谓语存在句，是存在义名谓句认知解释的两条基本语义
原则。事实上，从语言层面来看是存在义名词谓语句句式的描写功能和词汇项

通达的概念引起的；但从深层次来看，是语言背后的认知规律在起作用，概念通达的认知模型及其相关概念知识按照联系牢固度的强弱先后被激活，形成了顺序性心理扫描，赋予名词动态性。生活经验是语言知识的一部分，语言能力是认知能力的一部分，语言是概念化的反映。只有把语言纳入一般认知能力的视域下审视，才有可能揭示语言的本质。

6.7　小结

　　本章主要考察了定心谓语存在句和名词谓语存在句两种存在义名谓句的结构并进行了认知解释。定心谓语存在句是由定语及其中心语组成的偏正词组充当谓语的存在句，表示存在事物的名词前必须有数量修饰词。定心谓语存在句是一个独立的句式。定心谓语存在句的作用既不在于叙述，也不在于判断，而是表示一种描写。这个句式的显著特点就是表示处所的词语和表示客体的词语之间没有动词，全句只有两个名词性词语。第一部分是表示处所的名词，可以充当这一部分的词语是方位词，有时还可以是介词结构和动宾结构。第二部分是由名词充当的谓语，一般是由定语和中心语组成的偏正词组充当的，其中的数量词结构很重要。充当谓语的名词要么是可数的具体名词，要么是不可数的具体名词或抽象名词。如果谓语是可数的具体名词，其前的数量词是任意的；如果谓语是不可数的具体名词或抽象名词，其前的数量词一般是"一 + 量词"结构，量词如片、层、团、派、滩、阵等。

　　名词谓语存在句由两个名词组成，第一个名词表示处所，含有周遍义；第二个单独名词作谓语。这种结构不是名词性偏正词组而是主谓词组，因为它可以作补语，前面可以出现副词，还可以变成"是"字存在句。名词谓语存在句的第一部分是处所名词，一般要带有具有周遍义的修饰词，如满、浑、遍、漫等。处所词有时可以是合成方位词组。第二部分是名词谓语，一般由单个名词组成，但有时可以是并列名词词组。名词谓语存在句中充当谓语的名词一般不带数量词，但也不是绝对的。在这一点上我们与宋玉柱的观点不同，宋玉柱（1988）认为绝对不能带。我们在 CCL 语料库中的确发现了少量带有数量词的名词充当谓语的例句。名词谓语存在句一般单独出现，独立成句，起描写作用，但也可以作句子成分。名词谓语存在句在句子中可以作谓语、宾语、定语和补语。宋玉柱（1988）在他的研究中说，没有发现可以作状语和主语成分的名词谓语存在句，但是我们的确在 CCL 语料库中发现了可以作状语的例子，甚至还发现了少量可以作主语的例子。

存在义名谓句（定心谓语存在句和名词谓语存在句）的认知解释涉及语言主观性、情景植入和心理扫描。存在义名谓句涉及一个心理扫描过程，对于描写句总是有一个潜在的心理扫描起点。心理扫描的终点（存在客体）相对于起点（概念化者）一定是事实上可及的客体，要具有心理真实性，否则句子不成立。所以，心理真实性原则是存在义名谓句的一条重要语义规则，是解释语义限制的认知动因。数量词或者是周遍义修饰词具有情景植入和赋予量级的双重功能，这样概念化者就在一个量级上进行顺序性心理扫描，赋予名词动态性。根据 LCCM 理论，由词汇项提供可及点通达的概念认知模型及其相关概念知识都是有等级的，概念认知模型都是按照等级储存在大脑中。这个等级是按照联系的牢固程度区分的，越牢固的联系等级越高，越容易激活；不常用的联系，概念认知模型的等级就低，不易激活。联系的牢固程度和使用的频率成正比，使用频率越高，联系的牢固度就越强。概念认知模型及其相关概念知识的等级就赋予被情景植入的名词一个量级，即在某一个维度上（如数量、颜色、形状、性质、功能等）联系牢固程度的差异所导致的激活顺序的差异。名词被情景植入就是被带入了一个认知模型网络并被激活，该名词是按照联系的强弱先后顺序被激活的，体现了心理扫描的动态性。这就是存在义名谓句中数量词或周遍义修饰词量级的源头和认知基础。心理扫描的顺序性是存在义名谓句中第二条重要的语义原则。所以，心理真实性原则和心理扫描的顺序性原则不仅适用于定心谓语存在句，而且也适用于名词谓语存在句，是存在义名谓句认知解释的两条基本语义原则。事实上，从语言层面来看，是存在义名词谓语句句式的描写功能和词汇项通达的概念引起的；但从深层次来看，是语言背后的认知规律在起作用，概念通达的认知模型及其相关概念知识按照联系牢固度的强弱先后被激活，形成了顺序性心理扫描，赋予名词动态性。生活经验是语言知识的一部分，语言能力是认知能力的一部分，语言是概念化的反映。只有基于大型语料库，把语言纳入一般认知能力的视域下审视，在人类普遍认知规律的基础上进行解释，才有可能有新的发现，才有可能揭示语言的本质。

第 7 章

存在句名词意义解读的认知研究

7.1 引言

汉语存在句的结构可以归纳为 NP1 + VP + NP2，NP1 一般为处所，VP 是存在动词，NP2 是存在客体。存在客体 NP2 可以有多种形式：数量名短语、名词性短语、抽象名词、专有名词、光杆名词等。例如"天上飞着一只鸟"，解读"一只鸟"的认知路径和机制是什么？存在名词的意义复杂，特别是光杆存在名词（存在物体后没有其他成分）的解读。例如，There are four sections.（有四个部分），"四个部分"到底指什么？意义识解的路径如何？一种观点是语境依赖（Barwise and Cooper, 1981），但也存在着不足。例如，在消防员的年度野餐会上，句子"There was every kind of food imaginable."（有能想象到的各种食物），根据语境就是人们能想象出的、可能出现在野餐会上的各种食物，这实际在谈存在物的"范围"（scope）而不是"量"（quantification）。汉语名词短语指称义的正确判断要考虑谓词性质、句法位置等句法信息，还要考虑句子话题、焦点、重音及篇章语境信息（高顺全，2004；王秀卿、王广成，2008；文卫平，2010；徐盛桓，2010）。更重要的是要考察其背后的认知机制，本章我们主要探讨存在名词意义解读的认知机制。

7.2 存在句数量名短语的认知解读：
情景植入与泛心理接触

Langacker（1991）在其《认知语法基础》（第二卷）一书中提出了情景植入（grounding）这一概念。情景植入指的是事件进入某个特定的场景中。根据Langacker的观点，情景植入就是使用一定的情景植入元素把名词指涉（designate）的事物或小句指涉的事件放置（situate）于语言使用者（言谈双方）的知识和经验当中。

在情景植入中，Langacker提到了几个关键因素，包括言语事件、言语事件的参与者（即说话人和听话人）以及直接环境。情景植入元素的主要任务就是把言语事件、事件参与者和环境联系在一起，即把场景与人的认知联系在一起。究竟什么是情景植入元素？名词词组中经常出现的冠词a、an、the，指示代词this、that、these、those和某些数量词都是名词词组的情景植入元素；而对于小句，时态标记，如 – s、– ed、– ing 等屈折标志，和情态动词就是情景植入的元素。情景植入的手段有几种，可以通过添加冠词和指示代词，能让一个非具体的事件具体化，如cat，可以有很多的可能性，添加定冠词the后，就能具体到哪只猫。还可以通过动词时态的屈折变化和使用情态动词，使得小句与当前的具体情境相结合。这样，言语事件的参与者通过情景植入元素来判断事件发生的具体情形，从而实现有效的交际目的。

"情境植入"指使用一定的语法成分将名词或动词表达的事物或事件置于言者和听者的知识中。情境包括言语事件、言语事件参加者及其互动、与言语事件相关的信息如时间、地点等，广义上的情境还包括语言表达式产出及理解过程中引发的隐性背景（牛保义，2013）。情境植入研究关注交际者、言语事件、时间、地点等情境成分的使用及其对名词指称义和小句动词凸显的关系或过程概念化的贡献（牛保义，2015）。

我们知道，一个说话者使用名词性短语的目的就是提及某一类事物的某个例示（some instance of a type），借此方式让听话者能够确定他的指称对象。对于一个给定的事物类T，通常有一个开放的例示集合 $\{t_1, t_2, t_3, \cdots\}$，任何指明事物类的名称，如 boy、cats、milk，不管有界还是无界，都有一个开放的例示集合。那么，说话者如何把听话者的注意力引导到他脑海中的那个例示呢？一种是通过提供描写的办法，如 boy who lives next door、white cats、milk on the verge of going sour，但这会使事情更复杂，因为每一个描写又涉及不同类的开放例示集合。但是，在情景内部有两个说话者和听话者一直可以依赖的自然认知参照点：一是背景本身（言语行为参与者和他们的即时环境），二是从中抽取例示的一个认知参照集体（a reference mass）RT，RT 可以定义为话语空间范围内所有例示的联合体（union）。

说话者（S）和听话者（H），二者共同构成了背景（Ground），面对着把他们的心理指称协调到事物类 T 的某个例示 t_i 上去的任务，这个例示 t_i 是从认知参照集体 RT 中抽取的。背景 G 和认知参照集体 RT 都是服务于该目的的参照点。背景 G 用作参照点的基础是一个从心理方面定义的概念"心理接触"。什么叫心理接触？Langacker（1991：91）指出："一个人在他目前的心理状态下，把某个例示 t_i 挑选出来，使它处于个体的清醒意识状态，那么这个人就和这个例示 t_i 建立了心理接触。当说话者 S 和听话者 H 都和例示 t_i 建立了心理接触，那么完全的指称协调（full coordination of reference）就达到了。"

请看下面的例句：

（570）湖上停着一条船。

（571）门后斜挂一把剑。

（572）天上飞着一只鸟。

例句（570）中的存在客体是"一条船"，例句（571）中的存在客体是"一把剑"，例句（572）中的存在客体是"一只鸟"。这三个存在客体都是数量名短语，数量词修饰存在名词。这里的数量词很重要，对于存在名词的解读起两个作用，一是情景植入，二是建立心理接触。例句（570）中的数量词"一条"把"船"植入了一个湖上的情景，把"船"从类名词变成了例名词，不是指"船"这一类事物，而是指这一类事物中的一个例示；因为从该类事物集合中挑选出了一个例示，这样基于说话者、听话者和湖上处所等背景知识，听话者就和这个例示可以建立心理接触，听话者可以清醒地意识到这个例示，这样就达到了指称的协调。但听话者也仅仅是意识到一条船而已，并不清楚其他关于该船的具体信息。所以，这种心理接触称为泛心理接触，因缺乏独特性信息，不能和某一个具体例示建立心理接触，可能是集合中的任何一个例示。例句（571）中的数量词"一把"把"剑"植入了门后的情景，把"剑"从类名词变成了例名词，不是指"剑"这一类事物，而是指这一类事物中的一个例示；因为从该类事物集合中挑选出了一个例示，这样基于说话者、听话者和门后处所等背景知识，听话者就和这个例示建立心理接触，听话者可以清醒地意识到这个例示，这样就达到了指称的协调。但听话者也仅仅是意识到一把剑而已，并不清楚其他关于该剑的具体信息。同样，例句（572）中的数量词"一只"把"鸟"植入了天上的情景，把"鸟"从类名词变成了例名词，不是指"鸟"这一类事物，而是指这一类事物中的一个例示；因为从该类事物集合中挑选出了一个例示，这样基于说话者、听话者和天上处所等背景知识，听话者就和这个例示建立心理接触，听话者可以清醒地意识到这个例示，这样就达到了指称的协调。但听话者也仅仅是意识到一只鸟而已，并不清楚其他关于该鸟的具体信息。这与存在句中存在名词的不确指性一致。

如果把这三个例句中的数量词去掉，句子明显不成立。这说明数量词在存在句中对于存在名词的解读中起着非常重要的桥梁作用，是达成说话者和听话者指称协调的认知基础，在认知机制上体现为情景植入和心理接触。类似的例句还有：

（573）地上滚着一只罐头盒。

（574）床上躺着一个人。

（575）桌上放着一本书。

（576）窗台上放着一盆花。

（577）地边搭了一个小窝棚。

（578）门前挖了一道沟。

例句（573）～（578）中，存在客体都是数量名结构，数量词修饰存在名词，这些数量词很重要，在对于存在名词的解读中起着情景植入和建立泛心理接触的重要认知作用。具体解读过程和上面的例句相似，在此不再赘述。

7.3 存在句专有名词的认知解读：
情景植入与独特性心理接触

根据 Langacker（1991）的观点，情景植入就是使用一定的情景植入元素把名词指涉（designate）的事物或小句指涉的事件放置于语言使用者（言谈双方）的知识和经验当中。

在情景植入中，Langacker 提到了几个关键因素，包括言语事件、言语事件的参与者（即说话人和听话人）以及直接环境。情景植入元素的主要任务就是把言语事件、事件参与者和环境联系在一起，即把场景与人的认知联系在一起。

简单地讲，心理接触就是在说话者当前的心理状态中被挑选出来处于个体清醒意识状态的客体。心理接触是很容易实现的，因为它涉及的客体不需要真实，也不需要知道关于客体的具体信息，也就是说仅仅意识到那个客体就够了。不定冠词的认知含义就是事物类 T 的例示 t_i 位于一个子空间 R'，言语行为参与者和它没有预先存在的心理接触，也没有和它建立独特性心理接触的途径（无独特信息），除了知道它是子空间 R' 的要素之外。正是基于听话者只知道任意例示 t_i 是子空间 R' 的要素，无法具体化这一点，我们把不定冠词的认知实质归纳为"泛心理接触"。

基于心理空间和心理接触，Langacker（1991）总结了定冠词的意义特点。Langacker 认为，在名词短语的事物类描述 T 前使用定冠词意味着（1）事物类 T 的指明例示 t_i 是独特的（unique）并且相对于当前这个话语空间最大化（maximal）；（2）说话者 S 和这个例示 t_i 有心理接触；（3）或者听话者 H 和这个例示 t_i 有心理接触，或者那个名词短语单独就足以建立这种心理接触。因此定冠词 the 的基本含义就是说话者和听话者通过使用为它提供背景的名词短语和一个独特的例示 t_i 建立了心理接触，那时双方就达到了指称的协调。

存在句中的存在名词都有一种不确指性，特别是使用了数量名短语的存在句，这种不确指性就更加明显。有时，存在句中的存在名词也可以是专有名词，但是为了适应不确指性这个特点，专有名词前面也出现了数量词定语。例如：

（579）在斜对门的豆腐店里确乎终日坐着一个杨二嫂。 （宋玉柱，2007）

（580）隔壁关着一位黄显声先生。　　　　　　　　　　　（宋玉柱，2007）

（581）三月里来三月三，陕北出了一个刘志丹。　　　　　　（宋玉柱，2007）

例句（579）的存在名词是一个专有名词"杨二嫂"，在这个专有名词前面还出现了一个数量词"一个"。数量词"一个"的主要作用就是情景植入，把存在名词引入处所情景"斜对门的豆腐店"；第二个作用就是建立心理接触，因为"杨二嫂"是一个专有名词，具有独特性线索，听话者就可以与这个特殊例示建立独特性心理接触，即清醒地意识到这个独特的存在客体。例句（580）的存在名词是一个专有名词"黄显声先生"，在这个专有名词的前面也出现了一个数量词"一位"。数量词"一位"的主要作用就是情景植入，把存在名词引入处所情景"隔壁"；第二个作用就是建立心理接触，因为"黄显声先生"也是一个专有名词，具有独特性线索，听话者就可以与这个特殊例示建立独特性心理接触，即清醒地意识到这个独特的存在客体。同样，例句（581）的存在名词是一个专有名词"刘志丹"，在这个专有名词的前面也出现了一个数量词"一个"。数量词"一个"的主要作用就是情景植入，把存在名词引入处所情景"陕北"；第二个作用就是建立心理接触，因为"刘志丹"也是一个专有名词，具有独特性线索，听话者就可以与这个特殊例示建立独特性心理接触，即清醒地意识到这个独特性的存在客体。所以，存在句中数量词的功能就是情景植入和建立心理接触，既可以建立泛心理接触，又可以建立独特性心理接触，取决于存在名词本身线索的独特性程度。

除了数量词加专有名词，存在句中的存在客体有时还可以直接是专有名词，例如：

（582）沙发上坐着小王。

（583）主席台上坐着李总。

（584）一九一九年，北京爆发了"五四"运动。

例句（582）（583）（584）中的存在客体都是专有名词，分别是"小王""李总""'五四'运动"。因为语境、文化、言者意图、推理等要素的提示，存在着隐性情景植入（牛保义，2015）。因为隐性情景植入，把这些专有名词引入到当前话语情景。又因为专有名词"小王""李总""'五四'运动"有着独特的线索，易于循着线索而定位，这样，听话者就可以和这些专有名词建立独特性心理接触，即清醒地意识到这些独特性客体的存在。

所以，存在句专有名词解读的认知机制主要是通过情景植入和独特性心理接触实现的。当专有名词的前面有数量词出现时，如例句（579）～（581），模糊确指性，这时数量词的作用是明示的情景植入，又因为存在专有名词线索的独特性和专有名词建立起独特性心理接触。当专有名词的前面没有数量词出现时，如例句（582）～（584），存在客体具有确指性，这时因为隐性情景植入（语境、文化、言者意图、推理等要素的提示），然后和存在专有名词建立起独特性心理接触，即清醒地意识到某一个具体例示的存在。以上就是存在句专有名词解读的认知机制，显性或隐性情景植入与独特性心理接触。

7.4　存在句抽象名词的认知解读：转喻机制

转喻（metonymy）不仅仅是一种修辞格，还是语言中的普遍现象；不仅仅是一种语言中的普遍现象，而且还是人们的一般思维方式和行为方式。我们的思考和行为方式所依赖的概念系统从本质上说具有转喻的性质（Lakoff & Johnson，1980）。

转喻的认知理据主要基于邻近性（contiguity）。Ullman（1962）认为，邻近关系是指两个词之间的意义邻近，转喻发生在两个互相联系的词之间。他认为，转喻基于三种邻近性：空间邻近性、时间邻近性和因果邻近性。Lakoff（1987）提出了理想化认知模型（Idealized Cognitive Model，ICM），其特点包括：①人类通过 ICM 来组织知识结构，每个 ICM 都是复杂的结构整体，具有格式塔特性；②ICM 并不一定如实地反映现实，它是对一些背景假设的高度简化；③ICM 不仅包括某个特定领域的百科知识，也包括该领域的文化、习俗等。基于此，转喻的邻近性有两种情况：一是整体 ICM 与其部分之间，二是一个 ICM 中部分与部分之间。在 ICM 中，邻近性不是指语言结构内部的相邻关系，而是指概念间的邻近性。以这两种邻近关系为基础，我们就可以发现转喻的产生有两大综合性构型：整体转喻部分或部分转喻整体，以及部分转喻部分。

Radden & Kövecses（1999）和 Kövecses（2002）以 ICM 为理论基础，对转喻进行了全面分析。他们认为转喻不仅仅具有指称功能，而且在本质转喻上是一种概念现象，是一种认知加工过程。在一个 ICM 中，一个概念（喻体）为另一个概念（本体）提供心理通道的认知过程就是转喻。他们对 ICM 做了进一步的阐述，认为 ICM 不仅可以存在于现实世界、概念世界、语言符号世界之中，也可以发生在这三者之间。

Langacker（1991）认为，相对突显的原则为转喻提供理据。认知上突显的实体被称为认知参照点（cognitive reference points）。高度突显的实体作为认知参照点唤起其他不突显的实体，听读者以概念中其他成分提供的背景与另一个概念进行接触。参照点是话语中突显的成分，其结果是参照点建立起一个语境，在此语境内，听读者与话语中其他不突显的概念实体发生概念可及。

转喻虽然是不可预测的，但是却是有理据可循的。概念 A 和 B 须在同一认知框架内，概念 A 必须比概念 B 更显著，A 能附带激活 B。用显著的东西来转喻不显著的东西是一般规律（沈家煊，1999）。显著（salience）是认知心理学的一个基本概念，显著的事物容易吸引人的注意，是容易识别、处理和记忆的事物。事物显著度的差异有一些基本规律，一般情况下，整体的比部分显著，容器比内容显著，有生命的比没有生命的显著，近处的比远处的显著，具体的比抽象的显著，有界的比无界的显著，等等。具有上述特征的事物就会成为常规的、典型的、默认的喻体，这些喻体就是我们的心理通道，由此我们就可以理解那些间接的、次要的、无边界的本体事物。人们使用转喻时的认知理据就是人类经验和感知显著性。当然，这两个认知理据并非孤立地起作用。在更多的情况下，它们是互相结合，共同起作用的。

能够产生整体与部分转喻关系的理想认知模型有：事物模型、构造模型、等级模型、复杂事物模型、范畴—属性模型等。以整体事物转喻部分事物这种思维方式之所以能够被人们正确理解，是因为人们能够找出其中的活跃区（active zone）（Langacker，1993）。部分与部分的转喻关系是以整个理想认知模型为背景的，它发生在以下一些认知模型中：行为模型、感知模型、使役模型、产品模型、控制模型、领属模型、容器模型、地点模型、修饰模型等（文旭、叶狂，2006）。

存在句的存在名词有时是抽象名词。请看以下例句：

（585）脸上洋溢着青春的气息。

（586）他冷傲的脸上露出一抹凶残。　　　　　　　　　　　　　　（BCC 语料库）

（587）然而眼睛里却藏着隐秘的鄙夷和不屑。　　　　　　　　　　（BCC 语料库）

例句（585）中的存在名词是"青春的气息"，例句（586）中的存在名词是"一抹凶残"，例句（587）中的存在名词是"隐秘的鄙夷和不屑"，这三个存在客体都是抽象名词。对这三个抽象名词的理解涉及转喻的感知模型。感知模型的理解是以整个人的身体和感受作为理想认知模型，来理解面部表情和感受。其中感知模型通常会与行为模型相互交叉，人们通常以具体的、直观的身体部位去描述抽象的身体体验，或者以抽象的身体体验去描述具体的、直观的身体部位反应。例句（585）中的存在名词"青春的气息"是抽象的身体体验转喻具体的身体部位"充满青春活力的脸庞"，属于抽象转喻具体，抽象感受名词因激活具体的身体部位而得到理解。例句（586）中的存在名词"一抹凶残"也是抽象的身体体验转喻具体的身体部位"露出凶残表情的脸庞"，也属于抽象转喻具体，抽象感受名词因激活具体的身体部位而得到理解。例句（587）中的存在名词"隐秘的鄙夷和不屑"也是抽象的身体体验转喻具体的身体部位"充满鄙夷和不屑神情的双眼"，也属于抽象转喻具体，抽象感受名词因激活具体的身体部位而得到理解。抽象存在名词的理解机制就是转喻，具体就这三个抽象名词来说，就是感知模型中的抽象转喻具体，其认知基础就是基于空间邻近性的人类体验。

我们再看几个例句：

（588）他们俩一咬耳朵，沉思的脸上露出了喜色。　　　　　　　（BCC 语料库）

（589）心中生出一丝庆幸。

（590）眼中充满哀怜。

例句（588）中的存在名词是"喜色"，例句（589）中的存在名词是"庆幸"，例句（590）中的存在名词是"哀怜"，三个都是抽象名词，对它们的理解也都涉及转喻的感知模型。而感知模型又常常和行为模型交叉，人们通常以具体的、直观的身体部位去描述抽象的身体体验，或者以抽象的身体体验去描述具体的、直观的身体部位反应。例句（588）中的存在名词"喜色"就是抽象的身体体验转喻具体的身体部位"流露出喜悦表情的脸庞"。例句（589）中的存在名词"庆幸"也是抽象的身体体验转喻具体的身体部位"流露出庆幸表情的脸庞"。例句（590）中的存在名词"哀怜"也是抽象的身体体验转喻具体的身体部位"流露出哀怜表情的双眼"。这三个抽象感受名词都因激活具体的身体部位得到理解。所以，存在句抽象存在客体的理解机制就是转喻，因涉及不同的存在名词，转喻所涉及的认知模型也会有所不同。我们只分析了感知认知模型，其他的例句也可能会涉及其他认知模型，但其内部认知机制是一样的，都是转喻，即用同一认知模型内的一个概念去理解另外一个相关的概念。

7.5　存在句光杆名词的认知解读：情景植入与认知模型

情景植入（grounding）就是使用一定的情景植入元素把名词指涉的事物或小句指涉的事件放置于语言使用者或交谈双方的知识和经验当中。情景植入有几个关键因素，包括言语事件、言语事件的参与者以及直接环境。情景植入元素的主要任务就是把言语事件、事件参与者和环境联系在一起，即把场景与人的认知联系在一起（Langacker，1991）。

牛保义（2015）主张在认知语法的情境植入框架内，探讨不同语言的情境植入现象。研究发现，有些情境可通过具体语言形式实现，有些情境没有具体的语言形式。前者为显性情境植入，如英语名词的情境植入主要通过冠词、指示词等显性情境成分实现（Langacker，1991）；后者为隐性情境植入，如汉语光杆名词的语义表达（牛保义，2012）。虽然当前认知语法的情境植入研究主要关注英语名词和小句的显性情境植入，对汉语等语言中存在的隐性情境植入现象关注较少，但正逐渐拓宽到间接情境因素、隐性情境因素和实词性情境成分的研究。其中，间接情境因素主要指出现在句子其他地方、对名词等词类的指称义有情境植入的成分；隐性情境因素指文化背景信息、言者的意图和推理等没有体现为具体语言形式的情境因素（牛保义，2015）。

根据 Evans（2009）的词汇概念和认知模型理论（Lexical Concept and Cognitive Model Theory，LCCM），词汇概念和意义之间有一个基本区别：词汇概念是约定俗成地与语言形式联系在一起的语义单位，是语言使用者个体心智语法库藏的构成部分；而意义是情景用法事件（situated usage-events）即话语（utterance）的特征，而不是单独的词或语言形式的特征。词汇概念是指和语言形式常规相连的一个语义结构（semantic structure）单位，它对于词汇概念和认知模型理论（Lexical Concept and Cognitive Model Theory）很重要。词汇概念和形式一起组成一个语言单位（linguistic unit）：一个约定俗成的形式—意义配对体。

词汇概念是用语言手段编码的概念——编码在一个形式中、可通过语言外在化的概念知识。词汇概念约定俗成地与各种语言形式联系在一起，包括词、粘着词素、习语表达式（idiomatic expressions）和语法构式。因此，根据定义词汇概念关注的仅仅是语言知识，尽管一个既定词汇概念也为认知模型侧画（cognitive model profile）提供可及（access），并因此成为百科知识的可及地点（access site），这些百科知识正是概念建立之地。许多特征与词汇概念有关，其中可能最重要的就是每一个词汇概念都有一个独特的词汇侧画（lexical profile）。语言形式"fly"（飞翔、驾驶、放飞、飘扬）被语码化成四个不同的词汇概念。

词汇概念提供可及点以通达不同的认知模型侧画，即词汇概念可通达的结构化百科知识清单，经过词汇选择、融合（fusion）（包括词汇概念整合和解释），形成情景解读。可通达的认知模型是层级系统，包括关于具体客体、抽象客体以及程序知识等三类知识。语义异常是融合不成功的结果，信息表达式和其通达的认知模型侧画之间不匹配，所以只产生了一串语言载体（vehicle），而没有形成概念解读（conception）。

认知模型侧画起着提供意义潜势（semantic potential）的作用，意义潜势与词汇概念整合（lexical concept integration）过程以及挑选出的概念结构（conceptual structure）共同导致一个概念理解（conception）的出现。为了证明词汇概念和它的认知模型侧画之间的关系，我们看一个词汇概念的例子［法国］（［FRANCE］），注意词汇概念是用方括号中的非粗体大写字母表示的。这个词汇概念提供的可及可通达许多认知模型——其认知模型侧画位于一个特定的可及地点（access site），可及地点即认知模型侧画的一个特定点。这个词汇概念可通达许多潜在的知识结构。因为每一个认知模型的结构知识都可通达其他知识，因此我们可以区分通过词汇概念直接通达的认知模型和那些构成它们组成部分（sub-structures）的认知模型，这些"二级"模型（"secondary"models）是词汇概念间接通达的。因此，认知模型侧画是词汇概念可通达的结构化知识清单（a structured inventory of knowledge）。例如，直接可通达的（至少）包括下列认知模型："地理大陆"、"民族国家"和"度假胜地"。而这三个模型中的每一个都可通达复杂且丰富的知识体系。通过"民族国家"认知模型可通达许多"二级"认知模型，其中之一是"特色"（flavour）。"特色"包括"国家体育"、"政治体制"和"美食"。例如，我们可能知道在法国，法国人参加几种特定的国家体育运动，足球、橄榄球、田径等。他们参加包括国际足联举办的足球世界杯、六国橄榄球赛、橄榄球世界杯、奥运会等在内的各种体育竞赛。也就是说，我们可通达和法国人参加的各种体育活动有关的大量知识。我们也可以知道法国这些体育运动的基金结构、社会经济条件以及制约因素，还有法国在这些具体运动项目的国际水平，甚至关于运动项目本身的知识如竞赛规则，等等。这些知识有许多不同的来源。每一个"二级"认知模型都可通达其下一级认知模型，例如，"（法国）选举制度"就是经由"（法国）政治体系"认知模型通达的一个下级模型。相应地，认知模型"（法国）政治体系"是经由认知模型"民族国家"通达的一个下级模型。

我们先看看汉语光杆名词的指称义。汉语中的光杆名词可以表达类指、定指或不定指的指称义。例如：

（591）苹果是水果之王。

（592）苹果洗好了。

（593）她买苹果去了。　　　　　　　　　　　　　　　　（均引自文卫平2010）

"苹果"在上面三个例句中都是光杆名词。例句（591）中的"苹果"表示类指，例句（592）中的"苹果"表示定指，例句（593）中的"苹果"表示不定指。汉语光杆名词的基本语义是类指。刘丹青（2002）曾提出"光杆名词短语类指普遍性假说"，其主要观点是，一切名词性单位中，其不带指称标记的名词短语都具有类指义。当名词短语前有指示词（指量短语）、数量短语等指称标记时，光杆名词短语的类指义被其他指称义覆盖；当名词短语前面无其他指称标记时，名词短语就作为类指成分出现。汉语光杆名词也可以表示存在意义，而且可以表示单复数，可以表示定指（文卫平，2010）。影响光杆名词语义解读的因素包括谓词性质、光杆名词所处的句法位置、句子重音等。牛保义（2012）提出"名词类指义的认知假设"，指出名词的类概念源自人们对相关个体的属性的观察、体验和认识，形成关于个体共享属性和特征的抽象概括。

存在句的存在客体有时是光杆名词。请看下列例句：

（594）桌子上有苹果。

（595）菜板上沾着肉末。

（596）锅里煮着鱼。

例句（594）中的"苹果"、例句（595）中的"肉末"和例句（596）中的

"鱼"都是光杆名词。光杆名词前没有植入任何情景成分，光杆名词"苹果"表达的是一个图式概念，借助于句子中同现的其他成分实现其指称功能。与光杆名词同现的处所词"桌子"和谓语动词"有"，其语义表现所指向的言语事件把"苹果"的指称限定在一定范围内，即桌子上存在的，因此这里的光杆名词"苹果"表达定指义。处所词、谓语部分语义、框架知识、言者推理等都对光杆名词"苹果"具有情景植入作用，由于这样的情景植入并不通过在名词前添加显性的语法成分实现，因此这样的情景植入是间接的和隐性的。

　　语义表现所指向的言语事件是如何限定光杆名词的指称义范围的？根据 Evans（2009）提出的词汇概念和认知模型（LCCM）理论，词汇项"苹果"提供可及点通达概念"［苹果］"，概念"［苹果］"激活有关的认知模型如"种植苹果""买卖苹果""吃苹果"等，其中"种植苹果"一级认知模型又和其他二级认知模型相连，如"生产劳动"模型等；"买卖苹果"一级认知模型又和"运输经营""贩卖出售"等二级认知模型相连；"吃苹果"又和"购买储存""烹饪消费"等二级认知模型相连，以及一些相关的概念细节知识都同时被激活了。结合同现的处所词"桌子"和谓语动词"有"，听者可激活"吃苹果"一级认知模型，而这一级认知模型又和"购买储存""烹饪消费"等二级认知模型相连，运用相关模型知识和推理，可把光杆名词"苹果"的指称义限定为该言语事件中出现的那部分苹果，即桌子上存在的苹果，是定指义。所以，对于光杆名词"苹果"定指义的解读是隐性情景植入和认知模型共同作用的结果。

　　例句（595）中的光杆名词"肉末"前面没有植入任何情景成分，"肉末"表达的是一个图式概念，借助于句子中同现的其他成分实现其指称功能。与光杆名词同现的处所词"菜板"和谓语动词"沾"，其语义表现所指向的言语事件把"肉末"的指称限定在一定范围内，即菜板上沾着的，因此这里的光杆名词"肉末"表达定指义。处所词、谓语部分语义、框架知识、言者推理等都对光杆名词"肉末"具有隐性情景植入作用。根据 Evans（2009）提出的词汇概念和认知模型（LCCM）理论，词汇项"肉末"提供可及点通达概念"［肉末］"，概念"［肉末］"激活有关的认知模型如"饲养家畜""买卖家畜""吃肉"等，其中"饲养家畜"一级认知模型又和其他二级认知模型相连，如"生产劳动"模型等；"买卖家畜"一级认知模型又和"运输经营家畜""贩卖出售家畜"等二级认知模型相连；"吃肉"又和"购买储存肉类""烹饪消费肉类"

等二级认知模型相连，以及一些相关的概念细节知识都同时被激活了。结合同现的处所词"菜板"和谓语动词"沾"，听者可激活"吃肉"一级认知模型，而这一级认知模型又和"购买储存肉类""烹饪消费肉类"等二级认知模型相连，运用相关模型知识和推理，可把光杆名词"肉末"的指称义限定为该言语事件中出现的那部分肉末，即菜板上沾着的肉末，是定指义。所以，对于光杆名词"肉末"定指义的解读也是隐性情景植入和认知模型共同作用的结果。

例句（596）中的光杆名词"鱼"前面没有植入任何情景成分，"鱼"表达的是一个图式概念，借助于句子中同现的其他成分实现其指称功能。与光杆名词同现的处所词"锅里"和谓语动词"煮"，其语义表现所指向的言语事件把"鱼"的指称限定在一定范围内，即在锅里煮着的，因此这里的光杆名词"鱼"表达定指义。处所词、谓语部分语义、框架知识、言者推理等都对光杆名词"鱼"具有隐性情景植入作用。根据 Evans（2009）提出的词汇概念和认知模型（LCCM）理论，词汇项"鱼"提供可及点通达概念"［鱼］"，概念"［鱼］"激活有关的认知模型如"养殖鱼""买卖鱼""吃鱼"等，其中"养殖鱼"一级认知模型又和其他二级认知模型相连，如"养殖劳动"模型等；"买卖鱼"一级认知模型又和"运输经营鱼""贩卖出售鱼"等二级认知模型相连；"吃鱼"又和"购买储存鱼""烹饪消费鱼"等二级认知模型相连，以及一些相关的概念细节知识都同时被激活了。结合同现的处所词"锅里"和谓语动词"煮"，听者可激活"吃鱼"一级认知模型，而这一级认知模型又和"购买储存鱼""烹饪消费鱼"等二级认知模型相连，运用相关模型知识和推理，可把光杆名词"鱼"的指称义限定为该言语事件中出现的那部分鱼，即锅里煮着的鱼，是定指义。所以，对于光杆名词"鱼"定指义的解读也是隐性情景植入和认知模型共同作用的结果。

下面是类似的光杆名词作存在客体的存在句：

（597）冰箱里有肉。

（598）水里有毒。

（599）茶几上有零食。

例句（597）中的"肉"、例句（598）中的"毒"以及例句（599）中的"零食"都是光杆名词，这三个光杆名词表达的都是定指义，都是隐性情景植入和认知模型共同作用的结果，这里不一一赘述。

7.6 小结

本章主要考察了存在句中存在名词意义解读的认知机制。存在句中可出现的存在名词一般有四种形式：数量名短语、专有名词、抽象名词以及光杆名词。在数量名短语存在客体中，数量词很重要，对于存在名词的解读起着情景植入和建立泛心理接触的重要认知作用。数量词把存在客体植入当前话语情景，也把存在名词从类名词变成例名词，这样基于说话者、听话者和处所等背景知识，听话者就和这个例示建立泛心理接触，听话者可以清醒地意识到这个例示，这样就达到了指称的协调。但听话者也仅仅是意识到一个例示而已，并不清楚其他关于该例示的具体信息，因为建立的仅仅是泛心理接触。在专有名词存在客体中，一部分是带有数量词的专有名词，另外一部分是没有数量词的专有名词。对于有数量词的专有名词，数量词起着情景植入的作用，对于没有数量词的专有名词，同现的语境、文化、言者意图、推理等要素进行隐性情景植入，又因为专有名词线索的独特性和专有名词建立起独特性心理接触，即清醒地意识到某一个具体例示的存在。存在句中专有名词存在客体解读的认知机制，就是显性或隐性情景植入与独特性心理接触。抽象名词存在客体解读的认知机制是转喻。例如，抽象感受名词都因激活具体的身体部位得到理解，因具体理解抽象或抽象理解具体，就是用同一认知模型内的一个概念去理解另外一个相关概念的转喻机制。因涉及不同的存在名词，转喻所涉及的认知模型也会有所不同，但其内部认知机制是一样的，都是转喻。存在句中光杆名词存在客体的解读认知机制是隐性情景植入和认知模型。光杆名词前面没有植入任何情景成分，表达的是一个图式概念，借助于句子中同现的其他成分实现其指称功能。与光杆名词同现的处所和谓语动词，其语义表现所指向的言语事件把光杆名词的指称限定在一定范围内，因此这里的光杆名词表达定指义。处所词、谓语部分语义、框架知识、言者推理等都对光杆名词具有隐性情景植入作用。基于词汇项可及点通达相关概念，相关概念激活相关认知模型和概念细节知识，运用推理把存在光杆名词的指称义限定在一个范围内，具有定指义。以上是四种不同类型的存在客体意义解读的认知机制。

参考文献

Abbott, B. 1993. A Pragmatic Account of the Definiteness Effect in Existential Sentences. Journal of Pragmatics, 19: 39 – 55.

Abbott, B. 1997. Definiteness and Existentials. Language, 73: 103 – 108.

Aissen, J. 1975. Presentational There-Insertion: a Cyclic Root Transformation. Papers from the Eleventh Regional Meeting of the Chicago Linguistic Society, 1 – 14.

Akmajian, A. and Heny, F. 1975. An Introduction to the Principles of Transformational Syntax. Cambridge, Mass: MIT Press.

Allan, K. 1971. A Note on the Source of There in Existential Sentences. Foundations of Language, (7).

Anderson, J. R. 1981. Cognitive Skills and their Acquisition. Hillsdale, NJ: Erlbaum.

Anderson, J. M. 1971. The Grammar of Case: towards a Localistic Theory. Cambridge: Cambridge University Press.

Boas, F. 1911. Handbook of American Indian Languages. Washington, DC: Smithsonian Institution.

Bolinger, D. 1977. Meaning and Form. London and New York: Longman.

Booij, G. 2005. The Grammar of Words. Oxford: Oxford University Press.

Breivik, L. E. 1981. On the Interpretation of Existential There. Language, 57 (1): 1 – 25.

Breivik, L. E. 1983. Existential 'There': A Synchronic and Diachronic Study. Studia Anglistica Norvegica, Bergon: University of Bergon.

Breivik, L. E. 2003. On Relative Clauses and Locative Expressions in English

Existential Sentences. Pragmatics, 13 (2): 211 - 230.

Brent, B. and P, Kay. 1969, Basic Color Terms: Their Universality and Evolution.

Berkeley, Los Angeles: University of California Press.

Bresnan, J. 1970. An Argument against Pronominalization. Linguistic Inquiry, (1): 122 - 123.

Brown, G. 1884. A Grammar of English Grammars. New York: William Wood.

Brugman, C. M. 1981. The Story of 'Over'. Bloomington: Indiana Linguistics Club.

Bruner, J. S. et al. 1957. A Study of Thinking. New York: Wiley.

Bruner, J. S. et al. (eds.). 1966. Studies in Cognitive Growth. New York: Wiley.

Bull, W. 1943. Related Functions of Haber and Estar. Modern Language Journal, (27): 119 - 123.

Bybee, J. et al. 1994. The Evolution of Grammar. Chicago; London: The University of Chicago Press.

Carlson, G. 1977. A Unified Analysis of the English Bare Plural. Linguistics and Philosophy, (1): 413 - 457.

Carlson, G. 1980. Reference to Kinds in English. New York: Garland.

Carnie, A. & H, Harley. 2005. Existential Impersonals. Studia Linguistica, 59 (1): 46 - 65.

Chafe, W. L. 1977. The Recall and Verbalization of Past Experience. In R. W. Cole. (ed.). Current Issues in Linguistic Theory. Bloomington, Indiana: Indiana University Press.

Cheng, L. 1991. On the Typology of Wh-questions. Ph. D. Dissertation, MIT.

Cheng, L. 1994. Wh-words as Polarity Items. Languages in China and Linguistics, (2): 616 - 640.

Chomsky, N. et al. 1993a. Language and Thought. London: Moyer Bell.

Chomsky, N. 1957. Syntactic Structures. The Hague: Mouton.

Chomsky, N. 1981a. Lectures on Government and Binding. Dordrecht, Holland:

Foris Publications.

Comrie, B. 1986. Conditionals: A typology. In Traugott et al. (eds.). On Conditionals, 77 – 99. Cambridge: Cambridge University Press.

Côté, M. H. 1999. Quantification over Individuals and Events and the Syntax-Semantics Interface: the Case of Existential Constructions. In K. Shahin, S. Blake & E. -S. Kim. (eds.). 1999. The Proceedings of the Seventh West Coast Conference on Formal Linguistics. Stanford, CA: CSLI, 147 – 161.

Cristina L. L. 2020. Beyond Conditionality: On the Pragmaticalization of Interpersonal If-constructions in English Conversation. Journal of Pragmatics (157): 68 – 83.

Cristofaro, S. 2003. Subordination. Oxford: Oxford University Press.

Croft, W. & D. A. Cruse. 2004. Cognitive Linguistics. Cambridge: Cambridge University Press.

Croft, W. 1991. Syntactic Categories and Grammatical Relations: the Cognitive Organization of Information. Chicago: University of Chicago Press.

Dancygier, B. 1998. Conditional and Prediction. Cambridge: Cambridge University Press.

Dancygier, B. & Sweetser, E. 1996. Conditionals, Distancing and Alternative Spaces. In Adele E. Goldberg (eds.). Conceptual Structure, Discourse and Language, 83 – 98. Stanford: CSLI Publications.

Dancygier, B. &Sweetser, E. 2005. Mental Spaces in Grammar: Conditional Constructions. Cambridge: Cambridge University Press.

De Swart, H. 1998. Aspect Shift and Coercion. Natural Language and Linguistic Theory, (16).

Dictionaries, C., Forsyth, M. & Mangan, L. 2014. Collins English Dictionary: Complete and Unabridged, 12th edition. Harpers Collins Publishers.

Dikken, D. 2002. Direct and Parasitic Polarity Item Licensing. The Journal of Comparative Germanic Linguistics, (5): 35 – 66.

Elder, C. H. & Savva, E. 2018. Incomplete Conditionals and the Syntax-pragmatics Interface. Journal of Pragmatics, (138): 45 – 59.

Errapel M. B. 2009. Conditional Sentences and Mood in Spanish. Journal of Pragmatics, (41): 163 - 172.

Espinoa, O. & Moralesa, T. & Alicia B. M. 2017. Directional Effect in Double Conditionals with a Construction Task: The Semantic Hypothesis. Acta Psychologica, (179): 96 – 103.

Fauconnier, G. & M, Turner. 1998. Conceptual Integration Networks. Cognitive Science, 22 (2): 133 – 138.

Fauconnier, G. 1997. Mappings in Thought and Language. Cambridge: Cambridge University Press.

Fauconnier, G. and M, Turner. 2002. The Way We Think. New York: Basic Books.

Fauconnier, G. & E, Sweetser. (ed.) . 1996. Space, Worlds and Grammar. Chicago: University of Chicago Press.

Fauconnier, G. . 1994. Mental Spaces: Aspects of Meaning Construction in Natural Language. Cambridge: Cambridge University Press.

Fauconnier, G. 1985 [1994] . Mental Spaces (2nd ed.) . Cambridge: Cambridge University Press.

Fillmore, C. J. 1968. The Case for Case. In E, Bach. & R, Harms. (eds.) Universals in Linguistic Theory. New York: Holt, Rinehart and Winston.

Fillmore, C. J. 1985. Frames and the Semantics of Understanding. Quaderni di Semantica, 62: 222 – 253.

Frezz, R. 1992. Existential and Other Locatives. Language, 68 (3): 553 – 595.

Gibbs, R. & H. Colston (1995)

Gibson, J. J. 1966. The Senses Considered as Perceptual Systems. Boston: Houghton Mifflin.

Givon, T. 1971. Historical Syntax and Synchronic Morphology: an Archaeologist's Field Trip. Chicago Linguistic Society 7: 394 – 415.

Givon, T. 1979. On Understanding Grammar. New York: Academic Press.

Givon, T. 1983. Topic Continuity in Discourse: a Quantitative Cross-Language Study. Amsterdam: Benjamins.

Givón, T. 1987. Beyond Foreground and Background. In Russell S. Tomlin (eds.), Coherence and Grounding in Discourse, 175 – 188. Amsterdam/Philadelphia: John Benjamins.

Givon, T. 1994. Isomorphism in the Grammatical Code. In Raffaele Simone (ed.) . Iconicity in Language. Amsterdam: John Benjamins.

Greenberg, J. H. 1966. Some Universals of Grammar with Particular Reference to the Order of Meaningful Elements. In J. H. Greenberg (eds.), Universal of Language (Second edition) . Cambridge, MA: MIT Press.

Greenberg, J. H. 1973. Linguistics as a Pilot Science. In E. P. Hamps (ed.). Themes in Linguistics: The 1970s. Mouton.

Goldberg, A. E. 1995. Constructions: A Construction Grammar Approach to Argument Structure. Illinois, Chicago: The University of Chicago Press.

Gu, Y. 1992. On the Locative Existential Construction in Chinese. In Dawn Bates (eds.) . The Tenth West Coast Conference on Formal Linguistics, page 183 – 195. Stanford: The Stanford Linguistics Association.

Haigha, M. & Bonnefon, J. F. 2015. Conditional Sentences Create a Blind Spot in Theory of Mind during Narrative Comprehension. Acta Psychologica, (160): 194 – 201.

Haiman, J. 1983. Iconic and Economic Motivation. Language, 59.

Haiman, J. 1985. Natural Syntax: Iconicity and Erosion. Cambridge: Cambridge University Press.

Halliday, M. A. K. 1994, [2000] [2005] . An Introduction to Functional Grammar. London: Edward Arnold Publisher Limited.

Hammadi, S. S. 2019. Arabic and English Conditional Clauses: A Comparative Study. ISRES, Volume 13, Pages 109 – 114.

Hanny, M. 1985. English Existentials in Functional Grammar. Dordrecht, Holland: Foris Publications.

Harris, Z. 1957. Co-Occurrence and Transformation in Linguistic Structure. Language, 33 (3) .

Harris, R. &Taylor, T. J. 1997. Landmarks in Linguistic Thought: The Western Tradition from Socrates to Saussure. London: Routledge.

Hawkins, John. 1978. Definiteness and Indefiniteness: a Study in Preference and Grammaticality Predication. London: Croom Helm.

Hazout, H. 2004. The Syntax of Existential Constructions. Linguistics Inquiry, 35 (3): 393 – 430.

Heine, B. 1998. Cognitive Foundations of Grammar. Oxford: Oxford University Press.

Higginbotham, J. 1996. The Semantics of Questions. In S. Lappin (eds.). The Handbook of Contemporary Semantic Theory, 361 – 383. Oxford: Blackwell.

Hoeksema, J. 2006. Polarity Items. Encyclopedia of Language and Linguistics, 658 – 661.

Hopper, P. J. & Traugott, E. C. 1993. Grammaticalization. Cambridge: Cambridge University Press.

Hu, Jianhua. and Pan, Haihua. 2002. Focus and the Basic Function of Chinese You-Sentences. Paper presented in Conference on Existence: Semantics and Syntax. University of Nacy 2, France, 26 – 28.

Huang, C. T. J. 1982. Move wh-in a Language without Wh-movement. The Linguistic Review (1): 369 – 416.

Huang, C. – T. – J. 1987. Existential sentences in Chinese and (in) definiteness. In E. Reuland & A. ter Meulen (eds.) The Representation of (In) definiteness, 226 – 253. Cambridge & London: The MIT Press.

Insua, A. E. M. & I. M. P. Martinez. 2003. A Corpus-Based Approach to Non-Concord in Present Day English Existential There-Constructions. English Studies, 3: 262 – 283.

Jackendoff, R. 1983. Semantics and Cognition. Cambridge, Mass: MIT Press.

Jenkin, L. 1975. The English Existential. Tubingen: Niemeyer.

Jespersen, O. 1924. The Philosophy of Grammar. London: Allen & Unwin.

Johnson, M. 1987. The Body in the Mind: The Bodily Basis of Meaning Imagination and Reason. Chicago: University of Chicago Press.

Kandel, E. R. , Schwartz, J. H. & Jessell, T. M. 1991. Principles of Neural Science. New York: Elsevier. Karol W. Todrys (eds.) . Papers from the Parasession on the Lexicon. Chicago: Chicago Linguistics Society, 220 – 60.

Keenan, E. L. 2003. The Definiteness Effect: Semantics or Pragmatics. Natural Language Semantics, 11: 187 – 216.

Kirkwood, H. W. 1969. Some Remarks on Existential-Locative and Possessive-Locative Sentences in English and German. Philological Pragensia, (4): 230 – 237.

Kirkwood, H. W. 1977. Discontinuous Noun Phrase in Existential Sentences in English and German. Journal of Linguistics, (13): 53 – 66.

Kirsner, R. S. 1979b. The Problem of Presentative Sentences in Modern Dutch. Amsterdam: North Holland.

Klima, E. 1964. Negation in English. In J. Fordor and J. Katz (eds.) The Structure of Language, 246 – 323. Englewood Cliffs, NJ: Prentice-Hall.

Köhler, W. 1947. Gestalt Psychology: An Introduction to the New Concepts in Modern Psychology. New York: Liveright.

Köpcke, K. M. & Panther, K. U. 1989. On Correlations between Word Order and Pragmatic Function of Conditional Sentences in German. Elsevier B. V. , Netherlands.

Kosslyn, S. M. 1975. Information Representation in Visual Images. Cognitive Psychology, (7).

Kövecses, Z. 2002. Metaphor: A Practical Introduction. Oxford: Oxford University Press.

Krzyzanowska, K. & Peter J. & Collins B. & Hahn, U. 2017. Between a Conditional's Antecedent and its Consequent: Discourse Coherence vs. Probabilistic Relevance. Cognition, (164): 199 – 205.

Kuno, S. 1971. The Position of Locatives in Existential Sentences. Linguistic Inquiry, 2 (3).

Labov, W. 1973. The Boundaries of Words and Their Meaning. In Charles-James N. Bailey and Roger W. Shuy (eds.) . New Ways of Analyzing Variation in English. Washington D. C. : Georgetown University Press, 340 – 73.

Ladusaw, W. 1979. On the Notion Affective in the Analysis of Negative Polarity Items.

Paper presented to the 1979 Annual Meeting of the LSA, Los Angeles.

Ladusaw, W. 1980. Polarity Sensitivity as Inherent Scope Relations. New York: Garland.

Lakoff, G. & M. Johnson. 1980. Metaphors We Live By. Chicago and London: The University of Chicago Press.

Lakoff, G. & M. Johnson. 1999. Philosophy in the Flesh: The Embodied Mind and its Challenge to Western Thought. New York: Basic Books.

Lakoff, G. & M. Turner. 1999. More than Cool Reason. Chicago and London: The University of Chicago Press.

Lakoff, G. 1987. Women, Fire and Dangerous Things. Chicago and London: The University of Chicago Press.

Lakoff, G. 2004. Ten Lectures on Cognitive Linguistics. Department of Foreign Language, Beihang Printed.

Lakoff, R. 1969. A Syntactic Argument for Negative Transportation. CLS 5, 140 –147.

Lambrecht, K. 1994. Information Structure and Sentence Form. Cambridge University Press.

Langacker, R. 1990a. Settings, Participants, and Grammatical Relations. In: Tsohatzidis (1990), 213 –238.

Langacker, R. 1990b. Concept, Image and Symbol: Cognitive Basis of Grammar. New York and Berlin: Mouton de Gruyter.

Langacker, R. W. 1987. Foundations of Cognitive Grammar: Theoretical Prerequisite Vol. 1. Stanford, California: Stanford University Press.

Langacker, R. W. 1988. An Overview of Cognitive Grammar. In Brygida, R-O. (ed.). Topics in Cognitive Linguistics. Amsterdam and Philadelphia: John Benjamins Publishing Company.

Langacker, R. W. 1991. Foundations of Cognitive Grammar: Descriptive Application. Vol. 2. Stanford, California: Stanford University Press.

Langacker, R. W. 1999. Grammar and Conceptualization. New York and Berlin: Mouton de Gruyter.

Lashley, K. S. 1929. Brain Mechanisms and Intelligence: A Quantitative Study of

Injuries to the Brain. Chicago: University of Chicago Press.

Law, P. 1999. On the Passive Existential Construction. Studia Liguistica, 53 (3): 183 – 208.

Lee, D. 2001. Cognitive Linguistics: An Introduction. Oxford: Oxford University Press.

Li, Y. H. Audrey. 1992. Indefinite Wh-in Mandarin Chinese. Journal of East Asian Linguistics, (1): 125 – 155.

Li, Ying-Che. 1972. Sentences with Be, Exist, and Have in Chinese. Language, 48 (3): 573 – 583.

Lin, J. W. On Existential Polarity-Wh-Phrases in Chinese. Journal of East Asian Linguistics, 7 (3), 219 – 255.

Lindströma, J. Lindholm, C. Laury, R., 2016. The Interactional Emergence of Conditional Clauses as Directives: Constructions, Trajectories and Sequences of Actions. Language Sciences, (58): 8 – 21.

Linebarger, M. C. 1980. The Grammar of Negative Polarity. Ph. D. Dissertation, MIT.

Lumsden, M. 1988. Existential Sentences: Their Structure and Meaning. London, New York and Sydney: Croom Helm.

Lyons, J. 1968. Introduction to Theoretical Linguistics. Cambridge: Cambridge University Press.

Lyons, J. 1977. Semantics (2 volumes). Cambridge: Cambridge University Press.

Lyons, J. 1967. A Note on Possessive, Existential and Locative Sentences. Foundations of Language, (3): 390 – 396.

Lyons, J. 1982. Deixis and Subjectivity: Loguor, Ergosum?. In R. J. Jarvella &W. Klein (eds.). Speech, Place, and Action: Studies in Deixis and Related Topics, 101 – 124. New York: John Wiley.

Michaelis, L. 2004. Type Shifting in Construction Grammar: An Integrated Approach to Aspectual Coercion. Cognitive Linguistics, (1): 1 – 67.

Milsark, G. 1974. Existential Sentences in English. Ph. D. dissertation, MIT.

Milsark, G. 1977. Peculiarities of the Existential Construction in English. Linguistic Analysis, 3 (1): 1 – 29.

Milsark, G. L. 1979. Existential Sentences in English. New York and London: Garland Publishing, Inc.

McCawley, J. D. 1981. Everything That Linguists Have Always Wanted to Know about Logic. Oxford: Basil Blackwell. McClelland, Rumelhart & Hinton 1986: 10)

Mcnally, L. 1998. Existential Sentences without Existential Quantification. Linguistics and Philosophy, 21: 353 – 392.

Nam, S. 1994. Another Type of Negative Polarity Item. In Makoto Kanazawa and Christopher Pinon (eds.). Dynamics, Polarity, and Quantification, CSLI, Stanford, 3 – 17.

Nathan, G. S. 1978a. The Syntax and Semantics of the English Existential Construction. Unpublished Doctoral Dissertation. University of Hawaii.

Nathan, G. S. 1979. An Explanation for a Constraint on There Insertion. Hawaii University Working Papers on Linguistics, 11 (1): 55 – 58.

Neisser, U. 1967. Cognitive Psychology. New York: Appleton-Century-Crofts.

Paivio, A. 1975. Perceptual Comparisons through the Mind's Eye. Memory and Cognition, (3).

Palmer, S. E. , Rosch, E. & Chase, P. 1981. Canonical Perspective and the Perception of Objects. In J, Long & A, Baddeley. (eds.). Attention and Performance IX. . Hillsdale, NJ: Erlbaum.

Peirce, C. S. 1958. Collected Papers. Cambridge: Harvard University Press.

Penka, D. & Zeijlstr, H. 2010. Negation and Polarity: An Introduction. Natural Language and Linguistic Theory, 28 (4): 771 – 786.

Peters, P. 2004. The Cambridge Guide to English Usage. Cambridge: Cambridge University Press.

Piaget, J. 1952b. The Origins of Intelligence in Children. New York: International University Press.

Pinon (eds.). Dynamics, Polarity, and Quantification, CSLI, Stanford, 3 – 17.

Posner, M. I. , Goldsmith, R. & Welton, K. E. Jr. 1967. Perceived Distance and the Classification of Distorted Patterns. Journal of Experimental Psychology, (73).

Postal, P. 2000. The SQUAT Lectures, M. S. New York University.

Prince, E. 1978. On the Function of Existential Presuppositions in Discourse. CLS, 14: 362 – 376.

Progovac, L. 1992. Negative Polarity: A Semantic-Syntactic Approach. Lingua, 86 (4), 271 – 299.

Progovac, L. 1993. Negative Polarity: Entailment and Binding. Linguistics and Philosophy, 16 (2), 149 – 180.

Progovac, L. 1994. Negative and Positive Polarity: A Binding Approach. Cambridge: Cambridge University Press.

Pustejovsky, J. 1991. The Syntax of Event Structure. Lexical and Conceptual Semantics. (eds.) . B, Levin. & S, Pinker. Oxford: Blackwell Publishers. (Special issue of Cognition, 41: 47 – 81.)

Putnam, H. 1975. The Meaning of ' Meaning ' . In Mind, Language and Reality. Cambridge: Cambridge University Press.

Putnam, H. 1988. Representation and Reality. Cambridge: Cambridge University Press. Quirk 1981, 1989;

Quirk, R. et al. 1972. A Grammar of Contemporary English. London: Longman.

Quirk, R. et al. 1985. A Comprehensive Grammar of the English Language. London and New York: Longman.

Radden, G. & Z. Kövecses. 1999. Towards a Theory of Metonymy. In K. U. Panther & G. Radden (eds.) . Metonymy in Language and Thought, 17 – 59. Amsterdam: John Benjamins.

Radford, A. 1997. Syntax: A Minimalist Introduction. Cambridge: Cambridge University Press.

Radford, A. 1988. Transformational Grammar. Cambridge: Cambridge University Press.

Rakova, M. 2003, The Extent of the Literal-Metaphor, Polysemy and Theories of Concepts. Beijing: Peking University Press.

Rando, E. and Napoli, D. J. 1978. Definites in There-Sentences. Language, 54 (2): 300 - 313.

Reuland, E. 1983. The Extended Projection Principle and the Definiteness Effect. In Barlow et al. (eds.) . Proceedings of the West Coast Conference on Formal Linguistics, 2: 217 - 236.

Rosch, E. 1973. On the Internal Structure of Perceptual and Semantic Categories. In Timothy E. Moore (ed.) . Cognitive Development and the Acquisition of Language, New York, San Francisco, London: Academic Press, 111 - 44.

Rosch, E. 1976. Basic Objects in Natural Categories. Cognitive Psychology, (7): 573 - 605.

Rosch, E. and C, B. Mervis. 1975. Family Resemblances: Studies in Internal Structure of Categories. Cognitive Psychology, 7: 573 - 605.

Rosch, E. 1975b. Cognitive Representations of Semantic Categories. Journal of Experimental Psychology: General, 104: 192 - 233.

Rosch, E. 1977. Human Categorization. In Neil Warren (ed.) . Studies in Cross-Cultural Psychology, Vol. I. London: Academic Press, 1 - 49.

Rosch, E. 1978. Principles of Categorization. In Eleanor Rosch and Barbara B. Lloyd, (eds.) . Cognition and Categorization. Hillsdale and New York. : Lawrence Erlbaum, 27 - 48.

Rumelhart, D. E. , McClelland, J. L. & the PDP research group. (eds.). 1986. Parallel Distributed Processing: Explorations in the Microstructure of Cognition (vol. 1) . Cambridge, MA: Bradford.

Safir, K. J. 1985. Syntactic Chains. Cambridge: Cambridge University Press.

Saussure, F. de. 1966. Course in General Linguistics. New York: Mcgraw-Hill.

Sawyer, J. 1973. Existential Sentences: A Linguistic Universal. American Speech, 48 (3/4): 239 - 245.

Schiitze, C. T. 1999. English Expletive Constructions Are not Infected. Linguistic Inquiry, 30 (3): 467 - 484.

Schroyensl, W. & Braem, S. 2011. The Initial Representation in Reasoning towards an Interpretation of Conditional Sentences. The Quarterly Journal of Experimental

Psychology, (2): 339 - 362.

Schulz, K. 2014. Fake Tense in Conditional Sentences: A Modal Approach. Natural Language Semantics (22): 117 - 144.

Searle, J. R. 2003. On Philosophy of Cognitive Science. Journal of Foreign Languages, 1: 2 - 12.

Shirley C. T. & Elizabeth R. J. 2008. If-conditionals in Medical Discourse: From Theory to Disciplinary Practice. Journal of English for Academic Purposes, (7): 191 - 205.

Simone, R. Iconicity in Language. Amsterdam and Philadelphia: John Benjamins Publishing Company.

Smith, C. S. Modes of Discourse: The Local Structure of Texts. Cambridge: Cambridge University Press, 2003.

Sobin, N. 1997. Agreement, Default Rules, and Grammatical Virus. Liguistic Inquiry, (28): 318 - 343.

Solso, R. L. 2004. Cognitive Psychology. Beijing: Peking University Press.

Solso, R. . L. & McCarthy, J. E. 1981b. Prototype Formation: Central Tendency Model versus Attribute Frequency Model. Bulletin of the Psychonomic Society, (17).

Stowell, T. 1978. What Was There Before There Was There. CLS, (14): 458 - 471.

Strawson, P. F. 1974. Subject and Predicate in Logic and Grammar. London: Methuen.

Svirko, E. & Gabbott, E. & Badger, J. & Mellanby, J. 2019. Does Acquisition of Hypothetical Conditional Sentences Contribute to Understanding the Principles of Scientific Enquiry? Cognitive Development, (51): 46 - 57.

Sweetser, E. 1980. From Etymology to Pragmatics—Metaphorical and Cultural Aspects of Semantic Structure. Cambridge: Cambridge University Press.

Szabolsci, A. 2004. Positive Polarity-Negative Polarity. Natural Language & Linguistic Theory, 22 (2), 409 - 452.

Talmy, L 1978. Figure and Ground in Complex Sentences. In Joseph Greenberg et al. (eds.) . Universals of Human Language, vol. 4. Stanford: Stanford University

Press, 627 - 49.

Talmy, L. 1988. Force Dynamics in Language and Thought. Cognitive Science, 2: 49 - 100.

Talmy, L. 2000. Towards a Cognitive Semantics Volume (Ⅰ): Concept Structuring System. Cambridge, Mass: MIT Press.

Talmy, L. 2000. Towards a Cognitive Semantics Volume (Ⅱ): Typology and Process in Concept Structuring. Cambridge, Mass: MIT Press.

Taplin, J. E. & Staudenmayer, H. 1973. Interpretation of Abstract Conditional Sentences in Deductive Reasoning. Journal of Verbal Learning and Verbal Behaviour, (12): 530 - 542.

Taylor, J. R. 2000. Cognitive Grammar (volume I) . Oxford: Oxford University Press.

Taylor, J. R. 2000. Cognitive Grammar (volume II) . Oxford: Oxford University Press.

Taylor, J. R. and R. Maclaury. (eds.) . 1995. Language and the Cognitive Construal of the World. Berlin: Mouton de Gruyter.

Taylor, J. R. 1989. Linguistic Categorization: Prototypes in Linguistic Theory. Oxford: Clarendon Traugott, E. C. 1995. Subjectification in grammaticalisation. In Stein, D & S. Wright (eds.) . Subjectivity and Subjectivisation: Linguistic Perspectives. Cambridge: Cambridge University Press.

Tsai, D. W-T. 2003. Three Types of Existential Quantification in Chinese. In Li, A. and A, Simpson. (ed.) . Form, Interpretation and Function Structure: Perspective from Asian Languages. London: Curzon/Routledge.

Tsai, W. T. D. & Chang, M. Y. 2003. Two Types of Wh-adverbials: A Typological Study. Linguistic Variation Yearbook, 3 (1): 213 - 236.

Ullmann, S. 1962. Semantics: An Introduction to the Science of Meaning. Oxford: Blackwell.

Ungerer. F. & H. J. Schmid. 2001. An Introduction to Cognitive Linguistics. Beijing: Foreign Language Teaching and Research Press.

Vygotsky, S. L. 1962. Thought and Language. Cambridge, Mass: MIT Press.

（Originally Published in Russian in 1934. ）

Van der Wouden, T. 1994. Negative Contexts. Groningen: Groningen Dissertations in Linguistics 12.

Van der Wouden, T. 1997. Negative Contexts: Collocation, Polarity, and Multiple Negation. London: Routledge.

Warchal, K. 2010. Moulding Interpersonal Relations through Conditional Clauses: Consensus-building Strategies in Written Academic Discourse. Journal of English for Academic Purposes, (9): 140 – 150.

Wasik, M. 2015. Sentencing Guidelines: The Problem of Conditional Sentences. Criminal Justice Ethics, London.

Wasow, T. 1975. Anphoric Pronouns and Bound Variables. Language, (51): 368 – 383.

Wierzbicka, A. 1988. The Semantics of Grammar. Amsterdam: John Benjamins.

Wierzbicka, A. 1996. Semantics: Primes and Universals. Oxford: Oxford University Press.

Wittgenstein, L. 1958. The Blue and Brown Books. Oxford: Blackwell.

Word, G. & B, Birner. 1995. Definiteness and the English Existential. Language, 71 (4): 722 – 742.

Ziv, Y. 1982a. Another Look at Definites in Existentials. Journal of Linguistics, 18 (1): 73 – 88.

Zucchi, A. 1995. The Ingredient of Definiteness and the definiteness Effect. Natural Language Semantics, 3 (1): 33 – 78.

Zwarts, F. 1990. The Syntax and Semantics of Negative Polarity. Views on the Syntax-Semantics Interface II, Berlin.

Zwarts, F. 1995. Nonveridical Contexts. Linguistic Analysis, (25): 286 – 312.

Zwarts, F. 1996. Facets of Negation. In J. van der Does & J. van Eijck (eds.).

Quantifier, Logic, and Language. Stanford: CSLI Publications, 385 – 421.

Zwarts, F. 1998. Three Types of Polarity. In F. Hamm & E. Hinrich (eds.).

Plurality and Quantification. Dordrecht: Kluwer Academic Publishers, 177 – 237.

柴同文. 2011. 英语存在句"there-be"结构隐喻的认知—功能视角. 外语研

究，(5)：43-50.

陈维振.2002.有关范畴本质的认识——从"客观主义"到"经验现实主义".外语教学与研究，(1)：8-14.

陈忠.2005.认知语言学研究.济南：山东教育出版社.

曹禺.1984.北京人.成都：四川人民出版社.

曹禺.1994.原野.北京：人民文学出版社.

陈昌来.2000.现代汉语句子.上海：华东师范大学出版社.

陈存军.1998.论英语名词短语的定指性和指称性.解放军外国语学院学报，(5)：31-36.

陈嘉映.2003.语言哲学.北京：北京大学出版社.

陈建民.1986.现代汉语句型论.北京：语文出版社.

陈平.1987.释汉语中与名词性成分相关的四组概念.中国语文，(2).

陈庭珍.1957.汉语处所词作主语的存在句.中国语文，(2).

程琪龙.2001.认知语言学概论：语言的神经认知基础.北京：外语教学与研究出版社.

程琪龙.2005.神经认知语言学引论.北京：外文出版社.

程琪龙.2006.概念框架和认知.上海：上海外语教育出版社.

储泽祥.2003.现代汉语方所系统研究.武汉：华中师范大学出版社.

储泽祥等.1997.汉语存在句的历时性考察.古汉语研究，(4).

戴浩一.1988.时间顺序和汉语的语序.国外语言学，(1).

戴浩一，黄河.1988.时间顺序和汉语的语序.当代语言学，(1).

戴曼纯.2001.最简方案框架下的存在句研究.外国语，(1)：32-41.

戴曼纯，崔刚.2000.英语存在句研究二题——确指性与一致.外语与外语教学，(9)：24-27.

戴曼纯，梁毅.2007.中国学生的英语存在句习得研究.外语研究，(6)：41-48.

邓仁华.2015.汉语存在句的系统功能语法研究.现代外语，(1)：37-47.

邓仁华.2005.系统功能语法的存在句研究.外国语，(5)：39-46.

邓思颖.2002.汉语时间谓语句的限制条件.中国语文，(3).

丁尔苏.2000.语言的符号性.北京：外语教学与研究出版社.

丁声树等.1961.现代汉语语法讲话.北京：商务印书馆.

董政民.1995.存在句的结构.外语学刊,（3）.

杜瑞银.1982."定名谓语"存在句.汉语学习,（4）.

范方莲.1963.存在句.载现代汉语参考资料（下）.胡裕树.1982.上海：上海教育出版社.

范晓.1996.三个平面的语法观.北京：北京语言文化大学出版社.

方纪.1963.挥手之间.北京：作家出版社.

高名凯.1948［1986］.汉语语法论.北京：商务印书馆.

高名凯.1956.从语法与逻辑的关系说到主语和宾语.语文学习,（1）.

高顺全.2004.试论汉语通指的表达方式.语言教学与研究,（3）.

高文成,梅德明.2007.基于 CLEC 语料库的僵化参数原因认知探索.四川外语学院学报,（2）.

高文成,梅德明.2007.基于语料库的中介语僵化现象成因的参数解释.外语电化教学,（2）.

高文成.2007.语言学精要与学习指南.北京：清华大学出版社.

高文成.2008.英汉存在句认知对比研究.武汉：武汉大学出版社.

高文成,张丽芳.2009.英汉存在句结构的定量认知对比研究——以 BNC 和《围城》为语料.外国语文,（4）.

高文成,张丽芳.2009.英语存在句定指限制的认知语法研究.天津外国语大学学报,（02）.

高文成,张丽芳.2012.基于语料库的英汉双名词内向结构认知对比研究.外国语文,（05）.

高文成,张丽芳.2014.论认知语言学的心理真实性和解释自然性.西安外国语大学学报,（3）.

高文成,张丽芳译.Vyvyan Evans 著.2018.认知语言学术语.广州：世界图书出版公司.

高文成,张丽芳.2020.认知"启动"与意象"啮合"：句子语义匹配的认知研究.外语学刊,（3）.

谷化琳.1998.英语存在句的信息传递探索.外国语,（6）.

谷化琳.2004.存在句的 NP 突显与结构生成.现代外语,（1）.

郭鸿杰，张达球．2020．英语存在句主谓非一致变异的多变量研究．外语教学与研究，(5)：674 –687.

韩景泉．2001．英语存在句的生成语法研究．现代外语，(2)：143 –158.

何清强，王文斌．2014．"Be"与"有"：存在论视野下英汉基本存在动词对比．外语学刊，(1)：20 –25.

何伟，王敏辰．2018．英语存在句研究：现状、问题和解决思路．外语教学理论与实践，(1)：38 –47.

贺阳．1992．试论汉语书面语的语气系统．中国人民大学学报，(5).

何兆熊，梅德明．1999．现代语言学．北京：外语教学与研究出版社.

胡刚．1988．THERE—存在句探讨．长沙：湖南大学出版社.

胡秀梅．2013．汉语条件句的语义焦点与视角的双向性．汉语学习，(2).

胡裕树，范晓．1996．动词研究概述．太原：山西高校联合出版社.

胡裕树．1982．试论汉语句首的名词性成分．语言教学与研究，(4).

胡壮麟．1996．语法隐喻．外语教学与研究，(4).

胡壮麟．2004．认知隐喻学．北京：北京大学出版社.

黄南松．1996．论存在句．汉语学习，(4).

黄伯荣，廖序东．1997．现代汉语．北京：高等教育出版社.

金积令．1996．英汉存在句对比研究．外国语，(6).

金积令．1998．汉英词序对比研究、句法结构中的前端重量原则和末端重量原则．外国语，(1).

金兆梓．1922．国文法之研究．北京：中华书局.

雷涛．1993．存在句的范围 构成和分类．中国语文，(4).

黎锦熙．1924 [1998]．新著国语文法．北京：商务印书馆.

李福印．2008．认知语言学概论．北京：北京大学出版社.

李杰．2005．存在过程的时空隐喻性——there-be 句型的主位问题再探讨．外语学刊，(3)：65 –73.

李京廉，王克非．2005．英汉存现句的句法研究．现代外语，(4).

李京廉．2009．英汉存在句中的定指效应研究．外语教学与研究，(2)：99 –104.

李临定．1986．现代汉语句型．北京：商务印书馆.

李宇明.2000.汉语量范畴研究.武汉：华中师范大学出版社.

梁宁建.2003.当代认知心理学.上海：上海教育出版社.

林书武.1999.认知语言学：基本分野与工作假设.福建外语,(2)：1-6.

刘翠平.2019.英汉条件存在句的认知对比研究.上海理工大学硕士论文.

刘丹青.2002.汉语类指成分的语义属性和句法属性.中国语文,(5).

刘世儒.1963.现代汉语语法讲义.北京：商务印书馆.

刘月华,潘文娱等.2001.实用现代汉语语法.北京：商务印书馆.

陆俭明.2004.词语句法、语义的多功能性：对"构式语法"理论的解释.外国语,(2).

陆文夫.1984.享福(《小巷人物志》之二十二).中国文艺联合出版公司.

吕叔湘.1942〔1998〕.中国文法要略.北京：商务印书馆.

马建忠.1898〔1998〕.马氏文通.北京：商务印书馆.

马庆株.1991.顺序义对体词语法功能的影响.中国语言学报,(4).

梅德明.1995.普遍语法与"原则—参数理论".外国语,(4).

梅德明.1996.当代比较语言学与原则—参数理论.外国语,(4).

梅德明.2000.论句子的逻辑式.外国语,(3).

梅德明.2002.英语量词理论的对比研究.外国语,(5).

梅德明.2003.简明现代语言学教程.上海：上海外语教育出版社.

梅德明,高文成.2006.以《老子》为语料的概念隐喻认知研究.外语学刊,(3).

梅德明,高文成.2007.命名理论的辩证观和实践观.外语学刊,(2).

聂文龙.1989.存在句和存在句的分类.中国语文,(2).

牛保义.2012.汉语名词"类指"义的认知假设.语言教学与研究,(4).

牛保义.2013.情景植入——认知语法研究的一条进路.外文研究,(6).

牛保义.2015.认知语法情景植入研究综述.外语学刊,(5).

潘文.2002.20世纪80年代以后存在句研究的新发展.语文研究,(3)：48-51.

潘文.2003.现代汉语存现句研究.复旦大学博士学位论文.

齐沪扬.1998.现代汉语空间问题研究.上海：学林出版社.

齐沪扬.2000.现代汉语短语.上海：华东师范大学出版社.

齐沪扬. 2002. 论现代汉语语气系统的建立. 汉语学习,（2）.

钱钟书. 2003. 围城（英汉对照）. 北京：人民文学出版社.

屈承熹. 2005. 汉语认知功能语法. 哈尔滨：黑龙江人民出版社.

邵敬敏. 2000. 汉语语法的立体研究. 北京：商务印书馆.

邵敬敏. 2004. 当前汉语语法研究的特点与发展趋势. 载21世纪的中国语言学（一）. 商务印书馆编辑部, 43 - 51. 北京：商务印书馆.

邵敬敏. 2007. 现代汉语通论（第二版）. 上海：上海教育出版社.

沈家煊. 1993. 句法相似性问题. 外语教学与研究,（1）：2 - 8.

沈家煊. 1994. 语法化研究综观. 外语教学与研究,（4）：17 - 24.

沈家煊. 1995. "有界"与"无界". 中国语文,（5）.

沈家煊. 1996. 英汉对比语法三题. 外语教学与研究,（4）.

沈家煊. 1999. 不对称和标记论. 南昌：江西教育出版社.

沈家煊. 1999. 转指和转喻. 当代语言学,（1）.

沈家煊. 2000. 认知语法的概括性. 外语教学与研究,（1）：29 - 33.

沈家煊. 2001. 《语法化学说》导读. 北京：外语教学与研究出版社.

沈家煊. 2001. 语言的"主观性"和"主观化". 外语教学与研究,（4）.

沈家煊. 2003. 复句三域"行、知、言". 中国语文,（3）.

石毓智. 2000. 语法的认知语义基础. 南昌：江西教育出版社.

石毓智. 2001. 语法的形式和理据. 南昌：江西教育出版社.

石毓智. 2004. 汉英双宾结构差别的概念化原因. 外语教学与研究,（3）.

石毓智. 2006. 语法的概念基础. 上海：上海外语教育出版社.

束定芳. 2000. 隐喻学研究. 上海：上海外语教育出版社.

束定芳. 2004. 语言的认知研究——认知语言学论文精选. 上海：上海外语教育出版社.

束定芳. 2008. 认知语义学. 上海：上海外语教育出版社.

宋玉柱. 1982. 定心谓语存在句. 语言教学与研究,（3）.

宋玉柱. 1984. 从"定心谓语存在句"看存在句的结构分析. 汉语学习,（1）.

宋玉柱. 1987. 存现结构及其句法功能. 逻辑与语言学习,（1）.

宋玉柱. 1989. 完成体动态存在句. 汉语学习,（6）.

宋玉柱 . 1990. 关于静态存在句的分类 . 学语文，（2）.

宋玉柱 . 1991. 现代汉语特殊句式 . 太原：山西教育出版社.

孙亚，梁晓波 . 2002. "The + 名词"结构的认知分析 . 外语学刊，（1）.

陶文好 . 2000. 论象征结构——认知语法理论的核心 . 外语与外语教学，（2）：19 – 49.

唐玉柱 . 2001. 存现句中的 there. 现代外语，（2）：143 – 158.

田臻 . 2009. 汉语静态存在构式对动作动词的语义选择条件 . 外国语，（4）：43 – 52.

田臻 . 2009. 英汉静态存在句中动词语义特征的对比研究 . 外语与外语教学，（6）：16 – 20.

田臻，吴凤明，曹娟 . 2015. 英汉存在构式与动词语义关联的实证对比研究 . 外语教学与研究，（6）：826 – 837.

王艾录，司富珍 . 2002. 语言理据研究 . 北京：中国社会科学出版社.

王建军 . 2001. 汉语存在句的历时研究 . 南京大学博士学位论文.

王力 . 1989. 汉语语法史 . 北京：商务印书馆.

王铭玉 . 2005. 语言符号学 . 北京：高等教育出版社.

王朔 . 1989. 玩的就是心跳 . 北京：作家出版社.

王寅 . 2001. Lakoff & Johnson 笔下的认知语言学 . 外国语，（4）：15 – 21.

王寅 . 2001. 语义理论与语言教学 . 上海：上海外语教育出版社.

王寅 . 2002. 认知语言学的哲学基础：体验哲学 . 外语教学与研究，（2）：82 – 89.

王寅 . 2002. 认知语言学与两代认知科学 . 外语学刊，（1）：9 – 14.

王寅 . 2006. 认知语法概论 . 上海：上海外语教育出版社.

王寅 . 2007. 认知语言学 . 上海：上海外语教育出版社.

王寅 . 2009. 构式压制、词汇压制和惯性压制 . 外语与外语教学，（6）：5 – 9.

王勇 . 2007. 存在句中 there 的系统功能语言学研究 . 外语学刊，（3）：65 – 69.

王勇，周迎芳 . 2011. 存在句主语的类型学研究，外语教学与研究，（2）：163 – 182.

王勇，周迎芳. 2014. 现代汉语中的事件类存在句. 外国语，(3)：71-82.

王志军. 2008. 存在句的生成：生成整体论的视角. 外语学刊，(3)：33-37.

威廉. 洪堡特. 2004. 论人类语言结构的差异及其对人类精神的影响. 北京：商务印书馆.

维特根斯坦. 郭英译. 1992. 逻辑哲学论. 北京：商务印书馆.

维特根斯坦. 汤潮，范光棣译. 1992. 哲学研究. 北京：三联书店.

文卫平. 2010. 英汉光杆名词的语义分析. 外语教学与研究，(1).

文旭. 1999. 国外认知语言学研究综观. 外国语，(1)：34-40.

文旭. 2001. 认知语言学：诠释与思考. 外国语，(2)：29-36.

文旭. 2002. 认知语言学的研究目标、原则和方法. 外语教学与研究，(2)：90-97.

吴卸耀. 2006. 现代汉语存现句. 上海：学林出版社.

显晔. 2002. 官宦人家. 天津：百花文艺出版社.

肖俊洪. 1994. 信息结构与 there-存在句"实义主语"的"确定性". 外语学刊，(2).

邢福义. 2001. 汉语复句研究. 北京：商务印书馆.

邢福义. 2002. 汉语语法三百问. 北京：商务印书馆.

邢福义，汪国胜. 2003. 现代汉语. 武汉：华中师范大学出版社.

邢公畹. 1955. 论汉语造句法上的主语和宾语. 语文学习，(9).

熊学亮等. 2005. 语言界面. 上海：复旦大学出版社.

许国璋. 1988. 语言符号的任意性问题. 外语教学与研究，(3).

徐晶凝. 2008. 现代汉语话语情态研究. 北京：昆仑出版社.

徐李洁. 2005. 条件句与主观化. 上海外国语大学博士学位论文.

徐列炯. 1988. 生成语法理论. 上海：上海外语教育出版社.

徐通锵. 2001. 对比和汉语语法研究的方法论. 语言研究，(4).

许余龙. 1992. 对比语言学概论. 上海：上海外语教育出版社.

杨梅. 2019. 情景植入与汉语名词短语的二语理解. 汉语学习，(2).

姚汉铭. 1992. "条件"范畴和表达条件范畴的句子格局. 广西师范学院学报 (哲学社会科学版)，(3).

英国国家语料库（British National Corpus）.2005.牛津大学创办.在线服务网址为：http：//www. natcorp. ox. ac. uk/index. xml.

于善志，苏佳佳.2011. There be 存在句习得中的定指效应研究.外语教学与研究，(5)：712－725.

袁毓林.2004.汉语语法研究的认知视野.北京：商务印书馆.

扬洪亮.2005.英汉存现句名词组定指限制动因认知分析.西南交通大学硕士学位论文.

张伯江，方梅.1996.汉语功能语法研究.南昌：江西教育出版社.

张克定.1998.英语存在句强势主位的语义语用分析.解放军外语学院学报，(2).

张克定.2008.呈现性 there 构式的信息状态与认知理据.四川外语学院学报，(1).

张韧.2012.参照点处理对概念内容的限制："有"字句的证据.外国语，(3)：2－12.

张敏.1998.认知语言学与汉语名词短语.北京：中国社会科学出版社.

张敏.1999.汉语认知语法面面观.载 汉语语法特点面面观.邢福义.北京：北京语言文化大学出版社，424－441.

张庆.2002.存在句的认知语法研究.西南师范大学硕士学位论文.

张权.1995. There＋Be＋定指名词短语结构的语用分析.外国语，(6).

张绍杰，于飞.2004.英语存在句信息传递再探索——兼与谷化琳先生商榷.外国语，(2)：34－41.

张绍杰，于飞.2005.英语存在句"确定性限制"的语用解释.外语学刊，(1)：1－7.

张学成.1982.存在句.语言学年刊.

张智义，倪传斌.2009.英语存在句定指效应及结构推导研究.外语与外语教学，(2)：12－16.

赵艳芳.2000.认知语言学的理论基础及形成过程.外国语，(1)：29－36.

赵艳芳.2001.认知语言学概论.上海：上海外语教育出版社.

赵元任.1952.北京口语语法（李荣编译）.北京：开明书店.

赵元任.1980.语言问题.北京：商务印书馆.

赵元任.1968 [2001].汉语口语语法.北京：商务印书馆.

郑银芳.2008.英语存在句的认知语言学解读.外语与外语教学，（3）：28-30.

中国科学院语言研究所语法小组.1952.语法讲话.中国语文，（11）（12）.

周光亚.1992.英语存在句的语义特点.外国语，（6）.

周迎芳，王勇.2012.存在小句的几种类型.外国语，（3）：59-67.

周祖谟.1955.关于主语和宾语的问题.语文学习，（12）.

朱德熙.1981.现代汉语语法研究.北京：商务印书馆.

朱德熙.1982.语法讲义.北京：商务印书馆.